湯世傑〈雲南行吟〉系列之二

靈息吹拂

湯世傑 著

文明根源於自然，它塑造了人類的文化，並影響了所有的藝術和科學的成就；
與自然協調一致的人類生活將賦予人類在開發創造力和休息、娛樂方面的最佳機遇。

——《世界自然憲章》（一九八二）

目錄

「雲南行吟」系列總序——我在散文的雲南　湯世傑　007

自序　香格里拉的懸念旅程　012

卷一　走向香格里拉　017

019……被劫持的「劍橋藍」

030……翠雲樓夜話

045……緣分的真義

058……世紀尋訪

069……去香格里拉的路

082……沿著碩多崗河

卷二 在香格里拉腹地 095

097……藏金的草甸
111……高原秋夜
123……「香巴拉」與建塘古城
140……碧塔海邊的野櫟樹林
150……尋訪牧人
166……牧人的海
186……牧人之子
204……蒼茫松贊林
217……一個藏人的夢
230……未來世界

目錄

卷三　卡瓦格博的子民　241

243……藏歌
256……康巴漢子
268……飄忽的教堂
278……鐘聲響起
286……修女院的最後傳說
296……絨贊卡瓦格博
322……瀾滄江記
337……解讀康韋

「雲南行吟」系列總序

我在散文的雲南

湯世傑

即便絕代天香，也經不住歲月磨蝕，終會滄桑憔悴得叫人心疼。不老的唯有大地——山野草莖就算遲暮，也依稀在天涯捧出一抹淡綠的景色。何況雲南的山水大地，如一軸藏之久遠的巨幅手卷，打開來就有陳年墨香般的苦澀與芬芳——如同千百部厚厚的散文，苦讀一生，也只識得一點皮毛。散文的雲南，怎麼讀，都叫人有一種驚喜幾番沈迷——雲南大地清麗疏古氣韻秀出，連貧窮困苦也別具韻味，讓人難逃那苦苦甜甜的誘惑。

雲南山多水多民族多文化多物種多節令多玄機多，是謂「多元」。山水阻隔卻文化潺合，多少風物傳奇，雜然相陳又燦然相映；各各之間，浮動的是一派肉眼看不見的天地氤氳之氣。這正像散文。雲南似乎天生就不是小說的。一首詩一篇散文能寫透雲南，極致如徐遲者，只六個字：神奇、美麗、豐富。一部小說能把雲南說清說透嗎?至少目前沒有。雲南傳之後世的多是散文，馬子華的《滇南散記》，艾蕪的《南行記》，說是小說實則散文。汪曾祺寫雲南，小說散文兼俱，至今我們記得的，還是他的散文。先前我讀小說也寫小說，近年我差不多只讀散文寫散文。偶爾讀小說，也把它分成小段當散文讀。小說若一經分解便不堪卒讀，就不大可能是好小說。好的小說，本身當由無數好的散文段落組成，經得起分解拆卸，那樣的小說雲南如今雖說也有，卻鳳毛麟角。看來想讀懂雲南，先要讀懂散文的雲南。散文的雲南地闊水豐，長出的鴻篇巨制像大樹林莽，精美短章如野草閒花，在在都有一種別處難見的氣象風韻。

能在散文的雲南寫散文，當是幸福。幸福來自大地，來自學習。學習是一輩子的功課。讀別人的作品，中外古今，遠近親疏，都讀都可學。陳慧一部《流水與風》，流淌的是生命成長的秘密，余斌三冊《西南聯大・昆明記憶》，打開的是一幅塵封的城市文化地圖。無名作家初試身手的習作，也有悠長回味。然散文的雲南大地，才是教我做散文的真師傅，大師傅。我的散文，是我研讀雲南大地手卷的心得筆記。一本大書，各有各的讀法。去麗江，有人讀到小橋流水，有人讀到閒暇悠閒，我讀到的是納西人雪山般晶瑩的殉情故事。其時我的頭一下就大了，心發堵喉發梗。不堪封建禮教桎梏的納西族年輕人，無數來自大地的生命，寧可以慘烈的赴死重歸大地。恰是我內心極壓抑的時候，身邊是連武松的拳頭都砸不破的深重沈默。人要有血性。生命要突圍。殉情作爲納西人爲尋求自由與愛情進行生命突圍的一種方式，現代人可以不屑甚至鄙薄，但那種「不自由毋寧死」的執著與決絕，怎麼說都是現代人致命的缺失。熱切衝動無法遏制，就那樣化作了《殉情之都》的章節文字。

從來的散文，抒寫的都不僅是物件，更是作者自己。我手寫我心，寫我性靈，那無關技巧，倒與作者的靈魂品質有關。文字的份量有賴生命的淨重。中國散文界，有靠乞靈付費的版面雇傭的鼓吹起家的，有靠地位的攀附權勢的膨脹「走紅」的，也有靠自欺欺人的炒作「上榜」的。我看散文，重在它是不是對大地上的苦難與悲歡離合總有一份牽掛，是不是在民間流傳風行，讓人有一份感動。散文真不該是無根的切花無骨的皮影，但畢竟不是小說報告文學，對社會民生的關注，只能靠奉行心靈的現實主義。於是我背著生命的行囊四處探訪，想將生命尋求與散文寫作融爲一體，直至演化成自覺。《靈息吹拂》能在那片有靈性的土地孕育降生，我慶幸，感恩身處社會急劇變化總有切膚之痛的時代，靈魂或振奮或被煎熬，我注視也傾聽著整個世界，內心的感念風起雲湧。大地沈默著又敞開著，頓悟就在瞬間。心靈一經觸動，便發出巨大的轟鳴。迪慶藏區的山水人事，讓我又一次震撼。我讀那裏的雪山草甸湖泊森林，讀那些在艱難環境中苦熬著又自強不息著的生命，徹夜難眠。空氣稀薄物質匱乏，支撐他們生命的力量，無非陽光般熱烈透亮的信仰。大地再次成爲我的教科書。在空闊透徹的高原，卻伸手可攬生命的和暖氣息，側耳可聽心靈的堅強搏動。

對於大地，散文是領悟發現，是浸潤萃取。這些年去高黎貢山，又長了見識。不像梅里、玉龍和蒼山，高黎貢山沒有神靈，實在說有，也是大自然本身。高黎貢山以生物多樣性之豐富名揚四方，其實也生長哲學，常讓人茅塞頓開。比如城市有市區郊區，山也一樣。俯瞰高黎貢山自然保護區的沙盤模型，一座山兩座城盡在眼前，保山在東麓，騰衝在西麓。山大，城小，山爲沈沈一線，城不過兩個點，說兩城夾一山純屬狂妄，勉強可說是大山兩邊有兩座彈丸小城，城不過是山的「郊區」，山的附屬。那倒暗合了先人古訓，天地爲大，高踞於人、事之上。混沌之初沒有「城」，或有也沒什麼了不得，真在人心中的只有大地山川。

漢語的偉大，就在從誕生之日起便信守這一準則。凡涉及地理方位的記敘，上古筆法皆以山、水爲據爲上。不必說江山、河山、天下從來都是社稷的別稱，即便對日常生活的描述，大地山川也無處不在。「關關雎鳩，在河之洲」（《詩經》），一場愛情就在那裏生長，與城無關。「在河之洲」標注的，看似愛情生長的地點，其實是愛情的源頭；「河」的源遠流長晝夜不舍，「洲」的雲霞靉靆水汽氤氳，「雎鳩」的聲聲啼鳴清新靈動，共同道出了那場流傳千古的愛情的燦爛景象和淵源所在。「孔子過泰山側」（《禮記・苛政猛於虎》），不說孔子過某座城，只說他老人家從泰山旁走過，樸實無華中顯出的是山的偉大。孔子當然偉大，一旦「過泰山側」，從偉大的泰山旁走過，無論那時陽光明媚還是陰影濃重，巨大的山影襯托的，都不是孔子的渺小，而是他的偉大。那裏沒城嗎？有，卻被擱置一邊，足見泰山在人心中遠勝於幾座小城。一個六字短句營造的畫面看似模糊，卻因泰山的在場而闊大生動，令人神往。

漢唐以降，人開始自大自戀，以爲自己是天下之主，聲腔爲之一變，山川大地退到意識盡頭，人心中只剩自己。說到一座山一條河，總以城池建築爲中心，爲出發點，去標注山水位置。歐陽修一句「環滁皆山也」（《醉翁亭記》）風靡千古，細想之，詩人無非置身滁州醉翁亭，放眼四周，人在中心山在外，山成了城和人的附屬。還是上古筆法好，山川大地在人心中至高無上，以此爲據爲憑爲中心，去標定城的位置和人的行蹤。數數中國省名，山東、山西以山爲據；河南、河北以河爲據；湖南、湖北以湖爲據；浙江、江蘇、江西、上海、雲南、青海、四川、黑龍江，分別以山、江（河、川）、湖、海、雲爲據，盡皆大智慧大手筆，比宣稱自己是什麼「京」什麼「都」漂亮得多。故此，地理概念該有新的表達：去泰山，先到它的郊區泰安、曲阜。去長江口，先去它的郊區上海。去滇池，先到它的郊區昆明。去高黎貢山，先到它的郊區保山，騰衝。這表達看似古怪新奇，卻不只是「換」個說法，倒是整個目光的轉換。

不老的唯有大地。雲南的散文，藏在沈默的山山水水中。散文的雲南，有永遠讀不盡的玄想與哲思，那才是我學做散文的大師傅。

自序

香格里拉的懸念旅程

湯世傑

半個多世紀前，英國作家詹姆斯・希爾頓肯定沒有想到，他在長篇小說《失去的地平線》中描繪過的「香格里拉」，那個美麗動聽而又遙遠陌生的名字，「世外桃源」與「伊甸園」的同義語，竟像一個巨大的懸念，足足跟隨了人類半個世紀；他當然更難想到，在二十世紀末的今天，它會引來那麼多普通中國人的傾心關注——比如你，比如我，比如他。

滇西北的晚秋，高原草甸悄然由綠轉黃，然後——眨眼就紅了。天藍藍的，雲悠悠的，而大地上，那久違的闊大的美麗，讓人分外懷舊的暗金色調，一如這片古老山地的滄桑歲月，顯然至今還閃爍著遠古純淨的光輝，飄蕩著原初的聖潔意味。我和眾多尋訪「香格里拉」的人一樣，選擇此時興致勃勃地踏上那條充滿了懸念的旅程，也許並非完全出於機緣和幸運。

爲了這一天，和你、和他一樣，我已等待了太多的時日。

飛機從昆明起飛，半小時便飛抵麗江，隨後我換上一輛越野吉普，開始在滇西北群峰蹤動、千河湧流的土地上馳行。一個多鐘頭後，我在著名的虎跳峽出口越過金沙江，踏上了迪慶「香格里拉」美麗神奇的土地。

二十世紀三〇年代，「一戰」初息，「二戰」在即。飽受軍備競賽、經濟危機與工業污染之苦的西方，一些有識之士開始轉向東方，尋求人類精神的安身立命之所。一九三三年，詹姆斯・希爾頓在其長篇小說《失去的地平線》中，首次描繪了一個遠在東方群山峻嶺之中的永恆和平寧靜之地「香格里拉」。但「香格里拉」究竟在哪裡，又意味著什麼，卻一直是個未解之謎。如是，當雲南省於一九九七年九月鄭重宣布，經過近一年來數十位專家、學者的考察、踏勘和資料查證，證實「香格里拉」就在中國雲南的迪慶藏族自治州時，世人為之震驚，也就不足為怪了。如果歷經半個多世紀的、世界性的尋訪「香格里拉」熱，表達的是人類對美好生活的千古憧憬，崇尚真善美的共同願望，那麼，迪慶「香格里拉」的發現和確認，中國人為這一歷史性尋訪畫上的完滿句號，無疑就是對整個進步人類的深深的告慰了。

一部英國人寫的長篇小說，就這樣與迪慶的這片土地、這段歷史、這種文化，與曾經馬鈴叮噹、蹄聲噠噠的「茶馬古道」聯結在了一起。然而在我看來，那一宣告既是結論，同時又是懸念。不僅一些與小說相關的史實和神秘細節尚未完全敲定，還有待專業人員的深入研究，即便一個旅遊者，也有必要去細心印證和尋找。也就是說，儘管「香格里拉」的位置已總體確定，因為「香格里拉」內涵的豐富深邃，一百個人心目中，很可能會有一百個「香格里拉」。境由心造。詹姆斯・希爾頓曾透過書中人物拉瑟福德多次說道，對他筆錄下來的香格里拉的故事，「不管怎麼說，你愛怎麼看就怎麼看」，他還說，對於香格里拉，「如果你想相信，你就會相信」。由此看來，也許所謂的「香格里拉」，最終就在尋訪者的心裏。

——我就在這時，作爲雲南省「迪慶香格里拉旅遊資源開發課題組」的成員，一次又一次地，踏上了那充滿懸念的旅程，去尋訪我的「香格里拉」。從那以後，我又多次前往迪慶香格里拉。但不管我去過多少次，那樣的旅行在讓我興奮激動的同時，又總讓我感到神秘不安。通常的旅遊都是目標明確的，景點或早已寫在旅遊手冊上，或早就印在心裏。香格里拉卻不，一切要靠自己去尋找和發現。懸念在心，就像手捧一本情節詭譎卻結局難料的小說，總讓人尋尋覓覓，猜測揣摸，欲問無人，欲罷不能。而樂趣也就盡在其中了。

本書正是那種懸念旅程的紀錄。然而，它既不是一本對迪慶香格里拉的歷史考證，也不是一本迪慶香格里拉的百科全書，只是我在迪慶香格里拉的所見所聞所思的真實記錄，是我作爲一個作家與大自然的探訪者，對迪慶香格里拉的三重解讀：對《失去的地平線》這樣一部長篇小說的解讀，對雲南迪慶藏區文化的解讀，最後，也是對迪慶香格里拉那片自然、人文景觀的解讀。

在整個尋訪過程中，我一直在反躬自問，我的「香格里拉」在哪裡？我似乎找到了，懸念解除了，然而對我來說，真正的、更大的懸念遠未破譯。對「香格里拉」深邃博大的內蘊，我領悟了多少呢？面對迪慶「香格里拉」，我想到過和諧、寧靜，想到過淳樸、安謐，想到過自由、瀟灑，也想到過生命的奧秘、人生的倉皇。即使我想得再多，恐也難於包容偌大一個「香格里拉」。而對這個世界來說，這一切既是那樣匱乏，又是那樣地各執一辭。我相信，一旦人人都讀懂了「香格里拉」，這世界或許就會更加美好了。

迪慶人如今愛說：八瓣蓮花，香格里拉。問爲何意？答曰，「蓮花」即幸福吉祥，「八」唯言其多。如此說來，迪慶「香格里拉」，乃一須我們傾其一生，才能用眼睛去領略她的美麗神奇，用性靈去品讀她的玄秘斑斕，用生命去體味她的博大精深的神奇之地了。一兩次短暫的尋訪和探察，何能窮盡她的奧秘？懸念或許將是永恆的，因爲她就是自然、歷史、生命與人生。

此刻，我聽見，迪慶大地正在學唱一首歌，她要面對整個世界演唱。那首歌叫「香格里拉」，但她並不需要詹姆斯·希爾頓的歌詞——她會自己爲這首歌填上新詞。

卷一

走向香格里拉

被劫持的「劍橋藍」

有時，甚至連暈眩也是美麗的，如果它帶來的只是一點迷濛與恍惚，就像多喝了幾口威士忌，並不致人死命的話。康韋先生很可能並不這麼看，至少眼下決不——眼下，他正好處在暈眩之中，突如其來，毫無預感。當那陣短暫的暈眩過去之後，他或許會說，他並沒有為此感到絲毫的愜意，暈眩就是暈眩，所謂的美麗純屬無稽之談，尤其是在那樣的時候，那樣的高空——思索往往是閒暇的產物，而那時他正隨那架飛機一起，飛越世界屋脊，儘管那是一次事先完全沒有料到的飛行。事實上，那架飛機已被劫持，劫機者是誰？不知道。機上沒有發生過任何武力衝突，更不用說流血事件了。危險常常在平靜中發生。他隱約記得，那陣暈眩是與擔憂、提心吊膽一起來的，而在那之前，那種與暈眩並無二致的稀里糊塗、莫名其妙實際上早就存在。暈眩不過是在心緒的忐忑不安之外，再加上了一點生理上的不適罷了。不過，幸運的是，他很快就會體會到「適度」的真義——那是他從未體驗過的一種生存哲學，屬於他略有所知的東方，遙遠，而又神秘。

一切都來得過於突然，包括那次從南亞次大陸匆忙開始的飛行。當飛機猛然一個傾斜，咚的一聲，康韋的腦袋便撞在了飛機舷窗上，轉眼之間，這位英國駐南亞次大陸某國領事就魂魄飄飛，意緒如縷，命繫一弦。「文明世界」從意識中驟然飄走，就像秋風中飄落的一片枯葉，無足輕重。那個世界早已為他們熟知，在他登上飛機之前一直須臾難離，就像空氣和水，現在卻消失得無影無蹤。飛機似已失控，跟著又是一個劇烈的斜轉。那一刹那，康韋覺得飛機的一個翅膀已經折斷，災難即將降臨。

這個走南闖北、幾乎周遊過半個世界的英國人當然知道，災難降臨時情形雖然各不一樣，卻都遵循著同一個規律：鐵面無情。何況那場即將發生在數千米高空的災難並不認識，當然也不屑於憐憫一個看上去十分魁梧的英國男人，哪怕他是英國劍橋划船隊的驍將，備受年輕女士甚至同齡男士的青睞——在「劍橋」與「牛津」每年一度的划船比賽中，他都是主力。那時，光榮的夢想與水花一起飛濺。青春貼著水面飛行，就像一隻美麗的綠蜻蜓。泰晤士河通常都是寧靜的，那時卻劍拔弩張。成千上萬的人聚集於河岸。吶喊與歡呼。勢均力敵的相持。筋疲力盡的衝刺……當他隨著賽艇一起穿過輕盈的霧氣抵達終點，豎起那只濕漉漉的木槳時，命運之神對他通常都滿含著微笑，就像岸邊那些年輕男女對他滿含著敬意一樣。現在不同，命運板起了面孔。在它眼裏，一個在飛機座艙裏滾來滾去的英國男人，跟一個無人看管的孤零零的貨包，並沒什麼兩樣，如果它願意有所忠告，也只會是一句冷冰冰的話：生死由命吧，閣下。

陌生的曠野死寂無聲，死神或許就住在那樣的地方。發動機是什麼時候關閉的，康韋無法判斷。一切只能聽天由命。人製造出了機械，機械卻反過來製造著人的命運。在任何時候，在任何事情上，康韋都有著專業人士的眼光，精明準確，總是判斷無誤。他那雙被稱為

「劍橋藍」的眼睛，就像一架高精度的測量儀，這次卻完全失算。當初選擇那架飛機逃離暴亂中的那個南亞國家時，他顯然沒料到會落到如此結局。命運竟如此不濟。他原先看中的，正是這架專爲當地土著首領特製的飛機的高超性能——它適於在山巒起伏的喜馬拉雅山西南麓作高空飛行，那裏地形複雜，氣候變化無常，而撤離卻必須迅速。結果，聰明反被聰明誤，看上去非常明智的選擇，恰恰成了劫機事件潛在的誘因。當他後來爲此感到追悔莫及時，一切都已成爲事實，不可逆轉。

——飛機憑著慣性，頂著狂風繼續滑行，在不知名的山野呼嘯而去。當他從短暫的暈眩中醒來時，可怖的滑行還在繼續。命運難卜。「啪」的一聲，一個輪胎爆炸了。「這下完蛋了！」他聽

卡瓦格博

風帶著靈息，從卡瓦格博聖峰吹來。諸神靜默，經幡飄舞。香格里拉，是個由大自然與神靈共同主宰的世界。

見有人驚呼。睜開眼睛，舷窗外掠過一片陌生而又黏稠的漆黑。飛機正擦地而飛。蝸牛殼般的褐色地面匆匆向後滑去——那完全是一種感覺。在剛剛過去不久的那次世界大戰中，康韋受過傷，從此對各種地貌有了一種超乎尋常的感覺，幾乎能在黑夜中聞出哪是山崗、平地、河流，哪是村莊和城鎮——他能分辨它們的味道，就像他閉上眼睛，也能分辨各種牌子的酒和奶酪。機外的世界完全不像他們要去的地方——那個叫白沙瓦的城市。他曾以外交官的身分多次去過那裏，熟悉那裏的一切：呈幾何圖形排列的平整的臨時營房，以及停機棚那巨大的棚頂。現在，那一切都沒在他眼前出現。糟了，糟透了！他想，預感終於變成了事實。

十秒鐘後，飛機終於停了下來；康韋下意識地看了一下表，一點半，離他們從南亞次大陸某國北部的小鎮巴司庫起飛，已經十多個小時。他的三個夥伴誰也沒有注意，當他朝窗外看去時，那雙漂亮的眼睛竟然閃過了一道英格蘭人藍色的驚異——

「大家冷得發抖，這是寒風作怪。但是耳朵卻聽不見風的呼號，也聽不見自己的腳步聲。他們感到陷進了一種陰陰鬱鬱的原始氛圍之中。月亮躲到了雲層後面，星光下是一大片陰陰鬱鬱狂風肆虐的曠野，不假思索，也無需常識，就可以猜出這個蕭瑟的曠野處在高原，山疊著山，山連著山，一直到遠遠的地平線上，顯露的山峰像一排惡狗的牙齒。」①

那雙英國男人的眼睛高傲、深邃。一雙成熟男人的眼睛，並不像女人的那樣容易讓人想入非非——如果後者是一泓碧水，前者就是一本深奧難讀的書，欣賞一泓碧水比讀一本枯燥的書要愉快得多——康韋的藍眼睛卻非同凡響。熟悉他的人說，那是「劍橋藍」，而非「牛津藍」，二者區別何在，恐怕連他們自己也說不清楚。可以肯定的是，那雙眼睛永遠都充滿著劍橋式的智慧、勇氣、犀利與高傲。可在那片陌生的黑暗之中，康韋那三個憂心忡忡的同伴誰也沒有想到，由於巨大的驚恐，那雙迷人的「劍橋藍」竟至有些歪斜變形——

「他猜測飛機已遠遠地飛過了喜馬拉雅山的西部，進入了比較鮮為人知的崑崙高山區。如果是這樣，那他們腳下的是地球表層上的最高區域——西藏高原。它最低的峽谷也有海拔三千米，它是一片廣袤的、不宜居住的風雪高原。連探險隊的足跡也罕至此地。康韋想的是他們被放逐到如此淒涼無望的荒原，比起流落到大洋中的荒島還要難受得多。突然間，好像要回答他的好奇心，一個令人敬畏的變化發生了。原先以為是躲在雲層後面的月亮，一下從某個幽暗的山影凹處現了出來。月光揭去了四周黑暗的面紗，露出了朦朦朧朧的影狀。康韋發現他們處在一個長長的山谷間，兩旁是圓形的、悲涼的矮山。在鐵藍色夜空的襯托下，山谷的輪廓吸住了他的目光。那是一座高聳的山峰，沐浴在月光之下，幽亮險峻，蔚為壯觀。這真是世上最可愛的山峰，幾乎就是一座美妙絕倫的金字塔。輪廓簡單像似一個孩童兩筆畫出來的，然而它的高度、寬度和立體感卻又不可同日而語。它是那麼輝煌，那麼安詳，使他好一陣子辨不出究竟是真景還是虛幻。些許雲霧纏繞著塔似的峰尖，給景色平添了險峻的生氣，而微微傳來的雪崩聲更證實了它並非幻景。」

康韋收回了目光。他知道，那不是欣賞美景的時候——從通常的觀點來看，這種原始的輝煌只能進一步加劇人們的危險感和孤獨感。很可能距此地最近的人煙也在數百里之外。要想獲救，他們只能等待，至少要等到天亮。長夜漫漫。每一分鐘都好似一個巨大而沈重的磨盤。天終於亮了。似乎黎明是信號，風停了，出乎同情地留給世界以平靜。山又出現了，露出它淺色的三角峰巒。起初是棕灰色，接著又變成銀白色，然後當第一縷霞光映照在峰尖時，它呈出粉紅色。他們身處的山谷也漸漸展現了容貌：岩石片片鋪成谷底，並層層疊成陡坡，形成險壁。對康韋來說，他看不出這是一幅柔和的圖畫，但又覺得其中有一股令人感到奇美的力量。它沒有一絲浪漫的色彩，卻擁有一種堅忍不拔的素質。遠處，雪白的三角山峰刻板得幾乎是一幅天然的幾何圖形。最後當太陽上升至那顏色深得像飛燕草的藍空時，他幾乎又感到了舒鬆的快感。

太陽出來後，天氣暖和了一些。世界在歷經一場劫難之後，重新有了生氣。康韋與飛機上的另外三個人一起，把飛行員抬到機艙外面——那個神秘的劫機者已奄奄一息。康韋發覺，毫無疑問，飛行員是一個中國人，他有一個典型的蒙古人的鼻子和前額，儘管之前他曾成功地給人留下過英國空軍中尉的印象。終於，那個冒名頂替的傢伙睜開了眼睛，他斷斷續續說了幾句話。可除了在中國待過幾年的康韋，他的三個夥伴誰都聽不懂他的話。更糟糕的是，過了一會兒，他們眼睜睜地看見，那個飛行員就在他們面前閉上了眼睛，死了。於是——

康韋進而轉臉對夥伴們說：「我非常遺憾地通報諸位，他告訴我的非常有限——我意指與我們想要瞭解的相去甚遠。但有一點是清楚的，那就是我們現在是在西藏。他對把我們劫到這裏的原因未作任何解釋。但是他看來知道我們現在所在之處。他說的那種中國話我不是很懂，但我想他是說這附近有一座喇嘛寺院，他稱其為『**香格里拉**』（本書著重號皆為作者所加），『拉』在藏語裏的意思是『山之通道』。他一再強調的是，我們得到那裏去，可以在那裏得到食宿。」

誰也沒有想到，最早發現「香格里拉」的，正是那個叫康韋的英國男人，是他的那雙藍眼睛，「劍橋藍」。在那雙藍眼睛的注視下，「香格里拉」夢幻般地出現了。隨後，他和他的同伴進入了香格里拉——就像康韋進入香格里拉後不久所感到的那樣，最初的稀奇古怪之事實在太多了。現在他看出了這些事情的的苦果無論多麼稀奇古怪，但都必須咽下去。從巴司庫開始的飛行並非某個狂人毫無意義的冒險，而是在「香格里拉」授意下進行的有準備有計劃的行動。那個死去的飛行員，住在這裏的人認識他，知道他的名字，從某種意義上而言，他是他們中的一員，他們為他的死而哀悼。所有的事情都說明，有一個高級指揮情報系統出於「特有」的目的，在無法說明的時間和距離上設計出一座空中橋樑，四位英國政府飛機的乘客突然被挾帶到喜馬拉雅山另一端與世隔絕的天地裏，原因究竟何在？出於無奈，他們在那裏待了一段時間，卻在同伴的強烈要求下，設法離開了那裏。然而，康韋最終選擇的是重新「返回」香格里拉——儘管他已無從知道，如何才能返回「香格里拉」。

與此同時，作家拉瑟福德正在中國旅行，他先到漢口拜訪了一位朋友，然後在返回北平的列車上，與一位「非常可愛的法國慈善團體的女教士」有過一番交談，途中因機車故障，列車要在十二小時後才能重新起程。拉瑟福德應邀到那位女教士所在的慈善醫院做客。就在那裏，他意外地碰到了他的朋友康韋，後者已失去了記憶。拉瑟福德爲此在那裏待了兩周，希望能以他的愛心，讓他這位久違的朋友康韋恢復記憶。

不久，他和康韋一起，乘船先到了南京，然後換乘火車去了上海，當晚又與康韋一起，

「同乘一艘日本客輪從上海駛往檀香山」。就在那艘客輪上，康韋的記憶在聽過一支鋼琴曲後奇蹟般地恢復。他向拉瑟福德講述了他的奇異經歷。他（康韋——筆者注）約莫於十點鐘離開我，此後我就再也沒看見他了。事後，拉瑟福德才得知，康韋到一艘向南駛往斐濟的香蕉船上當了水手，三個月之後，他從曼谷寄來一封信，說他準備進行一次長途旅行——向西北方向。

拉瑟福德對「我」說：「事後我對有關康韋的故事沈思再三，深感其事關重大。我開始在船上做了一些筆記，後來故事開始抓住我的時候，我產生了衝動。絕不僅此而已，我要把這些寫下的片斷彙集起來，寫成一部單獨的故事。」從那裏開始，一個有關「香格里拉」的故事，開始了它詭秘的講述，它撲朔迷離，神秘驚險，富於刺激，充滿了世紀初流行的探秘意味。

這個純屬虛構的故事，出現在一本叫《失去的地平線》的長篇小說之中。整個情節以那個年代時興的大故事裏套小故事的傳統敘述方式，由作品中的「我」（在某種意義上，我們可以把他當作作家詹姆斯・希爾頓）的同學與朋友，那位「寫過幾部小說」的拉瑟福德講述出來——他和「我」在一次候機的間隙，談起了他們共同的朋友康韋。話題就從那裏開始。而那個有關香格里拉的故事的主要和核心部分，正是拉瑟福德根據他從康韋那裏聽來的故事寫成的。也就是說，《失去的地平線》提供給讀者的，是拉瑟福德以作家的身分記錄下來的，一段有關康韋在香格里拉的歷險經歷。

在該書「尾聲」中，詹姆斯・希爾頓寫道：

我和拉瑟福德默默地坐了很久很久。後來我們又談起記憶中的康韋——孩子氣、有天賦、充滿魅力，以及改變了他的那場大戰，以及許許多多關於時代、年齡和智力的秘聞，還有那位「最老最老」的嬌美的滿州姑娘，還有「藍月山谷」奇異的終極之夢……

我最後問道：「您認為康韋最終將會找到香格里拉嗎？」

這就是《失去的地平線》（Lost horizon）的全部故事情節。自此，英語辭彙中增添了一個外來語——SHAHGRILA，即「香格里拉」。權威的《不列顛文學家辭典》在評述《失去的地平線》一書時特別指出，它的功績之一是爲英語辭彙創造了「世外桃源」一詞——香格里拉，從此，這片想像中的人間樂土竟然成了「伊甸園」、「世外桃源」的代名詞。

康韋的「返回」，是那本虛構小說留給讀者的最後一個懸念。如果以爲那只是詹姆斯・希爾頓爲了讓作品更有意味而玩弄的一個小小的伎倆，那就錯了。在我看來，這個懸念至少包括了兩個巨大的疑問，一是康韋究竟爲什麼要去尋找香格里拉？一是康韋最終能不能找到香格里拉？兩個懸念同樣都在暗示，那個有關香格里拉的故事並沒有到此結束，不僅沒有結束，甚至在一個新的意義上開始了新一輪的發展。如果康韋第一次進到香格里拉是不自覺的，偶然的，甚至是被迫的，那麼，他的重新「返回」，他下決心要去中國的廣袤土地上尋找香格里拉，顯然就是一次出於理智的自覺行動了。

在小說出版半個多世紀後的今天，回頭審視，我們發覺，康韋的「返回」，幾乎就是對隨後大半個世紀中，出現在全世界的尋找香格里拉熱的一個漫不經心的預告。這一點恐怕連詹姆斯・希爾頓本人也沒有料到。掩上那本小說，康韋並沒有從我眼前消失。一段時間裏，康韋的影子總在我眼前閃動，揮之不去。按照書中拉瑟福德的交代，康韋後來一直在「離開曼谷向西北方向」的廣大地區裏行走，找尋。後來，那個影子漸漸淡漠了，模糊了，彷彿是他在大道小徑上跋涉時踏起的塵埃遮蔽了他的身影。

然而，有一天，康韋又出現了，以一種新的姿態，在我對二十世紀的回望中飄然而至。他是那個康韋麼？不知道。既像是小說中那個來自英倫的康韋，又不盡然。二十世紀行將落幕，西天，世紀晚霞燦爛如火。薄暮的朦朧之中，天地茫茫，一個無名無姓的旅人正負囊而行。作爲一個遠行者，他的身影在夕陽中緩緩移動，步履蹣跚。那身影真實而又抽象，魁梧而又瘦弱。他從茹毛飲血出發，從原初出發，一直在向前走，向前走。到那時，他已經走了很遠很遠，越過了陡峭的山嶺與滔滔的河流，越過了一個又一個世紀，他還在往前走。

他不知道要走向哪裡，哪裡才是歸宿。在走了那麼遠之後，他開始迷失方向，迷失在自己不懈的行走之中。目標模糊之後，行走便成爲宿命。懷疑油然而生。他歎了一口氣，終於停了下來，想想那一切，想想他行走的動機，想想他最初那麼起勁地要走向某個地方的念頭，是不是有什麼問題。他發覺，走，不知在什麼時候已成了目的，而不再是一個手段，一種方式。他突然想到，他最初確認的，那種認爲只要往前走，一直不斷地往前走，就一定能抵達一個比出發地更美妙的世界的念頭，現在已經成了一個疑問。記憶中清晰而又溫馨的，只有原初。在最初的行走中，他確實感到了新鮮，那讓他確認路上有比出發地更好的東西，或者他自以爲比原來更好，驀然回首，卻不盡然。他懷疑了，失望了。他突然渴望「返回」。在一陣猶豫與徘徊之後，他終於決定「返回」。

那個行人，就是人類自己。

就像不管康韋最終是不是能找到香格里拉，他的「返回」都是時代的衝動一樣，人類在長達半個世紀的時間中對香格里拉的尋找，同樣也是出於一種時代的衝動。我們對康韋結局的掛念，其實正是對人類自己的掛念。說到底，康韋的「返回」衝動，也是人類的衝動。隨之而來的便是，康韋的命運——他是不是能最終找到香格里拉——就成了全人類的命運。

◆◆◆

①詹姆斯·希爾頓《香格里拉》（原書名《失去的地平線》），鄭啟五譯，廣東旅遊出版社一九九一年二月版。本書引文中凡以楷體排印並未注明出處者，皆引自該書；不另注。

翠雲樓夜話

偏於一隅的昆明，白晝將盡，夜幕徐徐降落，一如演出終了的舞臺。暮色四合，分分秒秒變幻不已的天空，最終融合成一片錯綜複雜的紫色，深淺濃淡，交疊變幻，小心地包裹著我居住的這座城市，悠緩而又迅急。世界晃動不已。界限分明的光影已經走遠，黃昏的柔和夾雜著曖昧，就像我們經常聽到的某些話語，半甜半苦，似愛似恨。我身在的這家叫翠雲樓的小飯館，如同附近街區的無數老屋一樣，風雨剝蝕，歷經滄桑，很快就將湮沒於黑暗之中。

那是朋友間一個小小的聚會，純屬民間，聚會的品質卻遠甚於某些官方大型會議。酒過數巡，談興正濃，話題也從漫無邊際漸漸收縮聚攏。透過窗戶看出去，城市上空暮霞盡收，輕煙如絮，灰白舒展，有如夢幻。時光已臨近華燈初上的時刻，到時，在離此不遠的大街上，各種現代燈光將一齊點亮——最新款式的行道燈，人行道邊兼作廣告與裝飾的玻璃燈箱，商業大廈上明滅不定的霓虹燈，舖面門口的「滿天星」，以及大街上川流不息的車燈——它們將匯成一道道燈的河流，喧囂著向某個不知名的地方流去……這個城市的某些地方，早已光照過剩。翠雲樓附近卻依然一片昏暗，而昏暗正適於冥想沈思。

名曰翠雲樓的這家小飯館，離這座城市的制高點五華山不遠，隔著一條小街的那座山，不過是一個不大的土包，自三、四十年代成了權力的象徵，才在人們心目中有了些高度——就像有些人。這個小小的三角區，就躲在那座山的陰影下，是這座城市迄今爲止少有的幾處還沒被鋼筋混凝土大樓佔據的地方。十多家大排檔式的小飯館，家家生意興隆，人滿爲患。往昔迅疾消失，人類正沈溺於物質之中。所謂懷舊，正是處於某種倉促變化中的人們，因前景的不確定感到無所適從時，對往昔的無奈的回望——與不確定的明天相比，在某種意義上，剛剛逝去的昨天似乎要可靠得多，也親切得多。可惜在這座城市，這樣讓人親切讓人懷舊的街區也不會長久——附近，一座二十多層的高樓，在幾年前的市場過熱中破土動工。當我稍稍把目光抬起，在一片高低錯落的、連片的、灰黑的老式屋脊之上，高原黃昏淡紫的天空，正像虛假的景片一樣浮起。在那片天空下，昆明人津津樂道的翠湖，正在傍晚的餘暉中閃閃爍爍。

第一次，我就在那裏聽說了「香格里拉」，聽說了英國作家詹姆斯·希爾頓和他的長篇小說《失去的地平線》。在一片世俗的昏暗與沈落之中，我們的談話中，竟閃爍著森林、草甸、雪山和土地的光芒。那是讓人驚喜的，似乎純屬偶然，事後想起來，又多少像個童話——翠雲樓，正是某則童話中的小木屋。

這樣便宜、實惠的小飯館，即使在偏遠的昆明，也不多見。它座落在一個日常的，幾乎被人遺忘的古老街區，沿著緊靠它旁邊的陡峭的丁字坡爬上去，向左是圓通山動物園的後門，往右不遠的地方，是抗戰時昆明有名的北門書屋。翠雲樓門前那個狹小的三角地帶，擠滿了流動攤販，一塊塑膠布往地上一鋪，生意便做得紅紅火火。四周，儘是些建於三、四十年代的老屋，低矮，破舊，常見的格局是土坯山牆，臨街有老式的木門，開關之間，會發出尖銳刺耳的吱呀聲——那樣的聲音，如今只能在電影中才會偶爾聽到。要是夜晚，那樣的聲音會讓人走入夢境。一般都是二層，樓上有臨街的木格窗，紅油漆早已斑駁脫落，窗戶下卻總有幾盆值錢或不值錢的花花草草；有時坐公共汽車從那樣的窗戶前經過，猛然看見窗戶裏探出一張正在化妝的女人的臉，會把人嚇一跳：滿臉脂粉，眉毛尚未描黑，嘴唇卻通紅性感，叫人想起某個老舊的鏡框，偏偏裝了一張時髦女郎的照片，完全錯位。

走進某扇木門，院子中間的小天井，生滿青苔；住房一直是緊缺的，天井早被眾多小廚房擠得只剩下一個聊供想像駐足的角落，陰暗，潮濕。有段時間，常有人到那一帶拍電影拍電視——只要在某間舊舖面門口掛上一塊舊時招牌，一個大大的「當」字，一塊破舊的寫著「洋油」或「仁丹」的牌子，氣氛便頃刻大變，立馬回到了「舊社會」。外地朋友來到昆明，見整個城市到處都是瀝青馬路，貼著白瓷磚片的大樓，竟然再也找不到歷史文化名城昆明，他們問：我的天，昆明在哪裡？我說，昆明就

香格里拉之景

作為納西族東巴文化的發祥地，靜靜的白水台以它千萬年的修持，向人間展示著超越凡塵的聖潔。

在這裏。

我說的「這裏」，正是翠雲樓一帶。

事實上，那是昆明的阿爾巴特大街，幾乎每幢小樓，都該掛上名人紀念館的牌子。位於青雲街西口的翠雲樓，正好緊挨著雲南大學的圍牆。抗日戰爭時期，那些低矮的、散發著老昆明氣息的房子裏，曾經住過許多後來赫赫有名的文化人——西南聯大就離那裏不遠，文人學子雲集於此，小小的青雲街曾熱鬧非凡——楊振寧在那裏走過，沈從文在那裏走過，錢鍾書在那裏走過，朱自清、汪曾祺、宗璞、穆旦、杜運燮……都在那裏走過。它的兩頭，往西不遠，有詩人聞一多遇難的先生坡，東邊的大興坡腳，正是李公樸慘遭殺害的地方。那是高原之城昆明群星閃耀的年代，一種以熱血與智慧凝成的現代文學傳統，就在那裏悄悄地孕育。

有時我想，在國難深重的當年，昆明能有如此的輝煌，或許還真得「感謝」那場戰爭。輝煌與日常，正義與暗殺，光榮與屈辱，宣言與血泊，書聲與槍聲，都在那些狹窄的街巷裏，留下過真實的印跡。一九九八年十一月，西南聯大建校六十周年時，一些青年在當年的西南聯大，如今的雲南師範大學舉行了一場現代派詩歌朗誦會。詩歌宛在，人已遠去。每次從那裏走過，我都恍然走在一座沒有圍牆，也沒有陳列室的歷史文化博物館。真正的歷史，散發著生命氣息和體溫的歷史，就存放在這裏，甚至在我們走路帶起的塵埃，雨天濺起的爛泥漿中，也凝聚著往昔的歌聲和榮耀。我住的離那裏不遠，爲此我既感到榮幸，有時又沒法兒不感到羞愧。

離翠雲樓不遠，就是昆明人引以爲驕傲的翠湖。坐在「翠雲樓」二樓臨街的窗戶邊，隨意看去，能看見翠湖如今藍得讓人生疑的湖水。如果是在冬天，有來自西伯利亞的海鷗在湖面飛翔。雪白的翅膀，不時會帶來一陣陣湖水生澀的腥氣。懶散，悠閒，耽於享受，是居住在這個高原城市的人們的一個典型特徵。關於這一點，只要看看那些背街小巷密密麻麻的茶館，就可略知一二。如此，在講究奢華和排場的九〇年代，儘管那座簡直說不上有什麼裝修的翠雲樓早已落伍，從正面看去還有點歪斜，似乎隨時都會垮掉，生意卻一直不錯。大多數人到那裏來，圖的是它的便宜與實惠，很少有人知道，作爲舊昆明的一處遺跡，它真正讓人留戀的，正是那種未經佈置，卻總是有些讓人懷舊的氣氛。

那之前我與幾位朋友已在那裏有過幾次聚會。七、八個甚至十來個人，花上不到一百塊錢，就能吃上一頓家常的飯菜，偶爾，席間還有本地產的清酒和啤酒。翠雲樓的大門躲在與雲南大學的圍牆相鄰的一個角落裏，進門的樓下就是廚房，上樓要爬一截陡峭的樓梯，早先鋪的腥紅的化纖地毯，年深月久，早已糊上了一層厚厚的油膩，走在上面滑得要命，不小心就可能摔跤。每次爬上那段樓梯，我都有一種地下工作者在某個偏僻、幽暗的角落接頭對暗號的緊張和興奮，彷彿回到了史前。樓上頂棚低矮，我這樣的大個子，弄不好就會撞到腦袋。我們就在那座小樓裏，談論著美麗神秘的「香格里拉」——這本身就像一個寓言。燈光微弱，日光燈管上纏繞著蛛網。在那樣的燈光下，人的臉上似乎總有一層淡淡的青藍色。聚會往往從下午小飯館開門營業開始，一直延續到晚上。

在所有的客人中，我們大概經常都屬於那種令人討厭的，對某張餐桌佔用時間最長的主顧。當我們走出那個小飯館時，常常已是燈火闌珊，附近幾家小飯館煙薰火燎的夜市已悄然登場，餐桌從店堂一直擺到街心，裝點著昆明那個老街區的繁華。那是一個徹頭徹尾的世俗的生存之地，沒人想到，有那麼幾個人，會在那裏談論虛無縹緲的「香格里拉」，談論一部半個多世紀前的長篇小說《失去的地平線》。

思考就從那時開始：作爲一部長篇小說，《失去的地平線》爲什麼會在兩次世界大戰之間的一九三三年四月，一經英國倫敦麥克米倫出版社出版，就那麼快地引起轟動？或許那是一個崇拜英雄、時興探險的年代，一個稍有野心的男人，都醉心於去到荒山野嶺，發現「文明世界」以外的土地和人群，渴望建功立業，流芳百世，渴望著某種命名的快樂——哪怕是最小也最微不足道的發現，或者是在一塊無足輕重的岩石上刻下自己的名字。

「香格里拉」的虛構故事，顯然也沒逃脫那個時代的流行時尚，它從頭到尾都彌漫、散發著一股本世紀初常見的探險氣息。作爲小說，它對小說古老的敘事藝術，似乎沒有任何貢獻。對它的閱讀，不時會讓人想起《天方夜譚》或是《魯賓遜漂流記》，在某些方面，它比這些名著要拙劣得多。爲了營造出某種神秘的氣氛，作者有時不顧一個小說家應該遵守的基本規則，常常隨心所欲地安排他筆下人物的活動，彷彿他們只是他手裏的玩偶。敘述中的漏洞，使它在一些關鍵之處難以自圓其說。比如，那時從漢口到北平唯一的一條鐵路是京漢線，而在詹姆斯‧希爾頓筆下，拉瑟福德乘坐的火車，居然經過了重慶，還在重慶因機車故障耽擱了十二小時。然而，以爲詹姆斯‧希爾頓犯了一個常識性的低級錯誤是荒謬的，他的本意，不過是爲了讓拉瑟福德去到靠近「香格里拉」的某個地方，以便讓有關「香格里拉」

的故事得以繼續。於是他不惜犯這種常識性的錯誤。類似的地理方位錯誤，常識性的錯誤，在這部長篇小說中也絕不是獨此一處。

即便如此，《失去的地平線》仍不失爲一本嚴肅的、有意義的書。評價一部小說，不能只在細微末節上過多地挑剔，小說就是小說，並不等同於對真實生活照相式的簡單描摩，何況它本來就是一部虛構的探險小說呢？隱藏在那本小說整個結構和情節中的用心，它借助探險小說的形式所描述的種種幻象，它在詭譎的情節中所表達的不少思索，直到今天，讀起來也仍然讓人感到觸目驚心。只要想想，整個文明世界，每年要誕生那麼多長篇小說，而真能對人類生活發生影響的，往往鳳毛麟角，就能明白其中的道理了。而《失去的地平線》正是那些書中的一部。

人類對自己身處的這個世界，永遠充滿了好奇，也對某個未知世界，永遠充滿了幻想；一個講述一個英國人在東方的奇異經歷的故事，正好從這兩方面滿足了讀者的這種需要，此岸的和彼岸的。《失去的地平線》問世不久便風行於世，並非偶然。度過了童年期的人類，從本世紀初開始進入那種過於物質化的生活。與此相反，「香格里拉」卻是虛幻的，非物質化的，它美妙無比，又含混不清，既是一個玄奧莫測的謎，也是一個虛無縹緲的夢，既是一個語焉不詳的傳說，一個幻象，也是一個眾說紛紜的懸案。它提供給人類的，是某個位於大自然之中的，與宗教完全不同的，只供人們以想像駐足的彼岸世界。進入那個世界，無須拘謹的朝拜儀式，身心的全部交托，戒律的嚴格約束，需要的只是靈魂的自由出入，一切繁雜的手續都被省卻。這個字眼是美妙的，天生具有一種打動人心的氣質。「香——格——

里——拉」，四個音節，讀起來抑揚頓挫，朗朗上口，那種暗藏的和諧的音韻，不僅給人以視覺、聽覺上的滿足，還帶給人某種虛無縹緲、冉冉飛升的感覺。

隨著故事的流傳，「香格里拉」這個字眼日益深入人心，人們竟然忘記了那只是作家詹姆斯·希爾頓的一部長篇小說，並非一部有據可查、可供佐證的探險實錄。人們竟然依據小說中描述的種種蛛絲馬跡，在世界各地，特別是在西藏附近，探查它的蹤跡，試圖在某片真實的土地上驗證它的存在。半個多世紀以來，它一直牽動著全世界的眼睛。人們一直在尋找它。不斷有人聲稱他們找到了真正的香格里拉，又不斷有人宣布，已被找到和確認的香格里拉並不是真正的香格里拉，真正的香格里拉至今也沒找到，也許永遠也不會找到。

那股起於半個多世紀前的尋找「香格里拉」的風，直到九〇年代中期，才緩緩吹進了中國。

歷經將近半個世紀的封閉與隔絕之後，八〇年代初，「香格里拉」帶著某種新鮮、陌生的異國情調，出現在中國。和許多人一樣，頭一次聽到這個字眼時，我覺得那就像一個來自異國的名牌商標，跟「愛迪達」、「可口可樂」、「皮爾·卡登」等等名牌商標一樣，與西方、現代、昂貴、享受、奢侈，甚至豔情與肉欲幾乎是同義語。後來我才聽說，那只是一家中外合資的高級酒店的店名，即便如此，這個事實仍難以改變它最初在我心中造成的那種與奢華、享樂的某種說不清的糾纏。不管怎樣，我想，它並不屬於我，不屬於我們，不屬於眾多還在爲生存焦慮的普通人，而只屬於那些西方旅遊者，與眾多中國人的日常生活相去太遠。普通的中國人，永遠難於走進「香格里拉」——如果它真是一家五星級飯店的話。

一九九一年二月，廣東旅遊出版社出版了《失去的地平線》的中譯本，譯者鄭啓五；書名乾脆改成了《香格里拉》，在中國出版業早已進入爲爭奪市場占有率而殫精竭慮的九〇年代，出版者的用意，顯然在於這本翻譯小說的熱銷。以我這樣多少喜歡讀點書的人的感覺，《香格里拉》出版後並沒有立即出現暢銷的勢頭，它的第一次印刷，只有可可憐憐的五千冊。但投下的石頭總算濺起了漣漪。國內一些敏感人士，正是在那時，開始了對「香格里拉」的研究與思考。儘管那時，原書已出版半個多世紀，卻出人意料地在中國帶來了對「香格里拉」的一番新的狂熱的尋訪。

對香格里拉的尋找，就那樣在昆明悄悄地進行。其中的幾位主角都是雲南人——恰巧，他們就在我身邊，是我相處甚恰的朋友。他們之中，有年輕的旅遊工作者孫炯；也有像雲南省文聯的朱運寬、《雲南日報》的張福言那樣迷戀香格里拉的作家、記者，有納西族學者周善甫那樣老一代的文化人，還有像和中孚那樣的普普通通的工人。

任何發現，都離不開某些偶然的因素。迪慶「香格里拉」的發現與確認也一樣，它似乎從頭到尾都有一些偶然的因素——不管是在世紀之初還是世紀末。

世紀之初，「香格里拉」被英國的「劍橋藍」發現，借助的是一部長篇小說講述的探險故事。

到了世紀末，「香格里拉」被認定在中國雲南的迪慶，其間又是一個漫長的故事。

出現在世紀末這個故事開頭的，是一個叫孫炯的年輕人，漢族，從雲南大學經濟系畢業後，在雲南旅遊集團公司的旅行社工作。一九九五年春天，孫炯在北京參加全國優秀導遊員考評。參加那次考試的，是從全國數萬名導遊中推選出來的一百五十個導遊。那次考試的直接結果，是年輕的孫炯獲得了國家旅遊局頒發的「全國優秀導遊」稱號，成了當時雲南僅有的幾個獲得過該稱號的年輕人中的一個。

現在回想起來，孫炯從那次考試得到的，絕不只是那個稱號。那次考試的一道試題指出，「香格里拉」這一爲世人熟知的英語辭彙，最早出現在英國作家詹姆斯·希爾頓的長篇小說《失去的地平線》中，而它的真正源頭，卻出自中國西南某一地區的藏族方言。那件事讓他爲之一震：他所在的雲南，不正是中國的西南麼?那麼，香格里拉會不會就在雲南，就在雲南藏區?在一段時間裏，孫炯爲那個問題苦苦思索，寢食不安。不久之後，孫炯得到了已在中國翻譯出版的《香格里拉》那本小說。詹姆斯·希爾頓在那本書的最後問道：「您認爲康韋最終會找到香格里拉嗎？」小說就以這樣一個疑問或說是懸念結束。掩書凝思，恍惚間孫炯覺得，那好像就是在問他。

我在聽到他的這段經歷時想到，孫炯能邁出第一步，須有一些必備的條件，其中的每一個條件，幾乎都與孫炯的人生經歷有關。當他的人生之路走到一九九五年時，偶然發生的那次考試，以及偶然看到的那個字眼，所以能引發他對香格里拉的思索，又是必然的。在相當長的一段時間裏，孫炯曾對麗江納西文化非常著迷，對與麗江納西文化有關的納西族學者周善甫以及美國學者洛克、俄國人顧彼德等人的著作，都有相當的瞭解。當然，對與麗江毗鄰的雲南藏區，比如中甸、德欽等地，也相當熟悉。憑著他對麗江與中甸的瞭解，他開始思索，一心想揭開「香格里拉」之謎。

麗江古城大研鎮永遠是迷人的。即便在陽光下，鱗次櫛比的明清民居，也如一幅黑白照片，風情悠遠。古城深處，玉河之畔，一座清幽的小院裏，每晚都要演出的納西古樂，常常會把人帶回遙遠的年代。幾年前，我在麗江待過些日子，每天早出晚歸，只要不太累，都要走進古城，在四方街寧靜的街巷裏隨意走走。小街小巷縱橫交錯，如一盤古老的棋局，深奧莫測，人世黑黑白白的棋子下了一個又一個世紀，至今沒有結局。弈棋的高人不見身影，但我知道，他們就在某座不遠的老屋。幾乎每次，我都要在大石橋那裏坐一會兒，閉上眼，聽橋下流水如歌，然後繞到納西古樂會的那座院子前，有時進去，有時並不一定進去，但聽聽從院子傳出來的古樂聲，則是無論如何也不礙事的。

一九九六年二月，爲考察一條新的旅遊路線，孫炯和他的朋友習梅英、和向前等專程前往中甸。從大年初一到初三，他們帶著英文版《失去的地平線》和中譯本《香格里拉》，對照考察了碧塔海、松贊林寺和白水台等主要景點。經過九天的尋覓，一條新的旅遊路線已初現端倪。初三晚上九點，他們回到賓館，就在賓館的走廊裏，迎面碰到了迪慶藏族自治州州委書記格桑頓珠。

孫炯那時還不認識格桑頓珠，當格桑頓珠從走廊的另一端走過來時，孫炯的一個朋友小聲告訴他，那就是格桑頓珠，迪慶州州委書記。機會總是在突然間降臨。孫炯迎上前去，對格桑頓珠說，格桑書記，我有個想法，想與您聊聊。格桑頓珠後來回想說，那天他看見孫炯手裏拿著一本書，向他晃了晃。剛開完會的格桑頓珠，隨孫炯到了他在二樓的房間。他們簡單地聊了幾句。孫炯以最簡捷的方式和最激動人心的措辭，向格桑頓珠轉述了《失去的地平線》一書對「香格里拉」的描繪，認爲小說《失去的地平線》描寫的自然與人文景觀，與迪慶藏族自治州的自然景觀驚人地相似，並坦言「香格里拉」極有可能就在迪慶，希望迪慶立即著手展開對迪慶香格里拉旅遊資源的開發。格桑頓珠說，今天太晚了，明天早上，請到我家喝酥油茶，我們再詳細聊。事實上，格桑頓珠那時是強忍著自己的興奮，他立即意識到，一個有關迪慶高原的重大事件正在發生——從那時起，他記住了這個叫孫炯的年輕人。

——誰也沒有想到，就在迪慶高原那個普普通通的夜晚，竟然拉開了迪慶香格里拉旅遊開發的第一道序幕。

其時，格桑頓珠關於要把迪慶建成最好的藏區的初步構想已經形成。那晚回到家裏，他想了一夜。第二天一早八點不到，孫炯一行來到格桑頓珠的家，一邊喝酥油茶，一邊繼續有關迪慶香格里拉的交談。格桑頓珠打開了一大幅迪慶地圖，地圖上，金沙江、瀾滄江、怒江「三江並流」的壯闊景觀清晰可見。窗外，那年中甸的第一場雪下得紛紛揚揚。孫炯拿著詹姆斯·希爾頓的小說，就香格里拉向格桑頓珠作了詳細介紹。格桑頓珠最後說，如果香格里拉真的在迪慶，我已經看到了它可能帶來的巨大的文化和經濟價值。這是提高迪慶知名度的一把金鑰匙。他留下了孫炯帶去的詹姆斯·希爾頓的小說，並希望能不斷地得到有關資料。

兩周後，孫炯給格桑頓珠寄來了一大包有關香格里拉的資料。

一九九六年四月，應迪慶藏族自治州的邀請，經孫炯所在單位聯絡，由新加坡報業集團、新加坡國家電視臺和幾位旅遊界人士組成的「新加坡尋訪香格里拉考察團」一行十二人，由孫炯、朱運寬陪同，到達中甸，開始了他們對迪慶香格里拉的尋訪與考察。

那次考察得到了社會各界的廣泛支持：雲南航空公司爲考察團提供了全程往返機票，昆明兩家最大的賓館翠湖賓館、昆明飯店爲考察團提供了在昆明的住宿。就在迪慶州賓館二樓的會議室裏，格桑頓珠向客人詳盡地介紹了迪慶、中甸的自然與人文景觀，中甸縣委書記齊扎拉從中甸縣的角度，對迪慶香格里拉的開發作了許多重要補充。客人聞之，大爲震驚。在隨後的十天時間裏，新加坡考察團的客人在遊覽考察中，對迪慶、中甸豐富的自然與人文景觀大爲讚歎，回新加坡後，在當地報刊、電視、廣播等大眾傳媒上，對迪慶香格里拉作了大規模的圖文報導。

在描述「迪慶香格里拉」的美麗神奇的同時，一家傳媒在一篇整版報導的末尾寫道：

「回到一個問題：傳說中的香格里拉，到底是不是在迪慶？我們幾個團友都心存疑問，主要的一點是，詹姆斯・希爾頓在小說中敘述的一些情景，我們這次到迪慶都沒有看到。然而，後來又想想，這個問題重要嗎？朱運寬先生說得好：『香格里拉到底在存不存在並不重要，重要的是，來到這裏，我們心中已經無憂無慮、遠離凡塵瑣事，像是真的到了世外桃源一樣。』迪慶對於很多人來說，還是一個很神秘的地方，它的原始能和香格里拉掛鉤，實在再理想不過。」這就是結論。

當年八月，應新加坡最具實力的曾氏兄弟集團的邀請，格桑頓珠、孫炯率迪慶州歌舞團的四名演員抵達新加坡，參加新加坡秋季國際旅遊博覽會，配合當地有關部門對「迪慶香格里拉」作了進一步的宣傳。在新加坡期間，中國駐新加坡大使館公使銜參贊聶海清在大使館會見了格桑頓珠。聶海清高度評價了這次宣傳活動，他告訴格桑頓珠，現在，新加坡人人都在議論，在中國雲南發現了香格里拉。

回國後，格桑頓珠立即向雲南省政府負責人彙報了開發迪慶香格里拉的初步設想，得到雲南省政府強有力的支持。一九九六年十月，在迪慶州和中甸縣的努力下，由雲南省政府政策研究室牽頭，會同雲南省政府辦公廳、雲南省旅遊局、迪慶藏族自治州州政府及省級有關部門參加的「雲南迪慶香格里拉旅遊開發工程課題組」正式成立，邀請數十名專家、學者，從文學、民族學、宗教學、語言學、地理學、藏學等諸多學科入手，開始進行大規模的考察、研究與論證。一場由中國雲南省政府出面組織的，在中國雲南尋找香格里拉的探訪，正式開始了。

在那之前，我跟他們已經有過多次交往——我們的交談，多半是我們共同著迷的麗江納西文化。當他們在「翠雲樓」頭一次向我說起「香格里拉」時，我始終有一種癡人說夢之感。我彷彿眼睜睜地在走入某個夢境。如果事情真像他們說的那樣，也許「香格里拉」就要從飄渺的半空，從遙遠的天邊歸來，落到我們可以觸摸的某片大地，就像一個浪跡天涯的遊子，終於回到了它的故鄉。我的驚詫是巨大的，不幸的是，我的懷疑也是巨大的。

當我後來讀到《失去的地平線》的中譯本，想到「香格里拉」這個字眼時，我總會想起「翠雲樓」，想起我在那個小樓上度過的俗常又愜意的時光。燈光幽暗。悶熱。不時有油煙飄上樓來。服務小姐都是打工女，初時還穿著藝術品似的剪口布鞋，腰繫著一塊紅圍裙，臉上尚有鄉村女孩的羞澀，讓人想起那些無名的山野，很快，那美麗的羞澀就被城市的虛飾和浮華悄悄覆蓋。但在這個城市裏，那依然是最適合談論「香格里拉」的地方——城市的存在使那種談論變成必須，變得緊迫。在那樣的燈光下，幾個朋友的眼睛彷彿也是藍色的，就像小說中康韋的那雙閃爍著「劍橋藍」的眼睛——至少在我的想像中，事情正是如此。或許我們可以叫它「昆明藍」或是「高原藍」，悠閒、懶散，卻充滿了詩意，就像昆明的天空。維克多・雨果說過，藝術是藍色的。藍色永遠隱藏著奧秘，比如大海和星空；藍色象徵著智慧；藍色似乎也永遠在激發著人們的想像，鼓動著人們去探尋那些未知的謎。就是在那樣的藍色之中，在《失去的地平線》問世半個多世紀之後，在幾個同樣有著藍色效果的雲南人的眼睛裏，「香格里拉」的夢幻重新浮現出了它美麗的輪廓。

緣分的眞義

和眾多尋訪「香格里拉」的人並不一樣，我選擇一九九七年秋天踏上那條充滿懸念的旅程，毫無功利目的。我既沒有夢想成爲香格里拉的發現者，也不奢望如此這般地走上一遭，從中得到某種看不見的利益：金錢、地位或是名聲。與其說是去尋訪，不如說是要去感受，感受那片土地，那裏的歷史與文化。旅程就如一生，都在神的手中。事後我才發覺這樣有多輕鬆，也自覺沒有辱沒那片我夢想了許久，充滿神奇與聖潔，卻至今有些荒寂的土地。

我是懷著一種去結識一片土地，了結某種緣分，也重新認識整個大地的興奮，踏上我的旅程的。

人與人，有有緣與無緣之分，人與土地也一樣。

差不多十年前的五月，一個小型筆會將在中甸舉行，我被邀請參加，同時被邀請的還有二十來個文學界的同行。到那時爲止，我已在雲南生活了將近二十年，卻還很少踏上昆明以外的土地。我早就聽說過西雙版納，聽說過芒市和瑞麗，但我直到那時才聽說除了它們之外，還有一個中甸。我感到了中甸的遙遠，至少在心理上的確如此。作爲一個地名，中甸那時在我心目中空洞得就像一片飄蕩在空中的雲彩。除了它的大體方位，除了聽說那裏是雲南藏族居住的地方，我對它簡直一無所知。一個「甸」字，並沒有喚起我對雪山、草甸和連天牧場的想像——在雲南，叫「甸」的地方實在太多了，尋甸、魯甸、巨甸……，不一而足；真到那裏一看，我們會吃驚地發現，那些所謂的「甸」，不過是群山中的一塊可憐巴巴的平地。然而，藏族這個民族讓我心嚮往之——那時，我還沒有去過西藏。我懷著一種就要到異國旅遊的衝動，期待著那個筆會的到來。

回想起來，我那時的期待非常功利，預期中除了大自然帶來的某種快樂，除了某種獵奇心理的滿足，我還期待著靈感的激發。事實上，那種期待本身就是一種索取——向大地索取智慧，索取靈感。智慧與靈感雖然不是物質性的，卻同樣也是索取。日子一天天過去，出發的時間日漸臨近。我已將遠出需要的所有東西收拾好，並且幾乎每天都會把一、兩件原來不準備帶，想想後覺得還是帶上好的東西裝進背囊。背囊越來越沈，我卻毫不在乎，隨時準備踏上旅程。

走的頭一天，天下著小雨，我騎著單車趕往單位，打算走前把一些分給我的事情處理完——一個人，生活在世，當然必須做些事情。我來去匆忙，就在進單位那個大院的大門時，我在一段青石板路上摔了一跤，摔得很重，幾乎爬不起來。當時我的第一個感覺是，糟了，明天，我還能去中甸麼？

單位所在的那個院子，以前據說是某個西方國家駐昆明的領事館，七〇年代末我第一次走進那個院子時，院子裏還是綠蔭匝地，花木盎然，儘管舊式小洋樓已有些頹敗，花園也因長期無人照管而有些雜亂，但那種格局，依然能讓人想到當年的奢侈與排場。它就在昆明著名的翠湖之濱，是個十分適於居住的所在。將近十年後，等到我到那裏工作時，院子已明顯地衰敗。進門的地方是一個用青石板砌成的斜坡，多年的人行車輾，加上雨水，那個斜坡已變得非常溜滑。靠牆根的地方，生著一片暗綠色的青苔。而當時我對此毫不在意，爲了趕時間，進門後，我一隻腳踩在單車的腳踏上往下滑。就在我毫不在意時，我摔倒了。

我摔得不輕，差不多是整個身子橫著倒了下去，從右髖骨到右肩到右邊半個腦袋，重重地摔在那片青石板上。爬起來後，我的右胳膊已不能動彈，到醫院一看，整個右肩都已紅腫。吊著一隻手臂去中甸旅行是難於想像的。治癒傷痛的時間只有大半天，我希望在那半天裏發生奇蹟。那個夜晚，我所有的夢都是我已完全恢復正常。但第二天早上起來，我發現我的手臂已完全紅腫。最終我只好放棄了那次期待已久的旅行。現在想來，那一次，隔開了我與那片土地親近的，是我自己的忙碌。到底在忙些什麼呢?不知道。

一九八八年八月，我又一次與幾個朋友一起，沿著金沙江上溯，先到了攀枝花，隨後又到了位於小涼山腹地的寧蒗，到了麗江，準備在麗江待上幾天後，再去中甸。說起來，那次活動最後的，也是真正的目的地正是中甸。參加過三年前那次筆會的同行回來後，向我大肆誇耀了一番中甸，說你沒去真是太遺憾了，我們在一個巨大的海子邊的草甸上搭起了帳篷，升起了篝火，通宵達旦地唱歌、喝酒、聊天，十多個人吃了整整一隻肥羊。遠處，雪山像水晶一樣在天邊閃光。我清楚地記得他們還說到了中甸的魚，說他們用一隻破簸箕堵住了一條小河溝，在一個鐘頭不到的時間裏，僅僅憑著兩隻手，抓了幾十斤魚——中甸的魚似乎根本就不知道怕人，牠們傻乎乎地直往人手上撞——在那之前，當地的藏胞從來就沒吃過魚，也從來沒去傷害過牠們。

我記得我隱隱約約聽人說過，中甸最好的季節就在八月。三年後才去補上我在一九八五年失去的那個機會，看來時間不短也不長。要知道，多少人在第一次失去機會後便終生與他最初的夢想無緣！偏偏就在那時，我的一個電影劇本獲得通過，電影廠把電報打到麗江，讓我火速趕回昆明，說導演已在昆明等我。作爲一個凡夫俗子，我的世俗之心再次起了作用，決定儘快回昆明。於是我與中甸再一次失之交臂。

俗世的日子總是這樣，看似緩慢其實又流逝得非常迅疾。一九九三年五月，我爲長篇小說《情死》的寫作正在麗江考察，著名作家、中國作家協會副主席馮牧先生，領著北京的幾位藝術家也到了麗江，陪同他們的，正好是雲南省林業廳宣傳處一位我認識的朋友——我到麗江的那次考察，也是他幫助安排的，記得當時我曾說，如果有機會，我還想去中甸看看。他說，會有機會的——沒想那就是他爲後來的這次旅行打下的伏筆。他陪客人一起到了麗江，說他們兩天後還要去中甸，如果你願意，我們不妨一起走。於是我滿懷欣喜地跟他們一起到了中甸。

遺憾的是，既然是由林業部門組織的活動，我們只在中甸縣城住了兩晚一天——那一天，我們一直處在地方官員的包圍之中，甚至沒去過碧塔海——隨後，我們就返回到了小中甸林業局，在那裏，花了不少時間聽小中甸森林工業局的負責人介紹情況。我記得他們告訴我們，那支從東北林區成建制地轉移到中甸的森林採伐隊伍，在將近二十年的時間裏，爲國家創造了巨大的財富。他們告訴我們的數字，當時真讓我們大吃一驚。

騎車從小中甸向北深入大約四十公里，我們看到了一片片採伐地。那是我第一次看到砍伐後的林地。到處都是森黑色的樹樁，粗大得幾人難以合抱，就像一片巨大的墳地。一望無際的伐樁，猶如樹木的墓碑。杜鵑花掩映其間，生機盎然與無聲的死亡相互滹合，把那種令人傷感的淒清襯托得更爲觸目驚心。

我感到呼吸急促。我似乎聽到了樹木的呼喊與控訴。在高寒地帶，雲杉樹生長極慢，同樣作爲生命，那些活了數百年甚至上千年的老樹，戰勝了高原數百年的風雪，卻難逃一把油鋸帶來的劫難。人類的愚蠢幾乎到了無以復加的地步。當然，他們也種了一些樹，在瘋狂的砍伐之後，在似乎聽到了冥冥之中的生命的呼喊之後，或者在夜深人靜，突然從惡夢中醒來，感到了樹木冤魂的光臨之後——事實上，整個森林採伐隊，就處在千千萬萬樹木屍體的包圍之中。如果當時他們還沒有做惡夢，幾年之後，幾十年之後，他們一定會做惡夢。歷經十年，那些雲杉樹苗也才不到一米高——他們的本意，是讓我們知道他們不僅採伐，也在造林，可看到那些十年後依然那麼矮小的雲杉樹苗，我的心情卻更難平復。我們有些惋惜，卻仍然沒有去想，那是對大地的掠奪和摧殘。我們被林區工人艱苦的生活所感動——他們離鄉背井，在森林裏面對著孤獨、寒冷與寂寞。若干年後，當人們重新談論起那支隊伍在將近二十年的時間裏，通過對原始森林的毀滅性砍伐，爲國家創造了數十億元的財富時，人人心情沈重。伐木工人無罪。那麼，有罪的是誰？那樣的採伐對中甸帶來的損失是巨大的。如今，偶爾經過那些被砍伐過的原始森林，面對滿目瘡痍，人們簡直想流淚。

在去中甸「天池」的路上，我再次目睹了那種悲慘景象：連續幾架山，都是被砍倒的樹木。爲了砍伐時的方便，那些鋸口居然都高達一米多。更可恨的是，採伐後，只把粗大的、筆直的樹木運走了，剩下那些不太順眼的樹木，全都扔在那裏，十多年過去，已全部腐爛，生蟲。蟲害蔓延之後，又感染了鄰近的森林……那次來去匆匆，在我心目中，那次實際上算不得真正去了中甸。

……歲月如流，倏忽十年！十年滄桑，世界變得幾乎無法辨認，我頭上也開始生出白髮。十年間，我又有過幾次去中甸的機會，最終也因爲各種莫名其妙的原因而只好放棄；我驚異於我是不是與中甸沒有緣分，不然，爲什麼我幾次與中甸失之交臂？可深藏在我心中的那個中甸，仍然沒有變得模糊。我不斷地聽人說到中甸，說到一直在我心中漂浮著的那片巨大的草甸，草甸上的牧人、牛羊、花朵、酥油茶，和大片大片的森林……對那片土地的渴望，在長久的期盼中變得更爲急切。

城市已沒有真正意義上的、未經人類塗抹與改造的、自由呼吸著的土地。當都市的地皮被高價炒作，每畝地價高達數百上千萬元時，所謂的寸土寸金，標誌的並不是土地自身的價值。一個花壇，一片綠地，看似土地，其實只是人類爲欺騙自己的虛假點綴。它們被圍欄隔絕，被「不許踐踏草坪」的警告牌阻隔，讓人難以親近。無數像我一樣的人，以至整個人類，都已與土地久違——除了不斷地向它索取，我們對土地幾乎一無所知。就像美國科學家奧爾多·利奧波德所說，「人們在不擁有一個農場的情況下，會有兩種精神上的危險，一個是以爲早飯來自雜貨舖，另一個則認爲熱量來自火爐。」①其實，嚴重遠遠不止於此。土地在被隔離的同時，也在被蹂躪。

人是大地的兒子。但多少年來，人卻一直在蹂躪著土地。那種蹂躪幾乎毫無理性，它是瘋狂的，破壞性的，毫無節制的。奧爾多·利奧波德在《沙鄉年鑑》一書中寫道：

「我們蹂躪土地，是因爲我們把它看成是一種屬於我們的物品。當我們把土地看成是一個我們隸屬於它的共同體時，我們可能就會帶著熱愛與尊敬來使用它。對土地來說，是沒有其他方法可以逃脫機械化的人類的影響的；對我們來說，也無其他方法從土地中得到它能——在受制於科學的情況下——奉獻給文化的美學收穫。」②

嚴格地說，所謂大地，正是那種荒寂的，自由的，沒有高樓大廈和現代設施的高山、平疇、山脈與河流。正是在這個意義上，我們無法把人在城市裏的散步與逛街，矯情地稱作「在大地上行走」，儘管那也是在大地之上，但那樣的大地，事實上已被人類活動覆蓋與遮蔽。恰恰是那種被現代人認爲是落後的、閉鎖的土地，才是真正具有大地屬性的、原生意義上的大地。它在城市之外，在鄉村之外，在人類文明之外，面對它，會讓今天的人們，想像人類誕生之初的浩茫、莊嚴與神聖，想像人類的祖先誕生的那個巨大的自然的搖籃，從而看到那個原初世界與人類自己是多麼地和諧。正是在那樣的土地上，生長出了人類最初的文明。

「土地產生了文化結果，這是長期以來人所周知的事實，但卻總是被人所忘卻。」③生活在二十世紀末，人們對養育我們的大地母親已非常陌生。把我們與土地隔離開來的，是我們久居其間的城市，是柏油馬路，摩天大樓，玻璃幕牆，擁擠的車流，擁擠的人群，廢氣，垃圾……當然還有銀行，證券交易所，電影院，歌舞廳，甚至我們每個人都有的那個家。我們用那一切把自己與自然、與土地隔離開來。人造的一切構成了，或說我們自以為構成了一個完整的體系，身在其中，我們自信一切都已是那麼完美，還在趨於更加完美。

我們很難想像，如果那樣一個「文明世界」真的在某個時候離我們而去，我們是不是還能在這個世界上生存。我們依賴它，建設它，因爲我們相信，我們能在自然之外，爲人類建造一個更爲舒適也更爲完美的社會。我們忘了，那種建造本身，其實與我們早已忘在腦後的大自然須臾難離。正是土地，供給了人類得以生存繁衍的一切，水，空氣，瓜果，穀物，製造工具的樹木和礦石，也正是大地用它自身的美麗，雲霞，花朵，山的巍峨起伏，江河的奔湧流淌，讓人學會了藝術，也是大地用春天的來臨，讓人懂得了驚喜，用秋天一片片預示著寒冬即將降臨的落葉，讓人類明白了什麼叫做哀愁——冬天往往是一段讓人難熬的日子。甚至正是大地，把人類雕塑成了我們現在這副模樣，無論體魄還是心靈。我們把這一切都忘了。如果人和自然本應是處於一個共同體裏的朋友，人就是那種忘恩負義的朋友，它從土地那裏獲取了那麼多，卻幾乎從來沒有向他的土地朋友表示過絲毫謝意。

即便如此，人還是沒有滿足的時候。「現代人之所以不能控制環境，原因就在於不能克制自己。克制自我才是避免自己失敗的唯一方法。」奧爾多・利奧波德也說，「我們的自大和完美的社會，現在就像一個憂鬱病患者，它是那樣爲其自身的經濟健康而困擾著，結果反而失去了保護其健康的能力。整個世界是那樣貪婪地希望有更多的浴盆，以致於失去了去建造這些浴盆，或者甚至應該關掉水龍頭所必需的穩定性。」④

一九七二年五月，在英國倫敦一座精緻的別墅裏，當代最傑出的歷史學家湯恩比，與日本著名的宗教界人士、社會活動家池田大作，有過一場極具象徵意味的對話。那時，湯恩比那本「七〇年代爆炸性傑作」《增長的極限》剛剛發表不到兩個月。他們的對話後來整理成書，一九八五年譯成中文時，書名叫《展望二十一世紀》。在他們看來，現代文明完全可以叫做科技－工業文明。這種文明形式，完全建立在人類追求生理欲望滿足這樣的基礎之上。爲滿足這些欲望，人類的生產活動開始過分偏重於物質性的生產。當農耕時代原始的自然農業不足以養活越來越多的人口，也難於大幅度地提高人們的生活水準時，人們便轉而開發工業技術與資源，由此而引起了產業結構、社會文化和經濟體制方面的變革。第二、第三產業取代作爲第一產業的自然農業成爲社會的主導產業；科技取代宗教，日益成爲現代人的一種不可改變的信仰；自由競爭的資本主義的市場經濟取代了溫情脈脈的倫理主義的自然經濟等等。

毫無疑問，這些變革爲人類帶來了巨大的財富，但這種變革的基礎是建立在把本來屬於一個生命體的世界系統人爲地物質化，把人——文化——自然之間的有機聯繫任意分割開來，所以也導致了人類社會體系全球性的崩潰，以及自然環境的惡化與生態平衡的破壞。這一切都緣於「人的貪欲和侵略性，是自我中心主義的產物」。湯恩比解釋道，人類的自我中心主義把人與自然看成兩大不同的、對立的世界，把人與社會的關係同樣也看作是互相對立的關係，強調自我和個人價值。這種觀念支配了人類的全部行爲，使人類去協調人與自然、人與社會的關係，不去適度地、合乎情理地發揮科技的作用；而是恰恰相反。要解決這個問題，必須變革人類的思維方式和觀念，從本質上去認識科技——工業文明，重新思考這個世界本來的秩序，思考人與自然的關係和人在社會中的位置，重新選擇生命。湯恩比因而警告說，「人類的力量影響到環境，已經達到了會導致人類自我滅亡的程度，這種情況已確定無疑。如果人類爲了滿足貪欲而繼續使用這些力量，必將自取滅亡。」⑤姑且不論人類對環境的破壞會造成無法挽回的損失，即便人類已經掌握的、能將自己毀滅的核武器和生化武器，也能把我們居住的星球隨時毀滅幾次甚至幾十次。

奧爾多・利奧波德說道，「在這種情況下，可能沒有什麼比從衛生角度稍稍輕視一下過多的物質享受更有益的了。」⑥而在此之前，人類必須對自己的所作所爲有一個根本性的反省。正像湯恩比和池田大作指出的，體制革命並不是拯救這個時代的靈丹妙藥。「解決現代矛盾的鑰匙絕不在於技術上的嘗試。這種矛盾並不是單靠改革一種社會體制或機構便能立刻解決的」，「要根治現代社會的弊病，只能依靠來自人的內心世界的精神革命」⑦。而在他們看來，由於宗教戒律是要人類自我克制，所以，這一心靈的變革也是人類皈依宗教的運動，或者是無論如何要借助宗教來實現的運動。

在湯恩比看來，解救人類社會危機的根本出路，不是讓人與自然的分裂繼續下去，而是相反，要通過人類自身的精神革命，使世界整合起來，統一起來，走向單一化，人類才有可能避免他所說的集體自殺，而「將來統一世界的大概不是西歐國家也不是西歐化的國家而是中國。」中華民族的政治統一經驗和世界主義精神，儒教世界觀中的人道主義和合理主義，中國哲學中天人合一的觀念和東亞人對宇宙的敬畏與敏感，東亞民族的活力、勤勞、勇氣和聰明，內聚力很強的文化觀念等等，正是未來世界統一所必須的條件。「中國人和東亞各民族合作，在被人們認爲是不可缺少和不可避免的人類統一的過程中，可能要發揮主導作用，其理由正在這裏。」

我的驚訝之處在於，對不管是像奧爾多・利奧波德那樣處於上個世界的優秀分子，還是像湯恩比和池田大作這樣的現代人正在苦苦思考的這一切，諸如「適度」哲學，諸如對宗教特別是東方宗教的虔誠，對於東方人，特別是中國人在未來世界中所應承擔的光榮責任等等，《失去的地平線》這部寫於本世紀三〇年代的長篇小說，幾乎都有所涉及。到底是英雄所見略同，還是詹姆斯・希爾頓曾吸取過到那時爲止人類對於世界的憂慮？不得而知。但那樣一些問題在二十世紀七〇年代由像湯恩比和池田大作那樣的人重新提出，至少證明詹姆斯・希爾頓的思考，不僅直到今天也沒有過時，在某種程度上，問題還更加嚴重。

人對大地的認識，或許不可能是自發的。即使是每天都與土地打交道的人，也不能說他就真正瞭解土地，瞭解他與土地之間的關係。一個莊稼人，瞭解的只可能是他耕種的那幾畝地，那種瞭解也只限於它的大小，它的土質，它的肥力，它的習性，以及它每年能爲他打下多少糧食——總之，那種瞭解同樣帶有某種功利目的。大地，這個熟悉的字眼，包括山峰、江河、山崗、溪流、森林、草地，當然也包括在大地上生存的各種動物與生靈。大地是人類的母親，然而現在，母親正在變得衣衫襤褸，正在被掠奪，被踐踏，被玷污。當我們在城市和城市周圍目睹了遍體鱗傷的大地之後，突然發現並繼而擁有了一片保持著原初狀態的土地，我們或許會滿臉羞愧，潸然淚下。

一片沒有任何遮擋的土地，讓人們再度直接面對大地，面對自然。親近與瞭解大地，就是要瞭解我們生存的環境，瞭解我們自己，瞭解我們與大地間業已存在的機緣與幸運——我們就從那裏而來，從大地而來，從鬆軟的土壤、蕪雜的叢林和喧騰的河水而來。或許遲了一些，但遲到的覺悟仍然彌足珍貴。當我現在回想起我第一次自覺地進入迪慶香格里拉那片土地時，我的心裏充滿了溫馨和對大自然的感恩。

事實上，我對土地的渴望，當時正是出於某種瞭解人與自然真實關係的渴望，那一點，當時連我自己也還沒有意識到。而在過去的大半個世紀中，不管詹姆斯・希爾頓自身和他的作品有多少局限，甚至可能隱藏著某種殖民意圖，人類後來那樣一片土地的尋求，只是借助了香格里拉那樣一個傳說，一個烏托邦式的夢想，來實現自己的思考。在這個世界上，每一次宣稱已經找到了香格里拉的宣告，都無非是人類對自己內心的一次又一次的眺望與審視。

……好事多磨——在急切的盼望中，我常常會想起中國的這句老話。所謂緣分，也許只是冥冥中的某種預感。我雖然一再安慰自己，與中甸的一再錯過並不證明什麼，卻深切地感受到，在當今，人與土地是何等地難於親近。我只不過是無數與土地失去聯繫的千千萬萬人中的一個。

◆◆◆

①②③⑥ 奧爾多·利奧波德《沙鄉年鑑》，侯文蕙譯，吉林人民出版社一九九七年十二月版。

④⑤⑦ 湯恩比、池田大作《展望二十一世紀》，中譯本，國際文化出版公司一九八五年第一版。

飛機從昆明起飛，半小時便飛抵麗江，隨後我換上一輛越野吉普，開始在滇西北群峰躓動、千河湧流的土地上馳行。一個多鐘頭後，當我在著名的虎跳峽出口越過金沙江，踏上迪慶「香格里拉」美麗神奇的土地時，我再次想起了那個英國人：詹姆斯．希爾頓。

一九三七年，在《失去的地平線》出版四年，並於三〇年代在美國創下了頂級銷售業績之後，精明的好萊塢花鉅資買下了該書的電影拍攝權，並邀義大利裔美籍電影導演法蘭克．卡普拉執導，由羅納德．柯爾曼和簡．沃特出演，耗資兩百萬元美金，歷時兩年，將《失去的地平線》改編拍攝成了電影，並在一九三七年獲哥倫比亞電影大獎。該片的主演之一簡．沃特後來感歎道：「我相信每個人的心裏都嚮往香格里拉……噢，我也希望全世界的人都能來看看這個山谷」。「香格里拉」借助電影這一現代傳媒風靡一時。一家美國雜誌在專爲那部電影發表的文章中寫道——「壯觀之景、興奮、羅曼蒂克、騷動、奇妙、激動和同情、一場精彩絕倫的冒險、一個心中的欲望成爲現實的夢」——「這就是一九三七年當耗資二百萬美元的電影《失去的地平線》在紐約開演時，評論家對此的讚譽。《失去的地平線》不但三年連續打破了銷售紀錄，同時票房收入也相當成功。到底是什麼使詹姆斯．希爾頓的傑作在二十世紀三〇年代能對西方世界產生如此的震動？究竟香格里拉所設計的是一片什麼樣的西藏土地，以至於如此令西方人魂牽夢縈？」「逃避主義者的《失去的地平線》之夢，充滿了一種赤裸裸的下意識需求。西藏，屬於這其中最後尚未被西方所知的土地，在香格里拉中變成了千萬人所構築的夢幻家園。西藏的喜馬拉雅山之大之靜甚至超過了西方之最。這兒是美國希望的人類最好的棲息地。」「最終，西藏和其他大大小小的香格里拉都成了人們尋求慰藉，或逃避現代世界的困擾，或是表達一種因出自一種深沈的失落感而帶來的需求的象徵。」

我們不會忘記，那時第二次世界大戰已臨近爆發。不久，該電影傳入中國，翻譯名《桃花源豔跡》雖然有些俗豔，卻對「香格里拉」這一早已西方化的名字進行了一次本土化包裝，與寄託著中國人烏托邦情懷的「桃花源」聯繫在了一起。在電影《桃花源豔跡》放映後不久，一首名叫《這美麗的香格里拉》的歌曲，經四十年代當紅歌星歐陽菲鶯演唱，很快就風行於整個華人世界。在中國南方各省，那首歌的知名度似乎更高。四川籍雲南作家馮永祺告訴我，小時候她在成都就會唱那首歌。她的朋友、作家劉綺也能唱那首歌。如果這還不能說明什麼——特別是考慮到她倆都喜歡音樂，那麼，馮永祺女士在她家住地附近隨便問到的一些年紀稍大的人，也至今還能哼唱那首歌——

這美麗的香格里拉，
這可愛的香格里拉，
我深深地愛上了它。

你看這山隈山涯，
你看這紅磚綠瓦，
彷彿是裝點著神話。
你看這柳絲參差，
你看這花枝低丫，
分明是一幅彩色的畫。
啊，還有那溫暖的春風，
更像是一襲輕紗，
我們在它的籠罩下，
我們歌唱，我們歡笑，
這可愛的香格里拉，
這美麗的香格里拉，
是我們理想的家……

從此，香格里拉成了一個世界性語彙，不僅是「烏托邦」，也不僅是一種虛幻的夢——指揮戰爭的國家元首想到了它。一九四二年，在第二次世界大戰的高潮中，當美國飛機秘密地從「黃蜂號」航空母艦上起飛，準備對法西斯採取新一輪軍事行動時，美國總統羅斯福卻向全世界宣告，龐大的機群將從「香格里拉」起飛。這就等於說，機群是從子虛烏有的「伊甸園」或是「桃花源」起飛的一樣，再狡猾的對手，也無法從最精密的軍用地圖上查出真正的起飛地點。顯然，這是要給那次非同尋常的軍事行動增添一點神秘色彩，同時也以此暗示：美國是和平之神，是這場戰爭的正義所在。

創辦企業的財界巨頭鍾情於它。一九七一年，原籍中國福建的馬來西亞華人巨富郭鶴年先生，在新加坡創辦了一個五星級酒店。據一九五五年世界最權威的財經雜誌《富比士》公布，在全球華人富豪排行榜上，郭鶴年名列第八。在香港超級富豪排行榜上，郭鶴年僅次於李兆基、李嘉誠，名列第三。據《郭鶴年自傳》記述，在爲該酒店命名時，郭鶴年發愁了——一個又一個名字都不能讓他滿意，他要創建的，是一個能與稱雄歐洲的希爾頓高級酒店集團媲美的酒店業巨子。自命爲商界隱者的郭鶴年自小愛讀《失去的地平線》，雪山擁簇中的香格里拉王國一直令他神往，那首《這美麗的香格里拉》，也常在他心頭縈繞。最終，他確定以「香格里拉」命名他的五星級酒店。由此，「香格里拉」第一次成了大地上一個可知可感的現實景觀。如今，香格里拉酒店集團已發展成了亞太地區高級酒店業的霸主。在酒店業和旅遊界，「香格里拉」這個名字，意味著幽雅、豪華與舒適，甚至意味著盡善盡美。

伴隨著對「香格里拉」的反覆炒作，一場世界性的尋訪「香格里拉」熱也歷久不衰。在長達半個世紀的時間裏，尼泊爾、印度等國都先後聲稱，他們已經找到了香格里拉的真實所在。在某國的香格里拉旅遊點，甚至擺放著一架老式飛機，註明那就是小說中康韋一行乘坐過的飛機。就像當今世界屢屢發生的商標和地名註冊一樣，那些搶先宣告找到了香格里拉的人們，熱衷的並不是「香格里拉」的深邃內涵，而是它所充滿的異域情調和烏托邦夢幻造成的讓人過目難忘的品牌效應。他們需要的是「香格里拉」這個響亮的名字。問題是，所有那些宣告並沒有因爲它的「搶先」成爲事實，人們最終發現，所有那些地方的自然風光、人文景觀，與小說中描寫的都相去甚遠。香格里拉依然是一個夢幻，虛無縹緲，可望而不可及。真正値得注意的是，人們在那場長達半個多世紀的香格里拉尋訪熱中顯示出來的不懈的熱情。

那麼，「香格里拉」到底在哪裡?它究竟意味著什麼?

不管是在遠離「香格里拉」的昆明，還是在一步步靠近「香格里拉」的路上，當我斷斷續續地讀著《失去的地平線》這本書時，我一直在想，詹姆斯・希爾頓，這個從沒到過迪慶的英國人，到底爲什麼要寫這麼一本書?

任何一個人，都逃離不了他所生活的那個時代。二十世紀三〇年代，第一次世界大戰的硝煙剛剛散去，第二次世界大戰的陰雲又開始在天邊聚集。無論「十月革命」在二十世紀末的命運如何，但它在當時世界上最守舊的俄國取得的成功，就像一枚扔在一座城堡裏的炸彈，在那個看似堅不可摧的世界炸開了一個巨大的缺口，震動了歐洲和整個世界。共產主義的幽靈在整個世界範圍裏游動，人們感到惶惶不可終日。那正是西方的大蕭條年代，資本主義世界自身固有的矛盾也越來越深。

一九二九年美國發生的華爾街股市大崩盤，拉開了全球第一次經濟大衰退的序幕。幾乎與詹姆斯・希爾頓同時的著名經濟學家凱因斯，正是在一九三六年，發表了他的主要著作《就業、利息和貨幣通論》，該書的主要部分，正是對當時那場世界性的經濟危機作出的回答和對策。凱因斯在那本充滿了憂傷與沈思的書中指出，企業家們不再投資，英國有四分之一的人失業，更爲嚴重的是，當時甚至沒有人能對二十年代的大規模失業作出解釋。西方的價值觀因此受到質疑。飽受軍備競賽、經濟危機與工業污染之苦的西方，一些開明人士開始轉向東方，以尋求人類精神的安身立命之所。

世界是混亂的，在一部描寫當時巴黎生活的電影中，有這樣兩句話：「所有的派對都成了政治集會，所有的政治集會都成了派對」。電影中，紙醉金迷中的男男女女，一面沈溺在尋歡作樂之中，一面又打著「全世界工人階級團結起來」的巨幅橫標上街遊行。它顯示的既是歐洲對政治的恐慌，同時又是對政治的迷醉。一個子虛烏有的極樂世界，或許是他們對歐洲面臨的可怕未來的最有效的逃避。我們無法斷定，詹姆斯·希爾頓的這部小說就一定是對那個混亂年代人們尋找出路的直接寫照，但它至少也是對那個年代人們精神世界的間接反映。

時光轉眼就到了二十世紀九十年代。

「雲南迪慶『香格里拉』旅遊資源開發課題組」從一九九六年下半年開始，對迪慶「香格里拉」旅遊資源展開大規模的調查，透過深入細緻的田野考察、歷史追蹤和資料查證，在雲南迪慶發現了與《失去的地平線》一書所描寫的地理景觀、人文特點相一致的充分證據。研究取得了儘管是初步的，卻又極爲豐富的成果。

一九九七年九月十四日下午三時，面對來迪慶參加中國第二屆滇、川、藏、青毗鄰地區藝術節的中國各大藏區的代表和國內外賓客、記者數百人，雲南省人民政府與雲南迪慶藏族自治州政府在迪慶州首府中甸舉行新聞發表會，正式宣告：

香格里拉就在雲南迪慶！

在中國最偏遠的省分雲南省的一個最偏遠的藏族自治州所作的這一宣告，自然引起了整個世界的關注。當天夜裏十點開始，英國廣播公司（BBC）向全世界廣播了這一消息。緊接著，國內各大新聞媒體，以及英國的《泰晤士報》、《衛報》、《金融時報》，美國的《紐約時報》、《華爾街日報》、《西雅圖郵報》、《基督教箴言報》、《時代周刊》，日本的《朝日新聞》、《讀賣新聞》，香港的《南華早報》、《亞洲周刊》，新加坡的《聯合早報》、《海峽時報》，馬來西亞的《星洲日報》、《南洋商報》等國際主流新聞傳媒，都用大幅版面對此作了報導。

當然，也有人對這一宣告的科學性和準確性表示懷疑。「迪慶香格里拉」新聞發表會就在新建的迪慶賓館的二樓會議廳裏舉行，一位國內記者當面質詢新聞發表會的主持者：你們的結論，是出於科學的態度，對一種文化現象的負責任的闡釋，還是為發展迪慶旅遊事業而做的新聞炒作呢？回答當然是前者。不過，顯然那樣的回答並不能完全解除那位記者心中的疑慮。

說到底，所謂「香格里拉」，不過是一個與某片土地有關的夢幻。宣告「香格里拉」在迪慶，無異於說，有一片關於大地的夢幻在迪慶。聽起來，這未免有點兒滑稽，然而稍加思索就會發現，事情並不像邏輯演繹出的結論那麼可笑。事實上，香格里拉所記述的，無非是一個有關大地的故事。在這裏，大地不再是一個在人類心目中可有可無的、冷冰冰的客體，一個僅僅作爲人類的棲居之地，供給人類糧食、衣物而又從不索取回報的大恩大德的施主，而是一個融彙了人類的智慧與心血，存放著人類全部理想的寓言，一個給予人類以精神滋養和靈魂慰藉的審美對象。

有史以來的藝術家，一直在尋找那些能激發他的全部靈感與智慧的審美之物。那可能是一條江，一座山，一棵樹，或是一朵雲，一陣風，一陣雨，當然也可以是一個人，一個微笑，一段歌唱……可惜，人們在有意無意之間忘記了，正是人類腳下的這片默默無語的大地，才是一個真正值得人們大書特書的潛在之物，一個包容著巨大的價值意義的審美之物。

被遺忘了整整一百年，直到二十世紀初葉才被思想界重新發現的德國抒情

金秋紅冬

這時，香格里拉轉瞬即逝的秋天就要來了。草甸那華美的金色，正是成熟的青稞那沈甸甸的顏色。

詩人荷爾德林，用一個普通不過的句子，表達了人類自古以來就有，卻從來就沒表達出來的對於土地的崇敬：

人充滿勞績，但還
詩意地安居於這片大地之上。

這句詩因爲有了德國思想家海德格爾的引用與闡發，在學術界廣爲流傳——海德格爾說：「安居是凡人在大地上的存在方式。」

我是凡人，你是凡人，我們都是凡人，我們都希望「詩意地安居於這片大地之上」。

「詩意」從何而來？

自然或說「大地」，是人「勞作」和「棲息」的「處所」，是人的「作」、「息」之所，是人「安身立命」的地方。「勞作」使人「立命」，「棲息」使人「安身」，二者都離不開「大地」。

人爲了自己的生存，必須不斷地進行「改造自然」的活動，我們向大自然索取爲了維護我們「生存」所必須的一切，開荒、種地是爲了獲得糧食、木材，開礦是爲了得到金屬。這是一種「勞作」。而人的「居住」本身就是一種「勞作」，這就是「建築」。人在大自然或說大地上的「營造」或說「建築」，不僅僅是在「營造」自然，也是在「營造」自己。白天，人與大自然打交道，這就是所謂的「改造自然」。人回到自己的居所「家」，就是回到了自己；也就是說，這時的人暫時不再是一個爲了覓食而存在的動物。這時，屋子以外的大自然是自由的，人暫時不再向自然索取，大自然因而也暫時不再是人謀生的地方。這就是說，處於居所中的人，把自己與自然「分隔」開來了。只有當人進入自己的居所時，大自然才處於一種真正的「自然」狀態。

但是，這種「分隔」卻不是「隔絕」與「封閉」，只是讓人與大自然拉開了「距離」，在人與大自然之間造成了間隔。那時，大自然不再只是人類物質生活的一部分，透過房子的門窗，不管是窗外的一片土地、一棵樹，還是一座山、一條江，都不再是爲了人類的採摘或耕耘，即「生存」而「存在」，它原本就獨立於人類之外而存在，當人有了一個「居所」時，那片土地，那棵樹，那條江或是那座山所代表的大自然，都成了我們眼中的一種景象。看到它們時，人們想到的暫時不再是如何從它們那裏得到什麼，只是把它當做一道讓人賞心悅目的風景來欣賞。也就是說，因爲有了房子這一「居所」，人類才有了欣賞風景的可能。

多麼有趣！這，就是「詩的境界」，就是我們所說的「詩意」，「詩意地安居」。正是在這個意義上，我們說，如果歷經半個多世紀的、世界性的尋訪「香格里拉」熱，寄託了人類對「世外桃源」美好生活的千古憧憬，表達了人類社會崇尚真善美的共同願望，並且在一個嶄新的層面上，道出了人類對於大地的崇敬與膜拜，那麼，迪慶「香格里拉」的發現和確認，中國人——具體地說是雲南人——爲這一尋訪畫上的這個完滿的句號，無疑是對整個進步人類的深深的告慰。

——這一點，無論是醉心於迪慶香格里拉旅遊資源開發的官員還是專家，或許都沒有想到，也沒作深思。他們的直接目的，是要在山河壯且秀的迪慶藏區，造就一個新的旅遊區，讓迪慶香格里拉成爲雲南這個偏僻省分的一個偏僻地區的新的經濟增長點。這當然無可非議。毫無疑問，作爲當今旅遊資源最爲富集、品味最高的地區，迪慶「香格里拉」必將對當代旅遊熱產生長期、巨大的影響，激發人們對香格里拉開始新一輪的更加深入的探訪，去追求更爲美好的未來。事實正是如此。

一九九七年秋天，當滇、川、藏、青毗鄰地區藝術節結束後，有人曾面對中甸那些爲藝術節趕修出來的賓館、飯店及其他設施喟然長歎：藝術節一結束，老闆們的眼裏就要「淌血」了。言下之意，那麼多新建的賓館、飯店，會有多少人住呢？可事實證明，他的擔心多餘了：從一九九七年春節開始，中甸大大小小的賓館、飯店甚至各部門、各單位簡陋的招待所，一時皆人滿爲患。小小的中甸縣城，大街小巷，各旅遊景點，到處都是前來探訪香格里拉的中外遊人。

爲尋找「香格里拉」，人們簡直瘋狂了！那種瘋狂，意味著某種強大的社會需求——儘管人們對自己的渴望有些盲目，甚至不知道自己究竟要尋求什麼，但是，那種「瘋狂」中隱藏著的，依然是人們對現代工業化社會中人與自然相互隔絕的某些不滿，是他們對愈來愈豐足的現代物質生活的厭棄與逃避，是他們對詹姆斯・希爾頓的《失去的地平線》作一次現代解構的渴望，也是他們對迪慶藏區的自然、歷史與文化作一次深入瞭解的朦朧的希冀——哪怕它永遠是個夢境，我們也要服從，何況許多時候，夢境比災難和死亡更真實。

去香格里拉的路

在我看來，去迪慶香格里拉的路，是從金沙江邊的上橋頭開始的，在那裏，千百年來，從中甸腹地流出來的碩多崗河，與奔湧而來的金沙江每時每刻都在不聲不響的匯流，千古如斯，萬復不劫。那樣的匯流是壯闊的，卻平靜得沒有一點喧囂，一點詩意。然而千真萬確，去香格里拉的路就從那種彷彿普通人生一樣的平靜中開始了，正如多年來，在我心中，去麗江的路是從離麗江五十多公里的白漢場開始的一樣。碩多崗河儘管名不見經傳，但它的終點，那個叫做橋頭的小鎮卻早就非常有名：小鎮因位於越過金沙江的那座大橋而得名，那是通俗的叫法，它的真正名字叫作「虎跳峽鎮」。往南，離它三十多公里的白漢場，正是一條通往麗江去玉龍雪山的路的起點，卻早已名聲大振，它通向的是納西族東巴神話中的「玉龍第三國」。然而從某個時候開始，碩多崗河開始引起人們的注意，因爲人們發現，碩多崗河的盡頭，正是《失去的地平線》描寫的「香格里拉」的腹地。那兩條同樣都通往彼岸世界的路，起點相距如此之近，叫人大感意外，也大有深意。

納西人心裏那條通往「玉龍第三國」的路是虛幻的，飄忽不定的，作爲心路歷程，它深藏在意欲殉情的納西人心裏，他們情意綿綿，腦子裏充滿了對於彼岸世界的嚮往，一心一意要去玉龍雪山殉情；那條路可長可短，可遠可近；作為一條大體相同的路，在每個殉情者的心目中，去往「玉龍第三國」的路都是不一樣的。

通往迪慶「香格里拉」的路，幾乎只有一條，那就是沿著碩多崗河一直往北，看上去它就在眼前，實實在在，一旦真的踏上那條路，才發現它並不像人們想像的那麼具體，事實上，那條路常常迷失在遮天蔽日的森林之中，穿行在時有時無的雲霧之間，越走越像是誤入某個並非人間的仙境。

麗江與中甸以金沙江為界，也由金沙江緊緊相連。在納西族的創世神話中，世界上最早出現的人，是同父同母的三兄弟，老大是藏族，老二是白族，老三才是納西族。三個民族不僅親如手足，連山山水水也連成一片。於是，與世界上絕大多數邊界線——不管是國界、省界還是縣界，大多都是靜悄悄的不一樣，麗江與中甸的這條「邊界」，從古至今都水流湍急，聲震八荒。那是一條喧騰的、甚至是轟轟烈烈的邊界。那裏就是虎跳峽。頭一回去中甸的人倘若不知道中甸該從那裏開始也毫無關係，你就放心走去好了，走到突然聽到水聲如雷，那就是快要進入中甸境界了。那樣的水聲是難忘的，讓人覺得香格里拉執意一開始就要給人一個非同凡響的印象，就像大手筆著文，都要有一個精彩的開頭一樣。問題是，敢用那樣高屋建瓴、氣勢磅礴的開頭的，一定要底氣十足，能在後面掀起更大的波瀾，否則就會弄成虎頭蛇尾了。

而中甸，或許正好是個大手筆。金沙江虎跳峽的南岸，玉龍雪山千古屹立，作為大自然自己確定的某種對稱性佈置，在金沙江北岸與玉龍雪山相對的，正好是著名的哈巴雪山。兩座雪山之間，就是著名的虎跳峽。中甸與麗江即以金沙江為界。初初看來，這種人為的分割簡直沒有什麼道理。就像以往一樣，我對歷史留下來的那些既成的分割，總是感到不可思議，比如國界、省界甚至縣界等等，為什麼是這樣而不是那樣，我深信那種人為的分割都帶有某種偶然性，因為它們依據的往往只是權力。而這一回，我卻真正感到了歷史地理學這門學問的深奧。只要仔細看看，就會發現那種分割是多麼科學。事實上，那種分割是前人在長期與那片土地打交道後，根據他們的經驗而確定的，其中包括著前人對於世界的某種並未上升為理論的認識。他們顯然是感到了兩片土地之間業已存在著的某種區別，儘管還不能對那種區別做出形而上的說明。於是，如今當我們面對由那種分割所確定下來的兩片土地時，會由衷地感到前人的某種天生的聰明和狡黠。

一九九七年八月廿五日，我們乘車從麗江出發，在臨近中午時分到達虎跳峽。我們臨時決定進峽看看。之前我早就進過虎跳峽，那是好幾年前一個雨季，我先乘班車到虎跳峽鎮，然後走路進峽。那時公路還沒修通，沿著一條為坐落在虎跳峽裏的瓷器廠修的簡易公路，我徒步而行，在進去三、五公里的地方，獨自站了一會兒——

那是春天，一個陽光燦爛而又普普通通的日子，我獨自佇立在虎跳峽口。

凝望，沈思，沈思，凝望。

一邊是玉龍雪山，一邊是哈巴雪山。燦燦雪峰在陽光下閃耀，恍若披戴著金冠銀帶，威武的身影，讓人疑心自己走進了一個巨人的國度。在它們面前，世俗的人沒法不感到自己的渺小和無奈。沁涼的江風，挾著星星點點的水花和雷霆萬鈞的震響，吹亂了我的頭髮，潤濕了我的視線，也震撼著我的魂魄。江水吼聲如雷，它從峽谷底部翻捲上來，又從蒼穹深處直瀉下去，剎那間便注滿了我的心胸。

我在塵世已待得太久太久，我知道我需要滋潤，因為我感到了乾枯，也需要灌注，因為我感到了虛弱……

天氣卻在不覺間陰了下來，峽谷轉眼就變得有些暗淡了。灰白的水霧，從江底飛升起來，在整個峽谷裏翻轉彌漫，如同我思緒的漫天大霧。頭上，那被兩座雪山鎖成窄窄一線的蔚藍色的天空，千萬年來日升月沈，斗轉星移，此刻又雲飛霞走，岸邊那兩座雪山一動不動卻又像在大步行進，讓人感到了時光流逝的迅急與無情。

我自然而然地想起了居住在玉龍雪山下的納西人，想起了納西人古老奇特的「情死」習俗，想起了那些為了自由與愛情而慷慨赴死的年輕的納西男女。

風雨將至。沈沈水霧，點點飛沫，滔滔江流，陣陣波濤，一如歷史上那場長達數百年的「死亡」的風雨，撲面而來……①

那一次的感覺是憂鬱的，沈思性的。在很長一段時間裏，我似乎更願意保存我對虎跳峽的第一印象。因而，當若干年後再次來到虎跳峽鎮時，我差點兒沒想進去。但我最後還是坐著車進去了。那比我當初走了幾公里路後依然只能遠遠地看一眼虎跳峽要強得多。我們一直到了當地人稱為「中虎跳」的地方，下車後就能聽見峽裏萬馬奔騰般的金沙江濤聲。路邊有幾個賣東西的小攤，還有一間顯然是匆忙搭起來的小木屋，出售一點香煙、汽水之類的東西。小攤上賣的，則是當地產的水果，看上去品質並不怎麼好。我們後來買了一個中年婦女賣的仙人掌果，綠黃色，一塊錢一個，吃起來酸甜酸甜的，那是虎跳峽留給我們的滋味。路的前方已經開鑿了一個隧洞，據說那是擬議中的一條新公路的一部分，從虎跳峽直通位於中甸三壩鄉的著名東巴文化發祥地白水台，中間只相隔三十來公里。新公路修通後，將與現存的公路形成環線，再去白水台就不必先到中甸然後倒回來走一百公里路了。到那時，遊人可以從虎跳峽徑直先到白水台，再從白水台到中甸的著名風景區碧塔海，稍事停留後再去中甸，如此便能爲預期中作香格里拉旅遊的遊人節省整整一天的時間。

然而，對究竟是否應該修這條公路，人們卻眾說紛紜。世界幾乎永遠是一個悖論。當代人在與大自然打交道時，似乎也時時處在進退維谷的尷尬之中。意欲開發中甸旅遊資源的人極力主張修，但有關部門的地質專家則反對修，因爲擬議中的這條公路將經過當地人稱爲「下虎跳」的地方，那裏山崖陡峭，皆爲萬丈絕壁，弄不好可能造成虎跳峽北岸的山體滑坡，甚至造成虎跳峽的堵塞。幾年前，「下虎跳」的一次山體自然滑坡，曾將金沙江堵塞了四十分鐘，江水轉眼就形成了一個天然大湖，若任其繼續膨大，一旦水的壓力超出了攔出那個大湖的「壩」體的承受力，數億萬方水洶湧而下，將對下游形成致命的威脅。雲南有關部門聞訊後，立即準備調動直升機前往偵察，如果水勢繼續上漲，必要時將不得已採取爆破的辦法，將「壩體」炸塌，以免除後患。結果，水在上漲到一定位置時「自動」沖垮了「壩體」，預想中的災難才被解除。基於這個原因，由虎跳峽通往白水台的公路，現在暫時還沒有繼續往前修。要去白水台，還得先到中甸，再從中甸乘車顛簸一百公里，才能到達白水台。

天氣晴朗。沿陡峭的河岸一直下到谷底，到了離金沙江水僅十多米的岸邊，虎跳石兀然而立。金沙江水從青藏高原奔騰而下，如千萬隻皮紋斑斕的巨獸，怒吼著，洶湧而上，似乎要將虎跳石撕裂、啃噬。從露出水面的部分看，虎跳石是一塊正放的三角形巨石，尖頂朝上，黝黑如怪獸之背。億萬年來，在江水的劇烈衝擊和搖撼下，虎跳石搖晃過嗎？挪動過位置嗎？不知道。看上去，它從來都沒有絲毫的退卻，絲毫的移動。毫無疑問，人們在那塊無言巨石上寄託的萬千情思，正是基於它從來就沒有移動過的這一認識。但事實上，那只是一種人爲的一廂情願。在我看來，不僅許多與母體聯繫不夠緊密的地方，或許早就被江水沖走，磨洗掉了，甚至它本身，也未必沒有過一絲一毫的挪動。沒有移動的，只是那塊巨石的主體：它的形狀、質地和位置，或許基本上還是當初的模樣。

在這個世界上，一切所謂的堅守，都並非一成不變。一個戰士對他的陣地的堅守，一個學人對他的學問的堅守，一個知識分子對他的精神家園的堅守，決非由始至終都從來不發生改變。執著於鄉土文化的賈平凹，固然不必永遠待在偏僻的商州而不能遠離一步，一直在追尋著某種不屈、韌性精神境界的張承志，自然也不必一直膠著於他心中的「哲合忍耶」。事實上，一個人也好，一個戰士也罷，他們的信念固然難以改變，但生命對於外界的反映，一時一地的具體做法，仍然應該也必然會根據周圍世界的陰晴冷暖，而加以適當的調整，信念中的某些脆弱與虛妄，某些被生活證實是錯誤的、不必要的東西，會在生命與環境的緊張對峙中被拋棄。那顯然並非投降主義的退卻，更不是初衷的徹底改變，而是一種出於策略，出於某種爲了更好地堅守而調整自身的必要。

離開虎跳峽，我們沿著麗江去往中甸的二一四國道一直向北。不管是與人同行，還是獨自上路，去「香格里拉」的路上，我總會聽到一個聲音反反覆覆地向我發問：去「香格里拉」有多遠？那時我就在心裏回答：九十公里。只有九十公里。那個聲音說我不相信——怎麼會只有九十公里？我說，我知道你不相信，但這是真的。無論從哪裡去都是九十公里？無論從哪裡。

上虎跳峽口，在一個叫橋頭的地方，立著一塊路牌，上面寫著：

中甸　九十公里

毫無疑問，兩地之間路的遠近，作爲一種純物理學意義上的空間量度，就是它們之間的絕對距離。所謂「距離」，正是兩點之間的直線長度。我們關心這個長度，是因爲我們要依靠自己或是運輸工具，從一地到達另一地需要多少時間。而正因爲如此，我們也就確定了兩地之間的空間關係——從一地到另一地之間路程的長短遠近，正是對兩地之間的空間位置的一種確定，而空間位置的確定正好是人類的存在方式之一。然而，除了這種物理學意義上的空間位置的確定之外，還可以從另一種意義上對我們身處何處加以確定。

當我們在冥寂的夜晚，或是焦灼的白天，對我們自己究竟身在何處發出詢問時，我們事實上並不僅僅是在關心我們的純粹的物理學位置，而是在衡量我們在這個世界上的處境，社會的，政治的，甚至是文化的。但不管所指是哪種處境，這種衡量都需要有一個參照物。一個生長在北京的人，與一個從來就沒有離開過他生長的山鄉一步的人，在理解自己身在何處時，顯然會大不相同。這種不同，不僅在於前者在北方，後者在某個窮鄉僻壤，更在於兩處的社會的、政治的、文化背景的不一樣甚至是巨大差異。也就是說，人類對自身身在何處的拷問，牽涉到的不僅是純粹的地理位置，也與那個地理環境的社會、文化背景有關。這就是所謂生存環境問題。

在現代文化地理學看來，地域文化與地域空間是密不可分的。所謂「一方水土養一方人」，指的就不僅是水、土這類自然條件，同時指的也是那裏的社會文化條件。不僅傳統文化與地域空間密不可分，即便時下的社會與人文科學研究，有很多領域都涉及地域空間，譬如，文藝的地域學研究、人口的空間變動、空間經濟學、社區空間結構的比較、社會關係的區域研究、地緣政治學、城市生態學、城市社會心理學等等。詢問去一個地方有多遠，當然也就無法回避這一問題：當我們詢問離某地還有多遠時，我們是在詢問離某地那種環境還有多遠。路的遠近讓我們對感受或是適應那種生存環境作好準備。不同生存環境之間的差異越大，感覺上的路程越遠。當我們說到美國或是北極時，我們感到那是遙遠的，所謂遙遠，也就意味著差異越大。

當然，對一條具體的路來說，路是長是短，是遠是近，還會受到許多其他因素的影響。一條陌生的路，常常會讓我們感到遙遠；一條已經走過多次的路，相對說來會讓我們覺得稍近一些。又比如，路的遠近還與它給予行路人的心理感覺、主觀感受有關，諸如與路邊的景色是否新穎、富於變化、讓人賞心悅目等種種主觀感受有關，一條景色荒僻、單調的路，會讓人覺得無依無助，而一條色彩繽紛的路，走起來會覺得輕鬆得多。還有一個更重要的因素，那就是那條路是否已經臨近甚至屬於我們要去的那個地方。也就是說，當路邊的風光和人文景觀開始發生與我們要去的那個地方越來越靠近的變化時，或者說從某個地方開始，路邊的一切與我們在另一條路上所看到的景象開始不同時，我們才能說去某地的

屬都海

藏在深山的屬都海，總是幽靜如畫——走進去，彷彿靈魂也會染上畫中的某道色彩，進入神奇的幻境。

路開始了。

從這個意義上說，不管我們從哪裡出發，不管是從北京，從廣州，還是從新加坡、美國出發，去中甸的路的長度都恆定不變。我們不能把從北京首都機場開始的路叫做去中甸的路，就像我們不能把從紐約、巴黎開始的路叫做去中甸的路一樣。去某地的路只能從離該地不太遠的地方開始計算，才有實際意義。這就是說，路程只能一站一站地計算，交通部門的人對這一點似乎早就非常清楚，乘車在公路上行駛時注意一下就會發現，無論是國道還是一般的鄉村公路，所有的里程碑上，寫著的都是此地離某地還有多少公里，如果從北京開始就立一塊碑，上面寫著「中甸三千公里」，那就一定會弄成笑話，顯得非常荒唐，非常滑稽。

所以我說，去中甸的路只有九十公里。「九十」是個不大的數字，它讓人覺得中甸似乎立馬就到。而在我們看到那塊標注著離中甸只有九十公里的路牌時，我們實際上已經進入了香格里拉。我們會懷著某種特殊的心情，去看待周圍的一切，山，水與人。由於有了某種期待與希望，我們的目光，我們的感覺，都會被加上某種特殊的色彩。

在我的感覺裏，過了金沙江，人就進入了神的世界。那感覺來自一個老人——祖籍麗江的納西學者周善甫先生，我們曾一起多次談起香格里拉。某個夜晚，在他那間位於翠湖邊的幽暗的小屋裏，他說，在雲南，金沙江是人的世界與神的世界的分界線，金沙江以南是人的世界，過了金沙江，就進入了神的世界——他的家在麗江石鼓，對岸就是中甸，或許，那正是他對中甸從小就有的印象。印象雖是屬於感覺層面的，卻恰好與古代藏區的劃分不謀而合。藏史劃分的「繃波崗」的南邊界線，正是以金沙江的流向確定的。

十二世紀後，藏族社會出現了「百家爭鳴」的局面，一些藏族學者對藏區構成從地理上作了進一步的傳統認識和劃分，按照藏族地理傳統的那種劃分，古代藏區按地理板塊分爲「上河里三圍」、「中衛藏四翼」和「下多康六崗」。其中的「多康六崗」，「多」，是安多地區，指青海黃河源頭（即青海、甘肅藏區）。康，即由四條大江拱峙的六個藏區高原地帶，又稱「四水六崗」，包括西藏的昌都地區，雲南的迪慶州，四川的甘孜州、阿壩州，青海的玉樹地區等。康巴人即指居住在這一地區的藏人。整個迪慶地區，即如今的中甸即「建塘」、德欽與維西，都包括在「多康六崗」的範圍之內，而中甸即「建塘」，則處於「多康六崗」中的「繃波崗」。②

事實上，依照當代地理學的觀點，中甸位於藏區的最南端，青藏高原正好在中甸南部被金沙江阻斷，金沙江以南地區不再屬於青藏高原，而屬於雲貴高原，其風土、出產、氣候、民居、宗教信仰及民族的構成，都與金沙江以北的中甸高原截然不同。金沙江在中甸西部自北向東南，流經中甸的上江、金江至山水坪附近（它的對岸就是麗江的石鼓）後，突然作了一個V字形的大轉彎，掉頭北去，形成了著名的「長江第一灣」，隨後，在中甸東南部流經虎跳峽、三壩、洛吉等地，最後在三江口離境而去。

金沙江對中甸形成的V字形環流與包圍，自然而然地劃出了南部藏區與其他地區的界線。依照周善甫先生的說法，過了金沙江，就進入了中甸這個神的世界。在進一步的交談中，我才明白他所說的人的世界與神的世界的分界，其實是說，金沙江以南是文明的世界，而過了金沙江，就是蠻荒的世界了。周先生是崇尚中原文明或說是漢文化的，在他眼裏，漢文化尚未抵達的地方，大體上就是蠻荒的世界。

蠻荒，意味著沒有被人類開掘，沒有被現代文明所侵擾。相對說來，那樣的地方，總是要「落後」一些。所謂落後，無非那裏沒有生活在都市裡的人們已經習慣了的那套生活原則，那種生活環境、氛圍。比如，沒有街道、汽車、商店，沒有電視、電影、電話，沒有浴室、洗手間、抽水馬桶……但是，那裏有原野、草甸，有原始森林，有清澈的江河，有透明的天空，有大得驚人的月亮和星星……當然，還有鳥鳴。

路在虎跳峽附近越過金沙江後，開始進入一個長達二十餘公里的高原峽谷。那個峽谷沒有名字，或說我不知道它的名字，除了峽谷裏的那條沖江河的水聲，峽谷裏非常靜。我就常常在那個非常安靜的峽谷裏聽到鳥的鳴叫——在路的兩邊，在被命名為滇西北大森林的那些憑我的肉眼無論如何也無法穿越的森林深處，在藍得讓人自慚形穢，透明得讓世俗的人覺得自己整個兒是一團爛泥的滇西北的天空下，我總能聽見某種聲音，我把那個聲音叫做鳥鳴。

起初我以為那是幻聽。幻聽據說經常發生在沒有聲音的地方，也就是說，作為一種補充，一種對比，一種相反相成，寧靜恰恰是幻聽這種神秘聲音發生的必要條件。

我看不見鳥，但我堅定地相信那就是鳥鳴。有一次，我的一個同行的朋友告訴我，他經常走那條路，可從沒在那個峽谷裏聽到過鳥鳴。我說這沒什麼奇怪。我說我聽到了，能不能聽到，不在於牠那時是不是真的存在，全在你的靈性。我說，鳥鳴肯定是存在的，我又說，那片森林裏有鳥也是存在的，那麼，那時有鳥鳴就完全是一種現實，而不僅僅是想像——空谷足音的事隨時都可能發生。靜夜中我們才能聞知天籟。沒人言說真理時我們才會去思考真理。沒有音樂時我們才會想念音樂，想念某支曾經讓你爲之傾倒的老歌，想念一部讓你振奮過、憂傷過或是沈思過的交響樂。任何一種隨時都能得到滿足的欲念，都無法構成我們的思念。思念，實際上就是一種缺省，就是一種對缺省的虛擬性補充。這一點都不奇怪。

就那樣，我聽到了鳥鳴，在去香格里拉的路上。我不知道我是不是著了魔，或者是神靈附體——如果真是，我也心甘情願。我知道，我在香格里拉想聽到的，不止是鳥鳴。我更想聽到的，是樹林的呼吸聲，冰雪的融化聲，草芽的萌動聲，花瓣張開或合攏時像翅膀一樣的顫動聲，是藏民族心靈的震顫，是他們在對神的呼喚中表達的心願，當然還有大自然原始樸素的歌唱——那天籟般回蕩於整個雪原與草甸的寬闊勻淨的呼吸。我已與它們久違，而碩多崗河谷裏的鳥鳴，正是對它們的預告。那時我會在心裏告訴自己：去香格里拉的路就在腳下，香格里拉就要到了。

◆◆◆

①湯世傑《殉情之都——見聞、札記與隨想》，百花洲文藝出版社一九九六年十月版；繁體版於二〇〇七年四月由風雲時代出版公司發行出版。

②馮智《「建塘」管窺芻議》，《中甸縣志通訊》一九九三年第二期。

沿著碩多崗河

跨過金沙江，神秘而又充滿智慧的氣息迎面襲來。我期待已久，又始料未及。香格里拉，那片靈息吹拂的土地，派來引領遠方朝聖者的，只是一條叫碩多崗的小河。

那是香格里拉的第一個迎賓使者，熱情奔放，周身洋溢著那片土地固有的適度的歡樂，適度的素樸，以及適度的激動人心。風從不知名的遠方緩緩吹來，帶著山那邊草原上的花朵、雪原或青稞的芬芳，穿過整個碩多崗峽谷，直抵我心。慧根被菩提無聲地澆灌。

蒼天在上。日月在上。星光在上。千萬隻佛手，以它的溫軟與靈性，開始爲每個前來拜訪的人摩頂，洗去你塵世的污濁，引導你進入秘境。

林木葳蕤，在峭壁上，它向朝聖者的揮手致意感人至深。神聖在刹那間降臨，俗世已遠在身後；靈魂開始飄蕩，連同峽谷裏冉冉的雲霧。怪石嶙峋，圓的，或是方的，大的，或是小的，在貌似錯雜相陳的無序之中，注釋著井然有序的哲學——那是香格里拉胸中的塊壘，讀懂它，或許需要一生一世。它們滿布於陡峭的河岸，森黑，或是灰褐，如同史前之境，讓人思緒悠遠。

水聲如歌，有時獨唱，有時合聲，最好的指揮大師，卡拉揚或是小澤征爾，也難對那樣的聲部配合有所挑剔。歌詞卻深奧難測，全然屬於另一個世界。除非用心傾聽——大多時候，我們的傾聽只用了耳朵，而非心靈——你才能聽出，那彷彿是成千上萬個喇嘛教信徒，在一起念誦六字箴言，作爲它的低音部，粗獷、低啞的法號聲似乎隱約可聞。於是，神的世界在你眼前徐徐展現，伴隨著陣陣藏香的幽香。涉及皮肉是愚蠢的，熏陶當從靈魂深處開始。

——當幾個平時並非常常見面，卻不約而同地去到香格里拉，在那裏匆匆見過一面又再度分手的朋友在城市裏重新相聚，談論起他們對那片土地的印象時，總會想起他們初初進入香格里拉的那個時刻——回憶中的激動比醇酒更加醉人。

不是麼？香格里拉是周到的，充滿人情味的，也是悉心細緻的，它顯然充分顧及到了一個凡人的適應能力，暫時還沒在碩多崗河邊安置經幡、瑪尼堆和廟宇。於是，你的進入才在幾乎沒有視覺障礙的情況下成爲可能。比如季節，峽谷裏的季節與山外的季節幾乎沒有什麼差異，可在多次的進入之後，你才會感到，凡人對季節的感受是粗泛的，香格里拉對季節的變換卻有著特殊的敏銳，那是它的一種異秉，有詩人的深邃，卻無詩人的長吁短歎。「感時花濺淚，恨別鳥驚心」的悲憤，「離恨恰如春草，更行更遠還生」的惆悵，都與香格里拉無緣。它健康，明快，四時都洋溢著歡欣向上的喜悅。而在不同的季節穿越那條走廊，總會有不同的收穫。春天，它把整個峽谷佈置成一條花的走廊，杜鵑滿山，嫣紅，嫩黃，或是粉白，適度的濃豔讓它遠離凡俗，滿蕩滿蕩的，盡是色彩的饋贈。

一九九三年五月，馮牧先生沿著碩多崗河前往中甸時，曾在峽谷中不斷停車，駐足欣賞滿山滿谷的杜鵑花。於是，那段原本只需三、四個小時的路程，無形中延長了兩倍。那天到達中甸時，已是傍晚。老人一路上感歎不已，說此谷應稱花谷，不妨在剛剛進入碩多崗河谷的地方勒石立碑，讓人在進入這條河谷之初，便感受到高原五月杜鵑花的擁抱。夏天的滿谷蒼翠，滿谷陽光，是它精心調製出的另一番美意，一腔述說，全都交與斑斑駁駁的光影；而到了秋冬，它就讓碩多崗河爲你獻上第一條哈達，輕盈跳蕩，雪白得至清至聖。

事實上，碩多崗河和那條峽谷對它的每個日子，每分每秒，都有深深的感念。不因季節而變的，唯有它的清冽與冷靜。氣溫隨著海拔的升高而降低，到了某個地方，再次變得穩定。於是，一切在俗世中被滾燙的利欲與炙熱的功名弄得膨脹欲裂的心，都會在那裏開始收縮**（恢復它的緻密與結實）**，冷卻**（重新變得富有理性）**和再造**（注入一種新的情感，新的理念）**。

然而，那畢竟是一條謙遜的河流，它說，真正的風景還在遠方。它說得不錯。它以七條支流與高原湖泊相連——屬都海、阿架崗、杜各咱、康斯日、東土、牙喀崗，又以六條支流與巍巍雪山相通——曲呂處雪山、中甸大雪山、哈巴雪山、天寶雪山……每一條支流，每一條支流的支流，都牽連著一片美麗神奇的土地。不管你是否意識得到，正是碩多崗河，在不知不覺之中，引領你從香格里拉的邊緣起步，漸行漸深，一直抵達它的內裏，比如，它的源頭之一屬都海，以及香格里拉的腹地「八瓣蓮花」之城建塘，即中甸。由於碩多崗河的存在，也由於它的陪伴，那段由邊緣抵達中心、由表象深及本真的艱難旅程，既趣味盎然，又充滿了靈性——按照藏傳佛教經典中的「香巴拉指南」，抵達香巴拉的路程，也無非如此。神話得到了印證，就不再是神話。

我對中甸的親近，正是從那條小河開始的。在中甸縣志的記載裏，碩多崗河只是境內大大小小二百四十四條河流中的一條，除了金沙江，它卻是最大的一條，儘管它的全長僅一五四公里。如果「山不在高，有仙則靈」是正確的，那麼或許可以說，「河不在長，有靈則名」。可惜，碩多崗河至今還是一條不大爲人所知的小河，它的大名實際上很少爲人所知，漢人把它臨近流入金沙江的那一段叫作沖江河——那名字顯然有些俗不可耐。八〇年代末我第一次聽說那條河時，人們就叫它沖江河。我誤以爲那是它的真名。後來我才知道，沖江河只是碩多崗河的一條支流，儘管是一條主要的支流。而在金沙江上游一帶，人們幾乎把所有流進金沙江的小江小河都叫沖江河。這種命名顯然是籠而統之的、不精心的，對一條真正的河流，那簡直就是一種疏忽和怠慢，如果那不是出於無知和傷害的話。日常交往中，我們也許可以把某個男人或是女人叫做男士或是女士，但真要與之交往，就必須知道他的名字，否則就太糟糕了。

自以爲精明的漢人，常常會做出蠢事。依我最保守的估計，像碩多崗那樣的河流，在滇西北高原少說也有上百條。它們一概都從深山峽谷裏奔湧而來，源頭不是某座雪山裏的一處千年積雪的山峰，就是某片草甸裏的一處小小的水潭。那些其貌不揚的小江小河，就那樣成了遠古歷史和現實之間的一條條通道，其間流淌的正是物化了的時間。它們歷經千曲百折，以大得驚人的落差、湍急萬端的水流和讓人恐懼的聲響，奮不顧身地沖進金沙江。山崖陡峭，河床狹窄，河谷裏常常堆積著無數巨大的、黑褐色的石頭，它們行至此地已經歷了千百萬年，時間把它們弄得百孔千瘡，奇形怪狀，卻兀立於江心，猶如橫刀立馬、全身披掛的將軍或是武士，某些不經事的石頭早就被搓揉成了泥沙齏粉，而它們腳下，則是吶喊著、奔跑著的一無阻擋的、波濤的隊伍，正在準備去決一死戰。

在任何一條被叫做沖江河的河邊站上幾分鐘，它轟鳴的聲響，飛濺的水花，百折不回的奔湧，都會立即勾起你對目標的嚮往，讓你想起那些與人類社會、與理想、未來有關的字眼：追求，堅韌，曲折，跋涉，捨生取義……等等。而對早已對大自然失去敬畏之心的漢人來說，那樣的一條河居然沒有自己的名字，只能以沖江河一言以蔽之。漢人對這樣一些河流的疏忽與淺嘗輒止，到底是因爲失去了命名的能力，還是他們對它們缺乏真正的瞭解？也許二者兼而有之。反正，碩多崗河是藏族的命名。所謂命名，其實正是人類對某種自在之物的承認與接納，它標誌的，是那個自在之物業已進入命名者的話語體系，成爲他們生活中的一個組成部分。人類對大自然的命名，從根本上說，正是人類心靈對大自然的關照。碩多崗河之所以被叫做碩多崗河，正是那條在漢人看來可以隨意稱呼的小河在藏族同胞心靈中的情感投影——很快我們就會知道，就像屬都海的藏名「碩多措」意爲牧場湖一樣，碩多崗河也是一條牧人的河。

香格里拉以一條高原河流作爲所有崇拜者的嚮導，簡直大有深意。由此我在進入滇西北高原之前，最先認識的就是那條碩多崗河。儘管滇西北高原這人間最後的奇蹟，最後的秘境，幾乎它的每一處——每座山、每道水，每道峽谷、每個海子，幾乎都出自經典，有著一段不同凡響的歷史，也幾乎每一處都可圈可點，甚至包括它的每條大道，每條小徑；而碩多崗河卻並非一條有名的河。在許多曾經去過「香格里拉」的人心中，或者，在他們留下的有關「香格里拉」的文字中，都沒有這條河的位置。就像我們通常看到的那樣，人們在到達某個目標之前，總會對他們一路經過的景觀視而不見。但碩多崗河並不是一條可以輕易忽略的河流。

公路沿著碩多崗河谷節節攀升。

那是八月。八月的滇西北，節令還沒進入秋天。碩多崗河的下段水波翻滾，響聲震徹峽谷。那是我第三次穿越碩多崗河谷前往中甸。杜鵑花早已開過，峽谷兩邊的山上，林木蒼蒼，一派蔥青。車漸行漸高。碩多崗河的水勢也漸漸平緩，甚至帶有某種抒情意味。在一個叫松林坪的地方，河水幾乎與公路齊平，就在路邊潺潺而流。路的一邊有幾幢臨時房屋，卻不見人影。青山如屏，白浪如銀，流水如歌。河谷裏一片幽靜。不遠處，有不知哪方牧人設置的圍欄，有的黝黑，有的灰黃，用產於當地的灌木條或是草把紮成，各自在河邊的某塊坡地上舒緩地起伏迂迴，如同一些散落在人世的優美旋律——音樂有時也是可以憑肉眼觀看的。

也就在那種韻味十足的、旋律般的起伏、迂迴與波漾之中，圍欄已悄沒聲兒地圈出了一片又一片空地，顯示出了人的某種生存的痕跡。然而，它們是用來圈養牛羊牲口，或是養蜂人用來放養蜜蜂的呢，還是用來暗示某種暫時還不知道用途的「佔領」的呢？我們不得而知。一片圍欄與另一片圍欄之間，都有著足夠的距離，所以，即便意味著某種「佔領」，也並不讓人感到急促和窘迫。每次從那裏經過，我眼前都會出現成群的犛牛和山羊，牠們在草地上悠閒地享用著大自然免費提供給牠們的豐盛的餐飲，眼睛和渾身的皮毛都在陽光裏閃閃發亮；有時，我會想起一群群金黃色的蜜蜂，牠們在林間夢幻般的陽光中振動著牠們小小的、透明的翅膀，爲寧靜的山野演奏出一曲曲溫馨的樂章。

木圍欄的四周，靜得像正在消失的歷史。木圍欄斑駁的顏色，刻度著正在運行的時間。那是製造夢幻的工廠。如果你還沒有見過夢的模樣，那麼，在那裏，你會看到一個又一個真實的夢境，看到夢的誕生與消失。某一處，那嫩黃的一團，是正在孕育中的夢的坯芽，它稚嫩地顫動著，就像一排剛從大地中生長出的茸茸的草莖；另一處，那森黑的一片，是夢的殘骸，正在風化與腐壞，它森黑嚴峻，已經殘缺不全。而在那兩極之間，是各種不同顏色的夢境，斑駁陸離，紛然雜陳。有幾次，我曾藉故請司機停車，比如說想洗洗手，想上廁所之類，以便能走到碩多崗河邊，去親近潺潺流淌的河水，踏勘夢境。那裏的河水與我在橋頭看到的渾黃的、挾帶著大量泥沙的河水，完全是兩回事。它們清可見底，翻滾著細小的浪花，儘管與淺淺水流中的石塊或是水草不乏親暱，卻並不停下它們的腳步。前行才是它們真正的目的，而在那裏營造出一片小小的溫馨和羅曼蒂克，卻只是對它們長途旅程的一種自我調適。

車走得越來越高，一邊是懸崖深谷，一邊是陡峭的石壁。那段險峻的路程，就是古時著名的「十二欄杆」，乾隆十三年，中甸廳同知、山西雁門人氏張秉彝曾在那裏的觀音崖題刻七言古風一首，有句云：「亂石崚崚路崎嶇」，「回還曲曲接太虛」，「百尺危岩勢欲墜，千層翠蹬帶路滑，等閒不敢回頭望，深不見底足趑趄」。那是一段與古茶馬驛道幾乎完全重合的山路，至今仍窄如一線，料想當年，馬幫行至於此，該爲何等艱難。不久，三菱越野車上的海拔表，顯示那裏海拔已是三千四百米。雲杉佇立，樹掛如網，讓人想起遙遠的漁村。

車上有人驚呼：停車，快停車！車猛然停住，有人手指窗外：看，多漂亮！順著手勢看去，透過森林的間隙，公路右前方一個開闊的山谷裏，在青碧的山峰映襯下，一面山坡色彩斑斕，黃、紅、綠、白，各種顏色雜然相陳，猛然看去，就像掛在某個藏族家庭裏的色彩鮮豔的唐卡，只不過它更爲闊大，更爲色彩斑斕，也更爲氣勢不凡。熟悉當地情況的朋友告訴我，黃的是青稞，紅的是苦蕎，綠的是蔬菜，白的則是雲豆。半山坡上，一座頗具規模的藏族村莊漫漶而建——後來我得知那個村子叫布令——木架房，粉白的土牆，赭紅的木窗，看不見有人走動，遠看簡直恬靜如夢。

——中甸的藏式民居建築，據說除了傣族竹樓外，幾乎囊括了中國所有的民居式樣。而我們看到的，則是那種內爲木結構、外呈土掌房模樣的藏式民居，它既比西藏本土的藏族民居高大、寬敞，更富於色彩的裝飾性，又比當地其他民族的木結構房屋顯得厚實、密閉，足以抵擋冬日的風雪；顯然，它既受到了當地的白族、納西族精於建造木結構房屋的影響，又保留著藏式民居的某些特點，是典型的中甸藏區建築，適合當地氣候條件而又具有創造性的藏式房屋。說起來，迪慶藏區正是漢文化與藏文化雜然共處的一個過渡地區。迪慶既是漢文化所能抵達的最後一片土地，又是藏文化的外緣地區，這從藏族民居的式樣上也反映了出來。

一條細細的水渠從山腳處逶迤流去，水波不興，陽光下，流水如碎銀般閃閃爍爍。不知那是不是碩多崗河？看著那悠悠的流水我才突然想起，碩多崗河不知什麼時候已從我們眼前消失了。即便那不是碩多崗河，也是碩多崗河的一條支流。小河兩岸，綠樹成行，疏朗有致，生長得十分自由舒展，就像一群生長在天堂之中，身心健康且受過良好教育的孩子，那豐盈的樹冠，幾乎每一個都渾圓如夢。一切都處在某種未經改寫的原生狀態與混沌之中。就像一篇出自某個寫作者之手的初稿，雖然未經修改，顯得有些粗糙，卻完整地保留著他最初的也是最可貴的生命激情。

作爲大地的原始意義上的創作，那個村莊也保留著一種大手筆的氣勢，而沒有那種經過苦心雕琢，失去了情感的原生狀態後所形成的病態的細緻，病態的美。可以想像，那個村子裏的老百姓，處在那樣一種環境中的生活，決不會多麼富裕，所謂現代化的生活，離他們的日常生活尚有一段遙遠的路程，但上天總是公平的，他們在讓人遭受某種艱難的同時，常常會有意無意地給人一種補償，在對那個村子的注目凝望中，我看到的情況正是如此。作爲一個遠離他們的旁觀者，我們自然不會去身臨其境地過那種缺乏現代設施的生活，我們或許會因此而感到幸運，感到我們生長在某個城市裏的愜意，但我們也因此沒有機會也沒有資格去真正享受他們所擁有的那種自由自在，那種人與大地的和諧相處。

翻過那段山嶺，一片寬闊的平疇起伏如波。碩多崗河依然不知去向——看來它已遠離了公路，隱居於遠山。我們只能在地圖看到它，那時它只是一條細細的藍線，在小中甸草原以西的山腳下蜿蜒而行——一條生龍活虎的河流，在地圖上變成一條毫無生氣的細線，實在讓人匪夷所思。在公路越過小中甸以後，我們似乎曾與一條小河有過一次交會，可惜我沒想到那就是碩多崗河。

再次見到碩多崗河，是在離中甸縣城十公里的天生橋下。在那裏，碩多崗河以千萬年之功，鑿穿了一道橫阻於前的厚厚的石崖，爲自己的遠行闢出了一條通道，如此，才有了流長百餘公里的碩多崗河。那厚厚的石壁，似爲流水與山崖間那場惡戰留下的血液浸染，隱隱顯出一片暗紅。陡崖被流水鑿穿，成爲一座高達七十餘米、寬達七至八米的巨型石橋。千萬年前的那場惡戰，此刻只剩下一幅水流橋下、橋浮水中的景象。那幾乎就是對它們之間那段歷史的反諷。徐徐行去，見陡峭的江岸上，果有幾處溫泉，遠遠望去，熱氣蒸騰，一股淡淡的硫磺味兒隨風飄來。據說每當冬去春來，大地回暖，滿山杜鵑開放，高原上的藏族男女便成群結隊而來，安營紮寨，埋鍋做飯，每天都在江邊石崖上的溫泉露天裏洗浴。

口說無憑，我想去看個虛實——如今，有時連民俗也是有人假造的。沿半山上的小路走去，一路都是藏民搭建的臨時帳篷，儘管低矮簡陋，卻像一條擠滿了山民的「街子」，熱鬧非凡。那是下午，炊煙四起，空氣中漂浮著牛肉和酥油的香味。停在一座帳篷前，與主人聊天，問她們來了多久了，有的說十天了，有的說快半個月了。她們大多家在附近，也有從幾十里之外特意趕來的。天天都去溫泉洗澡？天天都洗。爲什麼要天天洗呢？答說老人留下的話說，那是一處神泉，每年到那裏洗上兩次，一次半個月，能免除災病，爲新的一年求得好運氣。一個稍年輕些的藏族姑娘告訴我，那是硫磺泉，對皮膚病、風濕病和關節炎有顯著療效，洗上十天半月，即可見效。看來她是讀過書的。拐過一個彎，再走幾步，呵，不遠處一個露天溫泉塘裏，擠滿了老老少少的女人，全都裸露著，或坐或臥，盡可能地把身子浸泡在熱氣騰騰的水溏子裏。當即站住，不敢再往前。同行的藏族朋友見我止步不前，說不怕，可以到近處去。她們不罵我？我問。那就要看你心術正還是不正了，他說。我想，我的心術正嗎？想了想，好像應該是「正」的。便緩緩走了過去——懷著忐忑，當然也懷著新奇。

離那個溫泉澡塘越來越近了，滿眼都是女人的肉體。我心咚咚直跳——我擔心，一個男人的冒然闖入，會引來一片抗議。可很快我就發覺，我的擔心是多餘了——對一個陌生男人的到來，那些赤裸著身子的女人們，並無絲毫懼怕。她們毫無驚慌，坦然自若得就像天使——一群天使，是決不會懼怕一個凡夫俗子的。而在她們眼裏，很可能我正是一個凡夫俗子。我突然感到了自卑：在那片靈息吹拂的土地，我不就是一個凡夫俗子麼？唯有她們，才生活在天國之中，自由自在，決無拘束，也無須遮擋。上天賜給了她們美妙的身體，她們似乎樂於在春光中展示於人。

但我終於發現了一個例外——一個面容姣好的年輕姑娘，緩緩地把身子轉了過去。她害羞了？也許是，也許不是。細想之，與其說她是出於羞澀，倒不如說她是要給人一個完整的印象——就在初初的那一眼中，我已看見了她聖潔的胸脯，而現在，她展示給人的，是一個如此豐潤又如此美麗的脊背。米開朗基羅如果在場，也會發出驚訝的讚歎。我想。中年女人們當然更是無所畏懼，她們挺著豐潤的乳房，對著我哈哈大笑，於是她們那被陽光鍍成金色的身體，從上到下，一起抖動起來，大膽，放肆，卻決無半點淫邪之意——「曾經滄海難爲水，除卻巫山不是雲」，我猛然想起那樣的詩句。是在笑我嗎？在這樣的地方，一個衣冠楚楚的男人，一個被世俗緊緊包裹著的男人，無疑是醜陋的，可笑的。

突然通地一聲水響，一個上了年紀的藏族老阿媽從水池中站了起來，如同一個富有挑戰性的將軍，她晃動著胸前的兩條癟口袋，一邊向我招手，一邊衝我大聲喊了一句什麼。我的藏族朋友告訴我，說她喊的是：喂，下來呀，下來跟我們一起洗呀！我連忙擺了擺手——不管她的話是真是假，我都知道，我沒有那種勇氣——即使她們並不嫌棄的話。在如此開放的世界裏，真正羞澀的是我們自己，是所有自以爲「文明」的都市人，是我們被「文明」、「禮儀」長久地捂在黑暗之中，因而蒼白無力的靈魂。她們應該驕傲。她們值得驕傲。只要想想，此刻，在一個被蒼翠的群山環抱的地方，太陽溫暖地照耀著，杜鵑花狂野地開著，風吹著，碩多崗河在峽谷裏流淌著，而那群藏族女人，那群能與神靈直接對話的女人們，卻在歡笑著，用溫泉，用陽光，也用風，洗浴著她們的身體——面對蒼天，面對大地，面對整個越來越「文明」也越來越世俗的人類，她們毫無愧色地應該感到驕傲。世界上，沒有人能像她們那樣健康——不管是身體還是心靈，也沒有人能像她們那樣懂得享受生活，享受上天的賜予。楊玉環和她的華清池太小，也太幽暗，那樣的嬌弱只屬於那個衰敗的大唐，孤家寡人的一夜恩寵，怎比得上這些受惠於整個蒼天大地，性情充盈、身體矯健、靈魂自由無羈的生命？

陽光照耀著我眼前的那些女人，照耀著她們光潔的、水淋淋的身體，把她們樸實的肉體染成了金色，就像是從拉斐爾、提香或是魯本斯、雷諾瓦的油畫走來。那既是古典的，又是後現代的，充滿了欲望，又無比聖潔。事實上，那就是提香、拉斐爾或者魯本斯、雷諾瓦的作品在人間的再現。陽光在她們身體上閃耀，青春顯得更爲豐潤，即便是衰老，也在與大自然的融合之中，憑添了幾許活力，顯得更加健康。水汽蒸騰著，有如雲霧——弄不清那是溫泉水的升發，還是她們身上掩飾不住的生命的熱力。五月的高原，氣溫並不太高，那樣的洗浴，借助的不僅是溫泉膩滑的泉水，還有高原的日光和風。不知道當地藏族是不是有個沐浴節，即使沒有，那也無異於生命為自己在春天選定了一個節日——在熬過了漫長的冬天之後，靈魂與肉體都該在那時得到完全的展露。

直走到一個一半露天、一半伸進山肚子裏的溫泉塘，才進入了男人們的世界。一個小小的塘子裏，成幅射狀躺著十幾個赤裸的男人。他們長著厚繭子的腳，柴塊般漂在水上，腳後跟被溫泉水泡得白白的，軟軟的，像一伸手就可以扯下一塊肉來。直到這時，我才敢低頭細看貯滿溫泉的水池。那是山體上一處天然的凹陷，四周石坎的突起處，已被磨洗得十分溜滑，瑩光閃閃，凹處則滿是青苔。水是流動的，不時可見水泡汩汩地上湧。問他們，到這池塘洗澡究竟始於何時，都說不知道，說怕是從他們的爺爺的爺爺的爺爺就開始了。

那天，在往回走的路上，我才聽我的藏族朋友說，中甸一位業餘攝影家，以藏民在天生橋的春浴為題材，精心拍了一幅照片，題名《生命的彩泉》，獲得了聯合國的環境與自然攝影金獎。中甸人當然為此而驕傲。但我知道，成全那位攝影家的，不僅是他的攝影技巧，更是藏民族那種與大自然的和諧與親近，是充盈於那片大地的靈性。當我回望夕陽下的碩多崗河，回望天生橋在夕陽中那巨大的身影時，我想，我才真正地走進了碩多崗河——那條充滿了靈性的河流。在那之前，我還不知道碩多崗河在大地上的源頭，我一直懷著去探訪碩多崗河源頭的渴望；那時我想，我是幸運的——即使我永遠也無法抵達碩多崗河的源頭，我也找到了它在藏民族心裏的那個源頭。

卷二

在香格里拉腹地

藏金的草甸

滿眼都是草叢。青綠的，焦黃的，豔紅的……從眼前一直綿延到天邊，如同大海。迪慶高原的秋天悄然到來，那是高原草甸最美麗的季節。雲空渺渺，潔淨光滑，世界如在原初。偶有白雲悠閒地飄過，雁群便在剎那間迷失了方向——秋天的草甸上沒有鮮花，花都開到了天上。草甸的巨大遼闊，讓遠處連綿的山峰，也顯得像屏風一樣地矮小。而與此同時，青稞已經金黃，秋風過處，起伏抑揚，浪接遠山。遠遠近近的村寨邊，鐮刀正在打磨，牛車即將起程，準備著把又一個秋天運回村寨。而最終，沈甸甸的秋天將被晾曬在那些黝黑的、空空的青稞架上，在冬天真正到來之前，它們將一直與日月星辰一起，在高原每個暗藍色的夜晚，窺視藏房裏的那些夢，香甜的，或是苦澀的。

宣告中甸草原第一抹秋色已經到來的，並不是一望無際的青稞。高原的秋天，是從某個不起眼的草叢出發的——當我注目凝視秋天中的小中甸時，我突然這樣想。我堅信這一點，儘管我可能永遠也無法知道，那個最早染上秋色的草叢究竟藏在哪裡，我又在什麼時候曾和它相遇，但我堅信它存在著，就在我的視線之內，甚至很可能就在腳邊，用它的草尖拂弄過我沾滿了泥土、草屑和露水的褲腳，以及我那雙每到野外就須臾不離的舊軟底鞋，它的光滑的革面，早已被磨得失去了光澤，露出了它灰白的本相。對我曾在行走的路上與那個草叢相遇，我確信無疑；甚至，在有意無意之中，我曾彎下腰去，撫摸過它，踩踏過它。即便這樣，我還是無法確定它的位置，想到這一點，某種迷惘與傷感陡然而生——一個人與他在人生之路上相逢過的許多東西，往往都會失之交臂，真能相識的，簡直微乎其微。譬如草叢，在我們心裏，它幾乎永遠只能是一種複數形態的存在，而複數化、抽象化了的「草叢」，事實上並不存在，就像世界上不存在抽象的、無名無姓的人一樣。複數的草叢是空洞的，我這裏想說的，恰恰是「單數」，是「某一個」，正是它，讓我對草叢這個字眼有了某種親切的血肉感。

我不知道它在哪裡。我只知道，作爲秋天來到中甸草原的第一個跡象，正是那個「單數」的草叢在某個早晨，或是某個正午，某個子夜，或是別的任何並不總是具有詩意的時候——從它的某一片肉實的、把整個夏天的陽光和雨季的水份包容在其中的草尖，面對著蒼茫的高原上的天空，毫無聲息地抽出了一絲嫣紅，那時，中甸草原的秋天就到來了。我看到了高山草原的秋天，看到了一片腥紅的秋色，卻始終沒有看到那個草叢。那個榮幸的草叢並不像名人故居（**真名人或假名人都一樣**）那樣，會在自己的門楣上掛出一塊耀眼的名牌，用以顯示自己作爲季節知情者的神聖不可侵犯的誇張神情，更不會期待牧人和過往行人對自己的瞻仰與膜拜。

大地與天空之間的空氣清澈，透明，適於遠望。不遠之處，一個牧人正在收拾他的行裝——我不知道那是不是我的幻象——馬馱子，帳篷，貯奶罐，氈子，茶炊以及手腕上的銀鐲子，在陽光下反射過來一道細柔的光。他抬起頭來，手搭涼棚，朝遠方凝望。目光毫無目的，季節正要遠行。雲空一望無際，沒有鳥兒飛過。很快，那個牧人就將與他的畜群一起，像雲彩一樣地飄向天邊——牧場上，最後一個牧人就要離去。

他是什麼時候來到牧場的？初春，仲夏，還是昨天、前天？經歷了杜鵑如海的春天，度過了萬物繁衍的夏天，終於就到了這個時刻。他已在草甸上多待了一些日子——爲了讓畜群再吃上一口已經有些枯乾的牧草，再享受一次牧場上和煦的陽光。沒有夥伴，也沒有歌聲。在他之前，性急的牧人已經離去，此刻，在巨大的中甸草原上，已看不到別的犛牛和羊群。那個正和季節一起收拾行裝的牧人，成了草甸上的最後一個堅守者——堅守不僅是一種精神，事實上它無處不在，包括一個牧人。

在最後一場在牧場上舉行的「鍋莊」之後，一切都將進入沈寂。現在連他也知道，當第一場薄薄的清霜舖上了草場，那些清冷灰白的晶粒開始反射初升的太陽，最好的、自由而又艱辛的夏牧季節已經過去，人生又一個熱烘烘的季節也將與他揮手告別。風雪正在趕路，向著他腳下這片土地。起程吧，吆喝著自家的犛牛和羊群，在風雪到來之前，回到自己的家，回到成熟的青稞的濃香之中，回到母親或是妻子打酥油茶的攪拌聲和爐火嗶啵作響的火塘邊去；他站起身來，牧鞭一甩，在空曠的草甸上炸開了一個清脆的響鞭，那是他對草甸發表的告別演講，簡短，明瞭，充盈著眷戀。那聲音因爲質樸而動人，因簡短而悠長。

在我眼裏，他模糊不清，只是一個影子，一道灰黑的色彩。但我看見了他的目光，牧人的目光總那麼明亮。我相信他的目光帶著幾許依戀，那目光從他那頂積滿了風和陽光的藏式氈帽下透出去，在向草甸投去最後一瞥之後，他和他的畜群便踏上了回家的路程。

他的行進是悠緩的——朝著自己的家門，只把獨自一人在草甸上唱過的牧歌，深夜裏聽著星星私語時對親人的思念，一個個接踵而至的幼畜的叫聲留在那裏，留給草甸。然後，他走了。在生存的路走完一個段落之後，心靈與愛情的路卻剛剛開始。在不久的將來，他將再一次踏上另一段旅程，遙遠，神秘，塵土飛揚，卻充滿了熱望——這回卻不是去牧場，而是踏上朝聖和轉經的路，把自己融進從四面八方——四川的木里、鹽津，西藏的甘孜，甚至是從拉薩——匯集而來的朝聖隊伍之中，一路磕著長頭，一路搖著轉經筒，用身子和靈魂丈量那漫長的旅程，跨過金沙江、瀾滄江，翻過白茫雪山，去梅里雪山參拜他心中的偉大神明。

一個偶然到草甸來走走看看的旅人，從來不會對某個單獨的草叢產生那樣的依戀，比如我，我們的目光從來都是匆忙的，慌亂的，空洞的，至多只會在草甸上粗枝大葉地掠過，欣賞我們自以爲是永恆的風景。我們的目光從來不會對某個草叢有稍微長久一些的停留。我們狂妄而又愚蠢地以爲，一個闊大得邊緣能與藍天相接的草甸，竟然能只憑我們那樣匆忙的一瞥，就能一無遺漏地全部收進我們並不善於接納自然的心靈。草場曾因此而暗暗發笑麼？草甸是大度的，並不責怪我們。如果它能開口說話，我想，它最多會說，嗨，這些孩子——那聲音，那語調，會讓我們憶起每個人心中都有的老祖母。

——在某些季節，草甸是華貴的，神聖的，屬於彼岸的；而在這個季節，草甸是入世的，人間的，樸實無華的，枯榮任之。一個草叢，從來不會隱居在某個大草原深處故作清高，何況，草叢也許從來就沒有什麼深處，而又每一處都是深處。草叢總是自由的，隨意的，也是不完美的，它可能藏著蟲豸，沾著牛糞，生有銹病，甚至即將枯去。孤立地看，在草甸的大家族中，每一個草叢都不能說是它最爲出類拔萃的子民，但所有的草叢彙集在一起，就構成了卓越。草叢，即便是那個最早染上秋色的草叢，也要多普通就有多普通，跟所有我們在高原隨時都能看到的草叢一樣，它毫不起眼，就像那個剛剛離我而去的牧人。

一個草叢的真正價值，正在於它與所有別的草叢一樣，既無法區分，也不可或缺。「荒野旅行的最基本的樸實性是令人激動的，這不僅因爲它們非常新奇，而且還因爲它們能體現犯錯誤的充分自由。荒野使他們首次嘗到了由聰明和愚蠢的行爲所帶來的獎賞和懲罰。」

真的，在滇西北，美麗得讓人驚愕失語的秋天，當它降臨時，絕不是從我們想像中的那種金碧輝煌的藝術宮殿出發的，至少在中甸，情形只會如此。人，那些在都市裡迷失了的心靈，怎麼能區分一個草

金秋紅冬

當冬天到來之前，最後一片草甸也豔紅如火。敲開那些木屋，迎候你的是火塘、酥油茶、青稞酒和渾厚悠遠的《格薩爾王》古歌。

叢與另一個草叢呢?在任何一個草叢附近，能看到的還是草叢，幾乎一模一樣。我們無法分辨，到底是哪個草叢，最早有了那一絲美麗的嫣紅，即便那裏有某種特殊的標誌，比如，夏天的牧人留下的腳印，或是一個像披薩餅一樣大小的犛牛糞餅，甚至是幾粒光亮黝黑得像珠寶一樣的的羊屎，那也不能讓人記住。一個俗常的旅遊者，或是一個按照人們早已習慣的方式到滇西北尋覓詩情畫意的人，從來都不屑於去到那樣的地方，去對一片無名無姓的草叢表達他們的敬意。在他們心裏，藝術的輝煌從來就應該與高雅、純粹連在一起。他們不會想到，把一個普普通通的草叢與美麗的秋色聯繫起來。然而，滇西北充滿了藝術精神和審美旨趣的秋天，就從那片沾滿了牛屎馬糞的草叢出發，開始了它美麗的奔行，一路義無反顧。

於是，高原上的草甸，在第一陣秋風吹過之後，開始悄悄地由綠轉紫，一片又一片，然後——幾乎在一眨眼間，整個草甸——那往往是成千上萬公頃的土地，有時其中會包容無數個大大小小的，由藏式土碉樓組成的村莊，一座甚至幾座山峰，一條甚至幾條小河——轉眼就成了一片媚人的嫣紅。那種張揚放肆的，熱烈奔放的，智慧深沈的，也是氣勢磅礴、鋪天蓋地的紅，常常會讓一個初入此境的人看得目瞪口呆!面對那片博大、廣袤而又豔麗的秋色，你壓根兒沒法想像那是秋天的色彩。

滇西北的秋天與傳統美學意義上的秋天大相逕庭，與預期的肅殺、蕭瑟、清冷與枯寂相反，滇西北的秋天帶給人的，恰恰是一種蓬勃的、熱烘烘的感覺，就像火焰，跟通常意義上的秋天毫不相干。但事實上，第一場秋霜已經落過，天氣是一天比一天冷了，秋天已打著呼哨搖搖擺擺地來了，就像一個吊兒郎噹卻充滿朝氣的康巴漢子。一切被人們千百遍描述過的秋天的意味，都無法用來描述滇西北的秋天。滇西北的秋天與文人騷客們耳熟能詳的秋天毫無共同之處。蕭瑟，落寞，哀怨，愁思……所有這些軟綿綿的冷色字眼，統統與滇西北大草原的秋天無關。

在初涉中甸後，我在一個偶然的機會聽說，火紅的，熱烈的滇西北的秋天，除了像其他一些地區一樣，源於植物在秋天的逐漸變黃變紅以外，更多的倒是源於一種叫「狼毒」的牧草。這種春天開著黃花的植物，到了秋天，就率先變得火一樣的豔紅。真讓人難以置信，草甸上那種耀眼的，讓人賞心悅目的紅，其實正是一種病症，草甸之病。「狼毒」，正像它的名字一樣，那是一種有毒的草，犛牛和羊群從來都不會吃它。牲口誤食了「狼毒」，很快就會死去。狼毒在一片草甸上的出現和蔓延，預示著草甸的退化，甚至最終導致草甸的消失。此話讓我一驚。至此我才明白，爲什麼那麼多醉心於在中甸尋找純美的人們，在他們描述中甸秋天的文字中，常常不願意提及它。

我更不明白的是，人們爲什麼不千方百計地從草原上剷除「狼毒」？後來我才知道，曾經有過一段時間，人們想憑藉自己的力量，去清除狼毒的危害。問題是，頑強的狼毒卻更爲放肆地蔓延開來。我甚至想，狼毒，這個帶有人類強烈的感情色彩的名字本身，也再一次顯示了人類的愚蠢和霸道——人們總是用他們自己的好惡，來爲世上的萬事萬物命名。一種願意以自己的熱烈與鮮豔慶祝秋天如期而至到來的草，干人們什麼事呢？事實上，我們完全可以給它取一個更好聽的、高雅的名字，比如牡丹、芍藥之類，而反過來，把現在的牡丹、芍藥叫做「狼毒」。但狼毒是大度寬容的，並不因爲人們由於淺薄無知而表現出來的厭惡，停止自己的生命。

滇西北美麗的秋天竟與那種有毒的草有關，讓人意外，但那卻是事實。很難設想，滇西北的秋天如果沒有紅紅火火的狼毒，會是什麼景象。在中甸，正是這種長滿了狼毒的草甸，使秋天變得美麗。於是我們可以說，在中甸，我們在秋天欣賞到的美麗秋色，其實只是草場在死亡前顯示出的燦爛。我們不必忌諱狼毒，狼毒的存在，對人類正好是一則警告，一種規勸——我們現在還能看到的草甸，或許最終將變成一片荒野。

著名的環境保護主義者、美國科學家奧爾多・利奧波德曾在《沙鄉年鑑》中指出，荒野是人類從中錘煉出那種被稱爲文明成品的原材料。當然，荒野又從來不是一種具有同樣來源和構造的原材料。它是極其多樣的，因而，由它產生的最後成品也是多種多樣的。這些最後產品的不同被理解爲文化。世界文化的豐富性和多樣性，反映出了產生它們的「荒野」相應的豐富性和多樣性。①與西藏本土既相聯繫又有著明顯差異的雲南藏族文化，正是在像中甸草甸那樣的雪山下的「荒野」上生長出來的。中甸那長滿了狼毒的美麗草甸，正好從這一方面映證了奧爾多・利奧波德的這個結論。

「沒有一個荒野不是和歷史更緊密地聯繫在一起的，也沒有一個不是在接近於消失。」②整個中甸草原或許正是一片這樣的「荒野」。當我們在中甸旅行時，常常會忘記這樣一點，忘記中甸草原是一片變化中的原野，我們今天看到的，已經不是昨天看到的，也不會是我們後天還能看到的。我們會以爲，人類將永遠擁有這樣一片美麗的草原。當我們向遠方的朋友介紹這片草甸時，我們真沒有必要隱瞞這個事實：美麗的中甸草原，也處在一種可怕的蛻化之中，如果人類不珍惜它，愛護它，保護它的話，它終將從我們眼前消失。正像十九世紀法國詩人夏多布里昂所說：

森林先行於民族人民，
荒漠在人後面接踵而來。

奧爾多・利奧波德指出，在人類歷史上，前所未有的兩種變化正在逼近。一個是在地球上，更多的適於居住的地區正在消失。一個是由現代交通和工業化而產生的世界性的文化上的混雜。這兩種變化中的任何一個都不可能被防止，而且大概也是不應當被防止的。但是，出現了一個問題，即通過某種輕微的對所瀕臨的變化的改善，是否可以使將要喪失的一定的價值觀保留下來。

他指出，一個有機體的最重要的特點，是它內部的能夠自我更新的能力，這種能力被認為是健康水準。有兩種機體，其新陳代謝的過程受制於人類的干預和控制，一種是人自身（醫療和公共衛生），另一種是土地（農業和保護主義）。在土地上，正如在人體上，病症可能發生在某個器官，而原因卻在另一個上。我們現在稱作保護主義的措施，在很大程度上都只能發揮局部的鎮痛作用。古生物學家提供了豐富的證據，說明荒野在極其漫長的歲月裏，一直自我保養著，它所擁有的物種，很少有喪失，它們也不會失去控制，天氣和水建造土壤的速度和土壤流失的速度一樣快，或許還要快些。因此，荒野作為一個土地衛生研究實驗室，是具有無法預測的重要性的。如此，人們常常採用的那種頭痛醫頭、腳痛醫腳的措施，很可能會打亂荒野自身的免疫系統。③簡單地清除「狼毒」，正是那樣一種措施，因而它才不能真正奏效。我們對荒野的任何「保護」，有時候都會成爲對荒野的侵犯。而荒野作爲一種只能減少不能增加的資源，在如此這般的「保護」下，最終很可能消失。而荒野一旦消失，就不可能再生——要創造新的荒野是不可能的。

古老的印第安人在歌謠裏唱道——

只有當最後一棵樹被刨；
最後一條河中毒；
最後一條魚被捕；
你們才發覺，
錢財不能吃。

對於正在勞動中渾汗如雨的農人和牧人來說，在他的視力之內的荒野就是他要征服的對手。所以荒野也曾經是拓荒者的對手。而一個優秀的拓荒者的最優秀的品格，是他對他的對手的尊重。在迪慶高原，我們看到的情況恰好如此。藏民並沒有把所有的草甸都闢爲農田，種上莊稼，就像在別的地方，比如江南、兩湖地區已經發生的那樣。相反，他們對荒野只是「適度」地開墾。一望無際的高原草甸，只有有限的一部分被開闢成了農田，更多的仍然被閒置著，也就是說，仍然是荒原。以爲那是出於某種懶惰是荒謬的。而「適度」，正是詹姆斯·希爾頓在《失去的地平線》裏，透過那個代表著整個香格里拉的張總管之口，反覆強調的一個原則，或許我們應該把它叫做香格里拉的原則。如此，當秋天到來，家家戶戶的藏族家庭進入了休息的季節，每一個藏民都能在瞬間換上一副哲學家與藝術家的眼光，用以周密觀察他們所生活的世界。賽馬時，荒野是他們的朋友，跳「鍋莊」時，荒野是他們的舞臺。而賽馬和歌唱，只不過是一種遊戲，一種娛樂。這樣，同樣的荒野就成了某種招人喜愛和懷有感情的東西，因爲它賦予他的生活以快樂、內涵和意義。按照奧爾多·利奧波德的說法，「這是一個懇求，是爲了使那些在某一天願意去看看，去感受，或者去研究他們的文化屬性的根源的人受到教育，爲了保留某些殘留的荒野，就像保存博物館的珍品一樣而提的懇求」。④

說滇西北的秋天是紅色的，其實並不是對那種顏色的準確描述，事實上，那只是一種幽雅的、深濃的暗金色，華貴而又樸實，蒼穹之下，到處都是那種暗金色迷人的光澤，令人目眩。在第一個草叢有了那種顏色之後，很快，整個草甸就像聽到了號令一樣，轉眼就改換了色彩。那種暗金色在蔓延開來時，也真像席捲整個草原的野火。對草甸駐足凝視片刻，你會發現那種暗金色似乎會在陽光下奔跑，就能聽到那種顏色呼呼而行的沙沙聲，彷彿它們生著雙腳。

我立刻想到，我進入的是個神的世界——只有神的腳步，才會那樣無形而又迅疾。——滇西北高原的世俗日子，通常都顯得緩慢、悠閒，就像徜徉於草甸的犛牛，回蕩在雲端的牧歌，交接傳遞於藏民手中的錚亮的銅壺——那裏面盛滿了滾燙的、給人溫暖和力氣的酥油茶；可與此相反，神靈在安排高原隨著季節的轉換更換它的色彩時，卻堅決地摒棄了那種緩慢的、漸進式的、讓人多少有些著急的方式，毫不猶豫地採用了急促的、爭先恐後的姿態，讓大片大片的草甸，瞬間便完成了那種讓人吃驚的蛻變，如同伸展臺上的模特兒，一個轉身，就換了一套新裝。

那時我會想起春天——我正好在那年的晚春拜訪過那片土地——和春天的草甸，草甸上開滿了各種各樣的杜鵑；我也會想起草甸的夏天，夏天的草甸，是一種不知名的小黃花的世界，燦爛得就像星星。整個春夏（**生機盎然的美麗是那麼短暫！**），草甸都是蔥綠的，那種蔥綠像厚厚的油彩，濃得化不開，厚得讓人覺得它已浸透進了整個土地，它們充滿了勃勃生機，每一棵樹，每一棵草，每一朵花，都在最短的時間裏，把生命調適到了生命的顛峰狀態，發芽，開花，結果，盡其所能地履行著生命的職責，也盡其所有地展示著生命的真義；那種蔥綠讓人覺得它將超越時間的流逝永存於世，絕無發生某種變化的可能。那是生命的狂歡，生命的節日，而節日總是短暫的。

眼下，綠色正在迅速地消退，它好像在說，在陽光燦爛、轉瞬即逝的夏季，滇西北高原每分每秒都在積蓄力量，綠，無非一種過渡，一種間隔，蓬蓬勃勃的生機盎然，完全是爲了完成那最後的轉變。也就是說，只有那種暗金色，才是滇西北高原的基調和本色。

天藍藍的，雲悠悠的，那久違了的闊大的美麗，那讓人分外懷舊的暗金色調，與夏天形成了一種非常清澈的對比，讓我想到，一如這片古老山地的滄桑歲月，我們面對的這片土地，顯然至今還深藏著遠古純淨的光輝，飄蕩著原初的聖潔意味。春天總是有太多的生機和夢想，也總是讓人容易忘記過去，可歲月並不因爲每個春大的到來而被輕易遺忘。時光執拗地在被它浸泡過的每件物體上打下它深深的印記，就像隨便走進哪個藏民家裏，都可以看到的那把被歲月磨得錚光閃亮的銅壺，無論什麼時候，它都散發出一股濃濃的酥油味兒。

那時，當今一個非常流行的字眼，突然從我心裏冒了出來：收藏。

我一直非常羡慕那些收藏家，也一直在思考收藏的真正含義。有一天我終於明白，收藏與窮富無關，收藏者收藏的最終都是時光——不管你是什麼樣的收藏家，不管你最初的收藏出於什麼動機，也不管你收藏的是名人字畫、古窯瓷器，是紅木家具、奇硯珍玉，還是郵票、煙標，甚至現代的信用卡、電話卡以及別的什麼針頭線腦，你最終收藏的無非就是時光的碎片。時光附著在那些珍稀古玩上，後者不過是前者一個顯見的載體。

誰能收藏時間？完整地，真摯地，不動聲色地？

唯有大地。

最大也最成功的收藏家，不是那些頂極富翁，也不是收藏愛好者，而是我們腳下的土地。

迪慶「香格里拉」就是一位那樣的收藏家。

當世界日新月異地更替著自己，當中國用一幢幢沒有個性的新樓裝點著自己，而將無數舊街區變成一堆堆建築垃圾時，一個經濟還不夠發達、面貌還沒太多改變的偏遠山區，在某種意義上實在應該爲自己感到慶幸：它還沒有被現代化、技術化完全污染，它竟然收藏了多到可供幾乎整個世界慢慢品嘗的舊日的時光！它因而是富有的，因爲，時光就是金子。
——或許，那就是神的護佑！
而我們要尋求的，何嘗又不是那已逝的、像金子一樣的時光呢？

◆‧◆‧◆

①②③④奧爾多‧利奧波德《沙鄉年鑑》，侯文蕙譯，吉林人民出版社一九九七年十二月出版。

高原秋夜

迪慶高原的秋夜，一片悄寂。獨自坐在新近落成的迪慶賓館的一間屋子裏，點一支煙捲，讓思緒隨青煙一起升騰，倒也愜意。床頭燈被我擰到了最小，幾乎只有一絲光亮，卻剛能照亮面對著我的桌子。桌子上有一張演出門票，今晚的。遠處傳來樂聲，時斷時續，絲絲縷縷地，偶然會有幾段樂聲飄進來，帶著藏族音樂那濃濃的情味，從我的耳邊輕拂而過。第三屆「滇、川、藏、青毗鄰地區藝術節」正在迪慶州府中甸舉行。今晚有服裝表演，票很難弄到。據說，一套藏族服裝，連同衣服上的珠寶，價值高達三百萬，人們以先睹為快。我沒去看演出，那張票靜靜地躺在桌子上，一片淒清。要是讓那位千方百計爲我弄來那張票的人看到，多少會對我有些責怪。現在，那張票與詹姆斯·希爾頓的長篇小說中譯本《香格里拉》一起，都在那張桌子上。書打開著。從窗子裏吹進來的風，不停地翻動著書頁，發出嘩嘩的響聲。厚厚的迪慶香格里拉，翻動著薄薄的《香格里拉》。

那天下午，雲南省政府一位副省長在「『迪慶香格里拉旅遊開發』新聞發表會」上正式宣布：香格里拉就在雲南迪慶。

從我最早在翠雲樓聽說「香格里拉」到那時，經過無數人整整一年的努力，關於香格里拉紛紛揚揚的議論、報導終於塵埃落定。一個大半個世紀以來一直使人類夢繞情牽的童話，終於從虛無縹緲之境落到了大地之上。當我聽到那聲宣布時，我無疑是興奮的。可此刻我只想讓自己安靜再安靜。我又想起了詹姆斯・希爾頓。作爲一個作家，我對他寫作《失去的地平線》那本書時的某些神秘之處，一直饒有興趣。此刻，在一種趨於極致的寧靜中，我再一次開始思考那樣一個問題，一個從我知道他的第一天起，我就一直在思考，也一直讓我苦腦的問題：究竟是什麼，才是觸發詹姆斯・希爾頓寫作《失去的地平線》的直接原因？

一個作家的創作，即便早已在心中蘊釀，通常也要在受到現實世界的某種激發後才可能進行，那種「激發」，往往不是什麼了不得的事件，更常見的倒是生活中某個在常人看來不足以道的細節。也就是說，作家得找到一個契機，一道電光石火，從而點燃他心中的那片熊熊大火，讓他的整個生命爲之熊熊燃燒。我指的是，只從詹姆斯・希爾頓當時身處的世界所面臨的政治、經濟、文化狀況去尋求他的寫作動機，那還遠遠不夠；沒有某種具體的觸發，經他之筆藝術地虛構出來的，完全可能是另外一個「伊甸園」式的世界，不一定叫「香格里拉」，也不一定在藏區。如果那樣，那個「伊甸園」很可能是在非洲，在非洲的某個至今人們還一無所知的國度，也可能在歐洲，在阿爾卑斯山的雪峰之間，或者是在生長過希臘神話的奧林匹亞山。反正，那可能是世界上任何一個子虛烏有的地方。

詹姆斯・希爾頓最終選擇了中國，選擇了中國的藏區。一片中國藏區的土地，成了他的藝術之境，甚至指出那就是未來人類的安身立命之所。所以如此，其中必有一些特殊的、不可更易的原因。比如，他是不是悄悄地來過中國，甚至到過西藏或其他藏區？是不是像著名的哥倫比亞作家賈西亞·馬爾克斯一樣，在二十世紀九十年代的某個日子，悄悄地，不事張揚地，只是作為一個旅遊者悄悄地進入過中國？如果他沒來過，又從哪裡得到了有關中國藏區的資料？僅憑那些資料，他足以完成他的藝術創作嗎？

我看過一些有關詹姆斯·希爾頓的資料。詹姆斯·希爾頓（James Hilton）是英國著名小說家，一九○○年生於英國蘭開夏郡，後就學於劍橋大學，獲得文學學士學位。從那時開始，詹姆斯·希爾頓便常為報刊撰稿。一九三五年，詹姆斯·希爾頓與愛麗絲·海倫·布朗結婚，旋即於一九三七年與之分手，並於同年四月二十日與G·K結婚。一九三七年，詹姆斯·希爾頓移居美國加利福尼亞州。詹姆斯·希爾頓的成名作是表現傷感的長篇小說《再見，希普森先生》（一九三三年），他的著名小說《萬世師表》（一九三四年）、《鴛夢重溫》（一九四一年），均拍成電影，風靡一時。其他小說有《校園裏的謀殺》（一九三一年）、《我們並不孤獨》，電影劇本《忠勇之家》等。真正在東西方引起強烈回響的小說則是《失去的地平線》。一九五四年十二月二十日，詹姆斯·希爾頓因患癌症，死於美國加利福尼亞州的長灘。人們從詹姆斯·希爾頓的經歷中，找不到任何有關他曾來過中國的真憑實據。

就在那個晚上之前的一個晚上，在中甸剛剛落成的碧塔大酒店華麗而又充滿藏文化氣息的大廳裏，我與一位朋友就此作過一番交談。我們的背景是一幅巨大的唐卡，色彩鮮豔，構圖明快。我向他提出了我一直在思考的那個問題。他告訴我，事情還得從美國學者洛克談起。他說，他手中有一部由美國哈佛大學提供的，三十年代初洛克博士在麗江、中甸及康巴地區考察時拍攝的紀錄片，那部影片再現了三十年代的中甸風光和寺院生活。而一九二四至一九二八年的美國《國家地理》雜誌，也曾連篇累牘地刊登過洛克博士在迪慶和康巴地區旅行時所拍攝的圖片和撰寫的遊記。洛克在滇西北的考察活動，正是透過《國家地理》雜誌傳到了全世界，引起了人們對康巴藏區的注意，吸引了許多西方人到雲南考察，其中，據說就有美國著名記者埃德加・斯諾，有當時在中國幫助中國抗日的紐西蘭人士路易・艾黎，甚至還有英國作家詹姆斯・希爾頓。

他的話我不能不信，也不能全信——畢竟，至今爲止我還沒有看到有關詹姆斯・希爾頓的確到過麗江、中甸的記載。我對他的話表示懷疑——學術研究所依據的事實，是不能虛構的。我確切知道的是，寫過《西行漫記》的埃德加・斯諾，倒是到過雲南，寫下了一本名爲《南行漫記》的書，但那本書中沒有談到他曾到過中甸和麗江——事實上，當他乘坐小火車從越南經雲南的邊境小城河口進入雲南直達昆明後，他和洛克的相處一直不大愉快——當時的洛克得到美國有關科學研究機構贊助，並不斷在美國《國家地理》雜誌發表文章，賺取了不少稿費，堪稱富有，而埃德加・斯諾那時還是個不大爲人所知的小記者，每月工資只有洛克的十分之一。當洛克一路上一次又一次地懷疑埃德加・斯諾「偷」了他的東西時，應邀而來的客人終於與好客的主人在大理分手了：洛克依然去了麗江，埃德加・斯諾則去了保山方向的野人山，那正是中國遠征軍在滇西抗日前線的一個重要戰場。

埃德加・斯諾是否到過麗江、中甸，至今無法確認。在《南行漫記》那本書中，我只看到埃德加・斯諾在雲南怒江沿著中緬邊境旅行的記載。有據可查的的是，路易・艾黎先生創辦的中國工業合作社，曾經派人到過麗江；作為「中國工合」駐麗江辦事處的代表，一個叫顧彼德的俄國人曾在雲南麗江住了九年。但我從來沒聽說過顧彼得是應洛克之邀才去麗江的。洛克和顧彼德，作為近代兩個在滇西北居住時間最長的外國人，曾經留下了許多有關滇西北的著作，其中，洛克的《中國西南的古納西王國》，及其發表在美國《國家地理》雜誌上的大量文章——那些文章充滿了滇西北地區的奇風異俗，對滇西北的社會、歷史、經濟和文化狀態作過許多描繪。詹姆斯·希爾頓是不是讀過洛克的那些文章？不知道，但讀過的可能性，至少比他直接到滇西北考察的可能性大。

至於顧彼德，他的《被遺忘的王國》、《黑彝公主》、《黃教喇嘛》等著作的出版，已是五〇年代以後的事，那時，詹姆斯·希爾頓的那部小說和依據小說拍成的電影，早就過去了二十多年。就寫作來說，顧彼得對詹姆斯·希爾頓的意義差不多等於零。如果一定要說有什麼意義的話，我懷疑倒是詹姆斯·希爾頓以一個功成名就的作家的身分，給曾在雲南當過「中國工合」駐麗江辦事處主任的顧彼德有過許多啓示：別荒廢了你的生命，可能的話，你該拿起筆來，把你在麗江、中甸的見聞寫成書，那是一筆可以賺錢的的大買賣！

顧彼德肯定對那時已大名鼎鼎的詹姆斯·希爾頓羨慕不已。不管後來顧彼德的著作大多在英國出版是不是與此有關，有一點卻非常清楚：這是兩個對滇西北同樣有濃厚興趣的人，他們有一個共同關心的話題，那就是雲南，就是滇西北，甚至就是迪慶和迪慶「香格里拉」。詹姆斯·希爾頓寫了「香格里拉」，卻沒有去過，顧彼德去過迪慶，很可能也讀過那本《失去的地平線》，卻一直沒有嘗試過寫作。直到本世紀五〇年代，在離開中國十多年後，顧彼德才在新加坡完成了他的那本名爲《被遺忘的王國》的書，在那本書中，顧彼德對他所瞭解的迪慶有過這樣一段描寫，其中所說的「卡姆」，指的就是雲南迪慶一帶：

卡姆遠離拉薩政府，很少為人所知或探察過。即使對聖城裏的普通人來說，它仍然是個謎。對其餘兩個屬區（**玉和蒼，拉薩位於其中**）的居民來說，他們那裏大山高原乾燥貧瘠，灰塵撲撲，狂風怒號，所以卡姆就成了自然美的象徵，那裏的生活在世界別的地方是無法找到的。那世界最大的河流河水清澈未受污染，並排地穿過大理石的峽谷，流淌在覆蓋山坡的遼闊而雄偉的樹林之中。閃爍的雪峰高不可攀，直插藍天。甚至神也喜愛這些天堂般的排成長列的景色，因為每一個山峰都是眾神的寶座或伊甸園，其中伊甸園德姆喬克（**藏語地名**）是最有名的。據說在卡姆發現了大量黃金，那裏的喇嘛特別富有和美麗，康巴人（**即卡姆地區的人**）從來都使其他藏人敬畏和羨慕。男子通常都身材魁梧英俊，女子很美麗，皮膚白皙。①

在該書的結尾，顧彼德還寫道：

我有一種感覺，即使到現在，這種旅行也尚未結束。**我一直夢想找到並且生活在那個重疊大山使它與外邊世界隔絕的美麗的地方，也就是詹姆斯·希爾頓在他的小說《失去的地平線》中所想像的地方。**小說中的主角偶然間發現了他的「聖山」，憑著我的設想和不屈不撓的精神，在麗江時，我也找到了我的「聖山」。②

由此推論詹姆斯·希爾頓的長篇小說《失去的地平線》，寫的就是中國雲南的藏區，就有了更爲充分的理由——至少在顧彼德看來，詹姆斯·希爾頓的「聖山」與他自己的「聖山」，並不是同一個地方，儘管詹姆斯·希爾頓小說中「所想像的地方」，與顧彼得一直「夢想找到並且生活在那個大山使它與外地隔絕的美麗的地方」，有許多相似之處，也僅僅是相似而已。也就是說，詹姆斯·希爾頓的「聖山」，在顧彼得的所知之外。

當然，到此爲止，詹姆斯·希爾頓到底到沒到過中甸的問題仍然存在。如果他到過中國，爲什麼他要把他的書寫得那樣晦莫如深？如果沒有到過，爲什麼他又寫得那麼像？

屋子裏靜靜的。我有些煩躁——腦袋嗡嗡作響，陣陣發熱。直到那時，我的思索仍無結果。拉開窗簾，憑窗而立，我的眼前是一片寶藍色的夜空，星星在空中閃爍，世界深邃悠遠。高原的這個秋夜乾爽潔淨，就像一條洗淨晾乾的毛巾。一道圍牆隔開了賓館與那個高原上的縣城，那是中甸最大的一條街。夜色正濃，節日的中甸燈火闌珊。不遠處，藏族音樂聲陣陣傳來。我知道那是迪慶體育館，一場藏族服裝表演正在那裏舉行。我想像著那個正在演出的舞臺，想像著正在舞臺上展示的鮮豔華麗的藏族服裝。我見過一些真正的華貴的藏族服裝。一九九二年八月，拉薩著名的哲蚌寺舉行曬佛儀式。我們大約在凌晨四點就出發了——聽說那天去的人將非常多，我們得儘早到達，才能有一片立錐之地。我們在黑暗中摸索上山，又在黑暗中在那座即將舉行曬佛儀式的山下等待了很久。同伴都已走散，我不知道我周圍都是些什麼人。終於，天亮了，我看見我周圍全是人，密密麻麻，那是一座長滿人的山。我目光所及之處，到處都是等待著看曬佛的人，其中大部分都是藏胞。他們衣著鮮豔，看得出那都是他們平常不穿，只是節日才穿的衣服。

更讓我驚訝的是，一個穿著高貴、氣質高雅的藏族女子，就在我的身旁。她身上穿的，是到那時爲止我從未見過的那種藏袍，領袖口和下襬，都鑲著一看就非常昂貴的獸皮。從那時開始，我每次想起西藏，想起藏族服飾，我就會想起那個出現在哲蚌寺曬佛節上的那個藏族女子。我一直想以那個藏族女子寫點什麼。我今晚之所以沒去看藏族服裝表演，那至少是潛在的原因之一。我以爲我能想像出那場服裝表演的種種情景，類似的服裝表演我當然看過，只不過不是藏族服裝而是別的服裝而已。作爲一個作家，如果我真要在某篇小說裏描寫一次藏族服裝表演，大概不是非常困難的事——或許會有點似是而非，但至少八九不離十吧。

想到那裏我突然一驚，我發現，我先前的思考陷入了一個誤區。其實，關於詹姆斯・希爾頓到沒到過中國藏區，並不是至關重要的。那只是一個有關藝術創作的常識問題。任何一部文學作品，都是作家想像的產物，儘管文學的想像都不是空穴來風，總會有它的現實根據。說詹姆斯・希爾頓如果沒到過雲南甚至中甸，就寫不出那樣的作品，顯然是一種誤解。作爲藝術品存在的「香格里拉」，與現實中的「香格里拉」，永遠處在似與不似之間。《失去的地平線》畢竟是一部小說，不是遊記。即使詹姆斯・希爾頓心目中的「香格里拉」就在雲南迪慶，他也不會明白無誤地寫成迪慶——那樣的作家是愚蠢的。他在有意地營造一種神秘氣氛。何況，就一般的創作而言，藝術也需要一種普適性，需要有更大的覆蓋面。虛虛實實，實實虛虛，是作家、藝術家慣以玩弄的技巧。即使詹姆斯・希爾頓沒到過中國，更沒到過滇西北藏區，也完全可能依據現成的資料，在多霧的倫敦的某間晦暗的屋子裏，憑著無數學者、探險家、傳教士在世界各地發表的那些文章的描述，寫成《失去的地平線》。其中也許有洛克，但又遠遠不止是一個洛克。

遠在詹姆斯·希爾頓之前，甚至在洛克、顧彼得之前，西方國家的人文學者對藏傳佛教早已不是一無所知。甚至，藏傳佛教經典中的那片神秘的人間淨土「香巴拉」王國，也早就開始在西方流傳。從十九世紀中期開始，就有許多西方人懷著各自不同的目的，紛紛來到過康巴地區，他們之中，有學者，有傳教士，也有探險家和旅行家。據《中甸縣志通訊》一九九二年第二期房建昌《外國人入中甸》一文介紹，到過滇西北高原的外國人，至少也有如下幾人：

光緒五年，即一八七九年，匈牙利人澤切尼伯爵到過中甸。澤切尼所著《東亞旅行的科學成就》共三大冊（布達佩斯，一八九〇至一八九七年，匈牙利文版），其中第一卷六十二頁以下的行程表，記載了他於一八七八年來華，目的是進行邊疆民族的歷史地理及自然地理方面的考察，後經湖北、陝西、甘肅、青海及四川，於一八七九年十二月廿九日抵達奔子欄，後一直沿著金沙江右岸下行，到過尼西鄉、中甸、小中甸、開文、吾竹，經石鼓，於次年一月十一日到達今大理劍川。澤切尼的遊記對中甸及德欽的天

牧場春秋

這樣的季節，晨曦中連藏民族正在迎候豐收的青稞架，在天穹奇妙光影的輝映下，似乎也有了神性。

象、氣溫、動植物、地貌及人文等均有詳細的描寫。與他作伴的有地理學家羅茲、調查員克瑞特納中尉、語言學家巴材特、英國探險家吉爾•戴維斯和皮爾特、醫學博士湯姆遜等，都先後到過迪慶並有考察報告和專著出版。

一八九五年，在滇西北採集植物標本的法國植物學家叔里歐、神父孟培伊二人，到過維西、中甸一帶；一九〇四年，有「自古迄今植物學探險家第一員」之稱的英國人傅利斯到達德欽，輾轉中甸、麗江一帶，此後七次深入到迪慶，並在三壩（現中甸縣的三壩鄉）設立據點，還邀約倫敦市長詹斯登一起「領略滇西俏麗的風光文物」；

一九〇〇年三月廿八日，英國五二牛津郡輕步兵少校到過德欽、中甸，一九〇九年，由劍橋大學出版社出版了他的《雲南：印度與揚子之謎》。書中記錄了他一九〇〇年從四川木里方向至中甸之行，書後附有路線圖，並對當時中甸一帶的宗教、城鎮和社會風貌有較詳盡的描繪。

相比之下，美國哈佛大學於四〇年代出版的洛克所著《中國西南的古納西王國》一書，就晚得多了。就連洛克本人也承認這一點。他在該書（哈佛大學一九四七年版，一至二卷）第二四九頁寫道，在他之前，曾經訪問過中甸地區的，有荷蘭傳教士ＫＯＫ、法國探險家巴考（JEMES BACOT）、奧地利植物學家韓代爾等。其中著名的植物學家金盾，甚至在二十世紀初就到了滇西北。一九二〇年後，植物分類學家洛克多次到迪慶，研究三江並流地區的植物資源和森林景觀，廣泛搜集民間文物，拍攝照片，介紹當地喇嘛和藏族宗教生活及自然環境等。在洛克到達滇西北之前，金盾已在那裏活動了十來年。

一九九七年九月，我在德欽縣圖書館查閱了德欽縣茨中教堂留下的七百餘冊書籍，其中許多書都是上個世紀末、本世紀初出版的。那個事實激起了我從中找到詹姆斯·希爾頓的《失去的地平線》的熱望。一摞又一摞書從藏書櫃裏抱了出來。我翻動著那些書，陳年舊書的黴濕氣息四處飄散。我感到我很可能就要發現某個歷史的秘密，預期的喜悅讓我激動得難以自持。不過，最終我也沒能找到那本我最想找的書——不知是茨中教堂的神父們的確沒有收藏過那本書，還是收藏過但在他們離開中國後與別的書一起被毀了。但我毫不懷疑，我見到的那些書籍與資料，曾給詹姆斯·希爾頓寫作《失去的地平線》提供大量的背景材料。

——一個稍有功底的小說家，都足以將以上這些人的冒險經歷，濃縮成小說主人翁的故事。在小說中，雖然真實讓位於虛構，但我們仍能從那種「虛構」中尋找到「真實」的蛛絲馬跡。我們可以用求解數學問題的排除法，不斷排除一些不符合基本條件的地區，將「香格里拉」可能存在的地區不斷縮小。比如，《失去的地平線》寫道：香格里拉的地理位置是「（飛機）從印度起飛順喜馬拉雅山南沿山麓向東」，按這個方向飛行，可以到達西藏的東部，也可以來到迪慶這塊中國東南部的藏區高原，再向東就不是藏民族聚居區了。然而，按照小說的描寫，「香格里拉」儘管屬於藏區，卻又是一個有著多種民族、多種宗教的的地方。而西藏東部地區除了藏傳佛教，再沒有別的宗教。真正符合那個條件的，只有作為藏、漢文化結合部的雲南迪慶地區。

——順便說一句，小說中描寫的這條純屬子虛烏有的所謂「航線」，儘管為當時的人們大膽地提供了一條飛越地球巔峰的航空路線，但它畢竟只是一個藝術家的想像，不僅當時並不存在，即便在那些最富於想像力的人們心中，也是一條只可想像而難於實施的路線。不過，藝術家的想像不久便成爲生活中的真實的事例並不罕見。第二次世界大戰期間，世界進步力量爲支援中國的抗日戰爭而開闢的那條飛越世界屋脊的「駝峰航線」，竟然把詹姆斯・希爾頓小說中一個偶然發生的飛行事件，演成了生動感人的真實篇章。在迪慶的德欽，在卡瓦格博雪山麓，以及與迪慶相鄰的怒江一帶，都曾經發生過「飛虎隊」和美國空軍的美製飛機墜落之事。這時，虛構變成了真實。

書中傳奇般的故事和遠離世俗紛爭的人間樂土，讓飽受戰亂的西方民眾，看到了存在於東方的「世外桃源」。詹姆斯・希爾頓一生到過許多國家和地區，卻未有中國之行。但書中明顯的地理方位、自然環境和風土人情，卻是無法虛構的。

夜已深沈。那晚，枕著香格里拉，我一直無法安然入睡。我不知道等待著我的究竟是什麼。

◆◆◆

①②〔俄〕顧彼得《被遺忘的王國》，李茂春譯，雲南人民出版社一九九二年一月出版。

「香巴拉」與建塘古城

走在建塘古城的小街小巷，思古之幽情油然而生。在這個一切都靠按鈕操縱的年代，漫步於那樣古舊的城池，陌生與幸運，平靜與驚詫，幾乎同時湧上心頭。陽光與陰影同在。塵埃與酥油的味道滿城飄蕩，嗆得人喉嚨發癢。石板路高高低低，像老人鬆動脫落的牙齒，既佈滿深深淺淺的歲月留痕，又被時光磨洗得錚亮。某些路段的土路，索性赤裸著，厚厚的塵土，腳一碰便噗地一聲四散飛揚。衰老的建塘古城正在沈思。悠然行去，能聽到的只是自己的腳步聲。小巷彎彎，一如迷宮。初來乍到的外地人，地理方位與歷史方向一起迷失，要找條近路便是困難的。它們看上去一模一樣，灰濛濛的，也可以說是古色古香的。歪傾頹敗的木屋，彷彿剛剛經歷了一次劫難。有些木屋顯然已被廢棄，一把發綠的銅鎖，隔開了那個曾經興旺的家庭與世界。人去樓空，大開大張的蛛網一如八卦。緊緊關閉的木門木窗裏，不知是否還藏有那些已然離去的男男女女的故事，殘留有歷史的餘溫？很想推開一扇門，隨著門軸吱呀一聲銳響，與某個故事遭遇，幽怨的，或是壯烈的，明快的，或是憂傷的——讓你感歎唏噓。

中國的城鎮，不管是古國大都、九省通衢，還是地方名城、偏僻小鎮，一街一院，一巷一樓，自來都極講究總體的佈局。所謂「風水」，除去其中的迷信色彩，在很大程度上，正是古人對城鎮或城鎮中所有建築物所處的地理的、地質的、宗教的、氣象的、社會的和歷史的諸多條件的綜合考慮。那麼，古人對建塘古城建城的深邃思考又在哪裡？那是中午，陽光融融，走在那樣的小鎮上，即便感到的是一片暮色蒼茫，卻不時會想到，這樣一座城池一定要建在大龜山下，一定要建成那種迷宮式的模樣，總會有它的依據和緣由，儘管那依據與緣由已盡悉被歷史的塵埃湮沒，想要尋訪，並不容易。

回頭望去，中甸縣城四周，大山如屏，佇立無語。每座山，似都以鋼筋、角鐵彎折焊接而成，硬朗，威嚴，陡峭，稜角分明，幽幽閃著藍光。更遠的山頂，白雪皚皚。而等到冬天到來，中甸城四周所有的山，將都變成雪山。雪山之外，便是幾乎環繞整個中甸的金沙江了——正應了中甸的朋友所說，中甸是「雪山為城，金沙為池」那句話。坦蕩無垠的天空乾爽潔淨，似乎連目光過處，也會留下鮮明的痕跡。那一切與那座輝煌不再的古城，既對照鮮明，又略帶嘲諷——一個聲音在我心裏響起：古城已經老去。

那是九月，秋風正從滇西北高原緩緩吹過，帶著那片高原從古至今從不或缺的神秘氣息。一個盛大的藏族藝術節，正在中甸舉行。前幾天從城邊經過時，山腳下，作為春天的杜鵑凋謝之後的適時補充，華彩美麗的藏式帳篷正如花開放。滿街都是人，來自西藏，來自四川，來自青海，也來自雲南，花花綠綠，五彩繽紛。那樣的藝術節，既像古老的賽馬會，又像現代的服裝表演。而嚴格地說，舉辦那個藝術節的，是中甸的新城。作為新城之母的建塘古城，不幸已被遺忘。除了像我這樣願意尋幽訪古的人，很少有人願意到這裏溜躂。當地的藏族朋友早就告訴我說，建塘古城在藏語中，有「心中的日月」之寓。他的話裏充滿著驕傲，我卻無法從那樣簡單的表白中找到古城昔日的輝煌。

那天晚上，朋友送來一些有關雲南藏區的資料。閒來無事，信手翻開，竟讓我大吃一驚。原來，中甸即建塘，相傳與四川的理塘、巴塘一起，同爲藏王三個兒子的封地。西元一六七九年，五世達賴喇嘛羅桑嘉措在中甸選址建造松贊林寺，其主要依據就是此地風景燦爛，有「帝釋天、火梵天、遍如天」三天神常到此遊玩，形成了三天堂。七世達賴喇嘛格桑嘉措，曾有讚美中甸的偈語云：「高山環繞寬闊曼達羅，聚寶美飾新穎建塘原，陽光普照眾生澤福地。」那樣的讚美與偈語，究竟依據的是什麼？

歷史上，中甸一直是雲南藏區政治、軍事、經濟、文化重地。千百年來，這裏既有過兵戎相爭的硝煙，又有過「茶馬互市」的喧嘩。這裏是雪域藏鄉和滇域民族文化交流的窗口，漢藏友誼的橋樑，滇藏川「大三角」的紐帶。秦時，其統治勢力已達迪慶地區，當時的滇西北是蜀（四川）與身毒（印度）商道必經地之一，史稱蜀身毒道。唐代，滇西北（包括迪慶地區）爲吐蕃王朝所屬之地。吐蕃在迪慶地區設置了神川都督府（鐵橋節度），並藉鐵橋之利打通了經營南詔的另一條通道，迪慶地區（尤其是「結塘」，即建塘）便成爲大唐王朝、南詔國與吐蕃連接的孔道，溝通漢藏經濟文化的橋樑。到了元朝，迪慶地區與整個藏族社會的情況基本一致，結塘等漢藏交界地帶進一步開闢爲「茶馬互市」。到了清代，從康熙到乾隆，從西藏的達賴到蒙古和碩特部首領，從「平西王」吳三桂到麗江木氏土司，都在中甸這片橫斷山中的土地作爲征戰的重地，其目的，仍是爲爭奪這一地區的商業貿易大權。

在中國，歷史的毀壞總是令人震驚，古城、古建築的屢建屢毀、屢毀屢建乃普遍現象，中甸縣城當然也難逃此劫。清同治年間的一次回民起義，將雍正至光緒年間修築的方形漢式土城，及城內的文武衙署、兵械庫、糧庫、銀庫、監獄，獨克宗藏經堂、大佛教寺、陝西會館、歎息會館、山西會館、大成正殿、財神閣、靈官閣等廟宇，焚毀殆盡。民國初年，國內軍閥混戰，滇康藏交界一帶亦土匪橫行，中甸縣城又三次遭受來自今四川鄉城的土匪、一次遭來自東旺的土匪搶劫燒殺，中甸縣城被夷爲平地。商賈驚恐萬狀，四處逃散，茶馬古道的商隊來往日益稀少，昔日市場繁榮的中甸也逐漸冷落。

那天下午，我曾走進古城北門街六十六號，與那家主人阿布旺堆閒聊。那是我在中甸看到過的一幢頗具規模、也保存得相對完好的藏式木樓，也許是我在建塘古城見過的最好的民居，寬敞，古樸而又氣派。占地既寬，房屋的格局也頗爲講究。整個房屋似乎是懸空的，讓人想起西雙版納的傣族竹樓。一乘離地約一米的木梯，將我們引領進正屋，內裏是無比的寬敞，僅一間客廳，也足有百十平米。比起在那之前我在離古城藏經樓附近看到的一幢新樓來，簡直不可同日而語。新樓是一家個體戶六年前花了六至七萬元建的，那時已顯得既狹窄又破舊，只好改建。在我的印象中，藏族是個日常生活也非常藝術化的民族，服裝、歌舞自不用說，即便公路上行駛的長途卡車，凡是來自迪慶的，司機總是把駕駛室裝飾得花花綠綠。即便如此，藝術趣味也處在衰竭之中。可隨著時光的推移，今人更多的是追求實用，對建築物藝術旨趣的要求，已降低到最低限度，甚至幾近於無。可以想像的是，就像任何一座古城那樣，建塘古城每一次的毀後重建，街道可以重新開闢，房屋可以重新壘起，無須太多時日，新城遲早都會重新屹立於世，甚而頗具規模。然而，整個城鎮佈局的獨特匠心，每座建築物的藝術風格，卻在那種匆忙、浮躁、草率的建造中漸漸衰減，直至喪失殆盡。

北門街六十六號院六十七歲的主人阿布旺堆告訴我，從明代起，中甸縣城已搬遷過四次，儘管每次都得到了重建，城址也大體都在古建塘城附近，但不僅古人精緻的建築構想、深遠的藝術用心已難以恢復，就連普通房屋，除了遮擋風雨，也無任何建築美感可言了。

他家那幢已有一百六十年歷史的木樓，曾在民國初年遭鄉城土匪的兩次搶劫與焚燒，幾乎毀之一旦。那也許是我在建塘古城見過的保存得最好的老屋。一九四九年後，那幢房子被沒收，到八〇年代他的冤案平反後，房子退還他家時，房子正是遭受了又一次破壞。至今，外迴廊的柱子、窗戶板上，還能看見墨寫的標語和公社公佈賬目的遺痕。家中的神龕，因當時作爲生產隊堆放雜物而得已保存，但佛像、經書都已蕩然無存。經過幾次洗刷，佛龕的貼金鏤空木雕又現金色，但兩邊木壁上的壁畫已模糊不辨。我問，有沒有可能經過修理讓它恢復昔日的氣派？阿布旺堆說，當然有，但要達到當年的水準，已經很難。我想也是。在離縣城不遠的一個村子，我曾參觀過一個民營企業家新近落成的房子，那當然是夠氣派的。藏族的房屋講究中柱，爲此，主人往往不惜代價。民營企業家的那幢屋子，中柱之大，幾乎兩三人難以合抱，每間屋子也都非常寬敞。但比起阿布旺堆的那幢老屋來，它總是缺少了一點什麼。缺少了什麼呢？我想，恐怕就是那種籠罩著整個建築物的藝術氛圍。有還是沒有那種氛圍，是大不一樣的。

那麼，曾經籠罩過古建塘的那種藝術氛圍，到底是什麼？

朋友說，在藏傳佛教經典中，有一個神秘之城，叫「香巴拉」。在「香巴拉王國」中，壯麗的雪山是古城的外環，然後是八個蓮花瓣狀的區域與城市，生活著香巴拉的人民；在它的中心，以內環的雪山作爲屏障，有一座名爲「卡巴拉」的王宮，居住著「香巴拉」國王。而建塘古城在建築格局上，正是按照這樣一種佈局設置的，從地圖上看，中甸四周雪山環繞，中間地勢平坦，而在更大的範圍內，環繞著整個中甸的，是玉龍雪山、哈巴雪山、白茫雪山以及瀾滄江邊的卡瓦格博雪山。縣城中間還有大龜山，歷朝歷代，古城都以大龜山下的藏經樓爲中心，向四面八方呈幅射狀佈置。

從唐代時，吐蕃在雲南維西其宗設神川都督府起，築於中甸古城大龜山的寨堡，名爲「獨克宗」，即是歷史著名的鐵橋東城。明弘治六年，中甸被麗江木氏土司佔領，稱「大當香各」寨。弘治十二年，木氏土司再次佔領中甸，在大龜山建「香各瓦」寨，藏語名石山寨，又在奶子河邊建「大年玉瓦」寨，藏語名爲「尼旺宗」，即日光城；兩寨遙相呼應，構成中甸歷史上著名的「香各尼窪」，即「日月城」。直到民國十年，中甸所築新城仍與舊城連環，不方也不圓，設東、南、西、北四門及數條小路通往城外，爲加強城防，還建有城堡八座。整個城區，仍呈八瓣蓮花狀。

——我聽了淡淡一笑，沒有理會——至少，我看到的建塘古城，是一座已經衰敗的城池。而在這個盛行傳媒炒作的年代，我也擔心他的那番高論純屬附會。

然而事實證明是我錯了。一年之後，一份名爲「中甸城市總體規劃與城市設計•概念設計」的文件，證實朋友的話並非虛言。那份由清華大學建築學院和清華大學人居環境研究中心提供的設計文件指出，對於建塘古城的保護與更新，要「調整道路及用地佈局，改善內部功能設施，強化古代的建城意向——確定保護範圍，作必要的規定，並通過一定的設計手段強化『香巴拉王國』的蓮花狀構圖，其東南方向應儘量開放，控制建築」；只有如此，才能「使得未來的『理想城』如同於自然生態中生長出來一樣，扎根於當地的生態環境條件和文化環境條件之中，爲地方城市、建築的發展尋找一定的表現形式」。而著名建築學專家、清華大學教授吳良鏞先生在與迪慶州官員的談話中也指出，「我們一個浪漫的暢想，把迪慶建成香格里拉理想城。歷史上中西方都推出過『理想城』，如陶淵明描述的桃花源，詹姆斯·希爾頓在《失去的地平線》中描述的香格里拉等，都是理想城的暢想。我們要用理想城的激情來規劃理想城」，「建一座永遠都建不完的理想城。一點一滴、永遠持續發展的理想城，讓人們不斷地暢想，意猶未盡，建設日新」。①這就是說，中國建築業的最高機構，不僅承認而且決心繼承和發揚建塘古城建城之初依據的那個雄偉的「香巴拉」構想。

——不管是「香巴拉」也好，還是中甸城歷史上有過的「大當香各」、「香各瓦」還是「香各尼窪」也好，似乎都與某個神秘的意念相連。於是，我再次想起了「香格里拉」——它究竟來自哪裡？

人類對於未來的追尋，由古至今，綿延不絕。在人類的童年時期，那種追尋常常與人類對他們暫時還無法全部理解的宇宙有關。無論是西方虛無縹緲的天堂、天國與伊甸園，還是中華本土的桃花源、玉闕天宮，作爲人類爲自己創造的幻象，它們除了美麗、美好這些共同特徵之外，幾乎一無例外地，都是神秘的，遙遠的，虛虛實實的，不確定的，總與某種宗教有著千絲萬縷的聯繫。它們深藏於某個人跡罕至之處，常人難以抵達。如果那是一幅畫，那也屬於集體創作，幾乎每一代人，都會依照自己的願望與理解，對它進行新的描摩，讓它在長期的演變中逐漸變得豐滿充實。一句話，所有那些縹緲之國，都融進了整個人類對未來的美好願望。

「香格里拉」也一樣——如果我們承認它同樣只是人類為自己勾畫出來的一個美麗幻象的話。儘管它初次出現於詹姆斯・希爾頓的那部小說中，但從根本上說，那並不是詹姆斯・希爾頓心血來潮、靈感突發的憑空創造。是的，它也是神秘的，遙遠的，虛虛實實的，不確定的，當我試圖對這個音節響亮的詞語作某種深入理解時，我的眼前，起初只是一片雲霧，美麗，卻又朦朧，如同一個無法也無須詳察的童話。我相信，那片雲霧也同樣飄忽在那些對它感興趣的人們眼前。

當人們發現這個詞語具有某種潛在的經濟價值時，對它的來由和解釋便五花八門，層出不窮，眾說紛紜。僅居住在雲南迪慶藏區及其附近地區的眾多民族，都試圖從本民族的話語體系中，找到「香格里拉」的出處，並按照自己的意願，對「香格里拉」做出各種各樣的詮釋，有說是「老朋友你來了」的，有說是「再見，有空來玩」的，不一而足。他們都同樣聲稱，他們的那種解釋是權威的，唯一的。這並不奇怪，也無可指責。但我更願意相信以下說法：經眾多專家學者的多方考察，證實作為英語中一個外來詞彙的「香格里拉」，只在雲南迪慶州中甸縣的藏語中才有它的準確發音，它由藏傳佛教經典中的「香巴拉」一詞演化而來，其發音屬於雲南中甸藏區的一種方言土語，意為「心中的日月」。其中的「香」和

「格」的發音，更是僅爲康藏地區南部土語群中的中甸方言所獨有。而在別的藏區，英文「香格里拉」（shangri-la）的發音，一般讀作「森吉尼達」。而中甸縣城的古藏語地名就叫「尼日宗」或是「獨給宗」，意爲日月城，與中甸藏語中「香格里拉」的含意完全吻合。

這一結論，並不排除整個迪慶藏區的語言、人文與自然風光，只是在某種程度上與《失去的地平線》所描繪的極其相似——本來，一部長篇小說，就不可能是對某一地區的如實描摩。然而，一時一地的語言，常常負載著一時一地的歷史、經濟與文化資訊，人們甚至能從某個語詞中，找到附著於該語詞上的某種早已消失的文化遺存，從而對某一重大歷史作出判斷，這樣的事，早已屢見不鮮。同樣，由於任何一個地區的語言總是處在不斷的演變之中，雲南迪慶藏自治州其他地區如德欽等地，早先的語音是否與英語的「香格里拉」發音更爲接近，只是由於長期的演變，才失去了它原有的相似性？我想，這種情況當然也可能發生。甚至，在別的地方，發掘出一個、兩個與「香格里拉」一詞的讀音相似的詞語，也完全可能。但僅僅根據一個孤零零的詞語，去推斷「香格里拉」一定就在某處，則顯得有些草率，牽強——只有把英語「香格里拉」的讀音與某地的歷史的、人文的、自然的景觀綜合起來加以考察，才可能得出比較符合事實的結論。即便如此，這個結論也只是一種可能性。完全可能還有其他的可能性。武斷地、斬釘截鐵判定某一地區，而且只有某一地區才是「香格里拉」，是不科學的——不僅我們對歷史、文化的認識還會進一步深入，而且，過於執著地去尋找一部小說故事的原產地，也幾乎沒有必要。

在同屬迪慶的德欽，一位藏族朋友告訴我，來自美國的奧略克先生，對中國人如此鄭重其事地、不厭其煩地一定要找到「香格里拉」的準確地址一事，感到有些不可理解。他更偏重於從哲學角度去思考「香格里拉」，他說，「也許找不到更好」。他希望他的中國朋友能注意這個問題。

奧略克當然是對的。但無論如何，「香格里拉」與藏傳佛教經典中的「香巴拉」關係密切，「香格里拉」很可能是由藏傳佛教經典中的「香巴拉」演變而來的觀點，不僅值得人們格外注意，而且也無法回避。

正如美國駐成都總領事館新聞文化處在給中甸縣外事辦公室的一份傳真文件指出的，「多數西方作家和學者相信，『香格里拉』這一概念來自藏傳佛教經典中的『香巴拉』一詞，意指偏遠山林中的一處理想完美的地方。這個概念源於『香巴拉』一詞，此詞在用梵文、藏族寫成的有關生命輪迴的描寫中被經常提到」。

在許多藏傳佛教經典如《藏文大藏經》中，「香巴拉」一詞與「香格里拉」幾乎是等同的。臺灣眾生文化出版有限公司出版的《大圓滿龍欽心髓不共內加行講義及儀式》一書中，就有這樣的語句：「時輪金剛裏面也提到，釋迦牟尼佛爲香巴拉（香格里拉）國王舉行時輪金剛灌頂和傳時輪金剛經時，釋迦牟尼佛對國王說，以後國王依此密乘金剛上師時……」在這段話裏，「香巴拉」與「香格里拉」完全等同。而「香巴拉」，正是藏傳佛教經典中的一個人間的淨土世界。

弘學居士在《藏傳佛教》一書中指出，「香巴拉」的概念，來自藏傳佛教的淨土信仰。所謂淨土信仰，其實就是大乘佛教中的「彼岸世界」信仰。任何一個成熟的宗教，都有自己的「彼岸」方式，大乘佛教當然也不例外。在大乘佛教經典中，「淨土」是與「穢國」相對的，淨土指的是菩薩修成的清淨處所，是得涅槃的諸佛教化眾生的莊嚴世界，也是佛的居住之地。相對於此，芸芸眾生的居住之所則有煩惱，有污穢，故稱穢土或穢國。所謂淨土，有兩種，一種是菩薩修成的世界，欲有淨土，先得淨心，其中又分兩界，一以心淨土淨爲本，《法華經》之靈山淨土，《華嚴經》之華藏世界，《大乘密嚴經》之密嚴淨土，即以心淨土淨爲本；一爲菩薩世界之外另有淨土，如《無量壽經》載，婆娑世界之外，另有淨土；但二者都是菩薩依照本願，經修行而成佛時所完成的國土，爲眾生願生之處。至於他方淨土，則有阿彌陀佛之極樂世界，如阿門佛的大方妙喜世界，藥師佛的東方淨琉璃世界。前一種淨土是佛創造的，後一種淨土則是先於佛而存在的。②

弘學居士指出，按照藏傳佛教的經典，「香巴拉王國隱藏於西藏北方的雪山之中，整個王國被雪山環繞，八個蓮花瓣狀的區域與城市是人們的居處，中央又有雪山內環盲卡拉巴王宮，是香巴拉王國國王的居處。這裏的人們不執、不迷、無欲；歷代的神聖國王，爲未來之世界保存最高佛法，直至外部世界的宗教被徹底消滅爲止。據傳說，外界之人曾經圖謀征服香巴拉王國，但香巴拉穩固與超自然神的兵將出現，在一場戰爭中將外界人消滅，從而在全世界肇建了黃金時代」。③

藏文、梵文經典所描述的古代各種進入香巴拉的入境指南都指出，「前往聖境要穿越荒漠與高山，行者除了必須克服崇山、峻嶺、大河等自然障礙以外，還得以神通求得諸護法神的協助，以懾服沿途之惡魔。指南稱，去香巴拉的旅途從印度或西藏出發，要經過不毛之地與神秘地區，進入香巴拉的程序是，行者必須作各種精神修煉，變換其身心，使自己適應於進入香巴拉王國」。④

「人一到達香巴拉，就會看到美麗的公園與城堡構成的理想國土，四周有雙層雪山環繞，分八區如蓮花狀。香巴拉的居民，各種各樣的食物與各種各樣的樂趣都甚爲富足，富饒無比，擁有大量的金銀珠寶，生活和樂，無人犯罪，居民各遵循智慧而生活，皆已達到修行的高層境界。居民之大多數皆修持西藏密教之最高佛法——噶拉洽庫拉密法，即時輪金剛法。香巴拉國王居住在國境中央的一個大宮殿裏，是一位菩薩之轉世，菩薩本可以涅槃成佛，但爲了指導眾生而選擇了轉生爲人，以度人成佛者。國王身居菩薩之位，兼具王國暫時統治者及居民導師的雙重身分。人進入香巴拉之後，經由國王與國王所護持的佛法所助，得以發展成佛教所需之智慧與慈悲心（佛是完全覺知真如佛教性者）。就此而論，香巴拉並非可求得天國喜樂之人間樂土，而是欲成佛入涅槃之人的特殊場所。」⑤

這樣一個特殊場所當然不是憑空而來的。藏文經典中就詳細描述了香巴拉的歷史。「傳說釋迦牟尼圓寂之前，曾將時輪密法（又稱時輪怛特羅）傳授給下邊的第一位國王蘇禪德喇。蘇禪德喇曾到印度求得此法，將此佛法帶回他在喜馬拉雅山北邊的國土，並將此佛法以文字記錄下來。據說有六個王朝繼承蘇禪德喇，第二王朝將共有二十五位國王，在香巴拉保存並傳教時輪金剛密法。每位國王將壽一百歲，都是西藏佛寺中某一位活佛轉世。根據預言，第二王朝稱爲庫里卡，將終於露扎洽克林王，即忿怒輪王，他將自香巴拉出來，摧毀惡勢力。古代典籍又說，在第十二位庫里卡國王統治時，大約爲西元九六〇年左右，有兩位瑜伽學者在下邊求得時輪密法，而且帶回印度，於西元一〇二六年再傳入西藏，此爲佛法第二次傳入西藏一部分。」⑥

《藏傳佛教》一書寫道，十六世紀時候的雅目王·吉達王子，寫過一部藏文中最美妙、詳盡的史詩，其中就描述過前往香巴拉的旅遊歷程。而對西藏文學和許多含有醫學和占星術的書籍，一般人都相信那些內容大多源自香巴拉，其中有一本占星學的教本，名《白琉璃》，開頭就是香巴拉王國史，並附有香巴拉歷代王國的木刻版畫。一七七五年，六世班禪大師羅桑華丹益希，曾根據大藏經中有關香巴拉的經文，寫過一部通俗的《香巴拉指南》。他將香巴拉傳說分成了三部分：前往香巴拉之歷程；王國本身的情形；該國歷史及預言。用現在的觀念來說，他是把神話中的論題衍變成了：探尋香巴拉王國或聖地的旅程；密藏的勝地或人間淨土；預言黃金時代的來臨。他甚至還撰寫過一篇通俗的《香巴拉祈禱文》，其中有一段，描寫的正是那場「最後戰爭」：

百萬雄獅兮，彩色繽紛。
四十萬大象兮，憤怒狂奔。
黃金戰車滿載戰士武器，
齊赴大戰場兮，英勇莫敵。

隨著佛教在西藏地區的發展與傳播，時輪密法與香巴拉，已經成爲格魯派的主要教學內容。此派最大的寺院哲蚌寺承襲印度南部地名，據說釋迦牟尼曾在此地為香巴拉第一代國王說時輪密法。扎什倫布寺也成為弘揚香巴拉的中心。並且認為，達賴和班禪，都是過去香巴拉國王的轉世。根據預言，班禪將轉世為香巴拉國王，自香巴拉出外摧毀惡魔勢力，建立佛法的黃金時代。而與此同時，藏傳佛教的信仰者，仍然相信香巴拉國仍然存在，認為那是地球上的人間淨土。「有人利用古代西藏文獻的香巴拉指南，試圖去發現實存之香巴拉王國國境，西方一位藏學學者海爾德・霍夫曼就做過這種研究，並且堅信他已查出前往香巴拉之路線，路線可追溯到阿富汗與原蘇聯之阿木達雅河岸。這可能指出香巴拉王國的歷史遺址，在撒馬爾罕東邊之帕米爾高原。其他可能之地方，為塔里木盆地與吐魯番盆地，這兩地皆屬西部地區而在西藏之東方。不過以古藏文指南探尋香巴拉歷史遺址，在於所使用之古地名，以及與傳說有密切之重疊。這有待於今後考古發現有實物或文字記載來研究和證實。」⑦

直至今日，藏族人民仍然相信，能在喜馬拉雅山的一個偏遠的山谷中找到香巴拉。佛教經典對此作了詳細的介紹，但對香巴拉的方向卻含糊不清。許多人相信香巴拉是個隱喻之地，其他一些人則相信，當整個人類社會進入現代之後，香巴拉就從地球上消失了。但香巴拉的人們仍在關注著人類的一舉一動，終有一天，它會返回地球，救人類於毀損之中。屆時，藏族英勇的戰神格薩爾將受香巴拉國王的智慧所引，從香巴拉率領一支軍隊到人類，幫助人類征服一切黑暗。

經常在西藏各地遊歷的說書藝人，常常會在聽眾面前攤出一張香巴拉王國的圖畫，興味盎然地介紹他的香巴拉遊記。說書藝人會在那張圖畫上指出，旅遊者應如何爬上通往山頂的梯道，說身體應輕如昆蟲，才能爬上雪山王國。西藏民間那些有關香巴拉之行的故事，大多都含有對世人的警戒之意。一個故事說，有兩位朋友在旅遊香巴拉的途中，遇到一位流浪者，流浪者給了他們一些黃金禮物，接受黃金禮物的人，因體重加大而墜落山下，那個拒絕黃金禮物的人，則順利地到達了香巴拉。

不管香巴拉是否真的存在，僅從神話及其象徵性來看，香巴拉傳說已廣泛地影響了西藏文學，甚至民間傳說以及佛教經典、哲學等都無不受其影響。傳說在本世紀初，西藏東部一個寺院的堪布，就曾在禪定中遊訪過香巴拉，他甚至在那裏聽到過一曲妙不可言說的樂曲，出定後，他將那首樂曲記錄下來，並親自爲此曲塡詞，並由該寺喇嘛演奏弘揚。我因而懷疑，詹姆斯·希爾頓在他的小說中寫到的，康韋在香格里拉喇嘛寺聽到一首蕭邦樂曲的情節，不過是那個古老傳說的某種現代演義。而所謂「西藏東部」，更是一個區域廣闊的界定。古代，雲南的建塘即今中甸一帶，同樣屬於吐蕃。

即使在中甸，這種尋訪也一直在進行之中。現居中甸縣城的活佛仲巴仁波切，今年三十二歲，乃是師從白教紅帽系噶瑪噶舉派第十七世噶瑪巴大活佛的司徒活佛手下的一個活佛，位居第三、第四號。據仲巴活佛所說，香巴拉王國裏有酥油湖，糌粑樹，居住在那裏的人們衣食無憂。只有道行很高的人，才能到達那裏，有的人走了一輩子，也沒能抵達。仲巴活佛說，康巴地區曾有一個小孩到過香巴拉，他看見那裏有車輪般大的蓮花，因爲走路走累了，他就在那朵蓮花上打了個盹，醒來後滿身清香。回到家，他的父母已去世，圍著他的竟是一些老頭，仔細一看，才看出那都是他原來的夥伴——原來，在他進入香巴拉的短暫時間裏，時間已流逝千年。

有關香巴拉的傳說故事，激發著無數人去探尋「世外桃源」。其中最著名的一個故事講道，有位年輕勇士四處尋找神秘的香巴拉王國，他歷經千山萬嶺之後，來到一位老修行人居住的山洞，老行者問他欲往何處，青年答道：「尋找香巴拉。」老行者說，「你不用到遠處去，香巴拉就在你的心中。」這個故事告訴人們，對於藏傳佛教的信仰者來說，香巴拉王國就隱藏在行者自己心中，必須覺悟後，才能在外界找到香巴拉王國。

而美國駐成都總領事館新聞文化處提供的那份資料還指出，「西方對香格里拉永恆的概念，可在詹姆斯・希爾頓所寫的《失去的地平線》中找到共識」，這就意味著，與「香格里拉」幾乎等義的「香巴拉」一詞，早在詹姆斯・希爾頓的那部小說之前，就已隨著藏傳佛教經典的傳播，進入了西方的文化視野。詹姆斯・希爾頓的小說，不過是爲西方人依據原有的「香巴拉」概念，創造的一個神秘而又生動的文學樣本。由此我不禁恍然大悟：在某種意義上完全可以說，詹姆斯・希爾頓在《失去的地平線》一書中寫到的康韋一行人尋找香格里拉的故事，正是藏傳佛教經典中無數信徒歷經千難萬險去尋找「香巴拉」那個古老故事的現代版。儘管它採用的，是現代人喜聞樂見的探秘小說這種流行形式，但它講述的，仍然是一個人們進入香格里拉的故事。而正如本文開頭指出的那樣，詹姆斯・希爾頓將凝結著他對現代人生活的種種憂慮、種種思考融入其間，也不過是人類對自己創造的種種美好幻象的新的豐滿與補充。

由此看來，所謂「香格里拉」，既不是從天而降的，也不是一個像詹姆斯・希爾頓那樣的外國作家所能命名的。它原本就是藏民族的理想之國，迪慶高原的有識之士，不過是借助了那個美好的傳說，按照經典中對理想之國的種種描繪，在對之進行現代改造後，以之建設著他們自己的家園。也許現在，作爲迪慶香格里拉腹地的中甸以及建塘古城，還不能完全與夢幻中的「香格里拉」相符，但他們的努力，是要建設一個真正的「香格里拉」。這個香格里拉，既繼承了民族傳統中的精華部分，又剔除了古老傳說中的愚昧與神秘，變得更富於理性，正是他們，爲藏民族的那個古老、誘人的夢想注入了嶄新的思索。一個與古老的夢想相連的、現代的建塘，正在二十世紀末由它的子民親手創建。藏民族信奉的藏傳佛教經典中，有涅槃一說。如此看來，曾經輝煌而又衰敗的古城建塘，不正處在涅槃之中麼？

◆◆◆

①清華大學建築學院、清華大學人居環境研究中心《中甸城市總體規劃與城市設計·概念設計》，一九九八年十一月。

②參見《藏傳佛教》一書，弘學主編，四川人民出版社一九九六年十月出版。

③參見《藏傳佛教》一書，弘學主編，四川人民出版社一九九六年十月出版。

④參見《藏傳佛教》一書，弘學主編，四川人民出版社一九九六年十月出版。

⑤參見《藏傳佛教》一書，弘學主編，四川人民出版社一九九六年十月出版。

⑥參見《藏傳佛教》一書，弘學主編，四川人民出版社一九九六年十月出版。

⑦參見《藏傳佛教》一書，弘學主編，四川人民出版社一九九六年十月出版。

碧塔海邊的野櫟樹林

人常常會在不經意間，放過生命旅程中一些看似微不足道的景觀，一般說來，那是一些看似卑微的生命，起碼不大符合人類俗常、通行的愉悅標準。然而，作爲與我們一樣生存在這個世界上的生命，它們也是這個活著的世界的一員，不僅有著一般生命的形態，甚至有比在優裕條件下被精心呵護的生命更爲可貴的、特異的品質。忽略了它們，我們對生命的體驗很可能就是十分膚淺的了。

比如，一個衣衫襤褸、滿面淚流的孤兒，一個腰背佝僂、踽踽而行的老人，甚至一朵秋風中就要萎謝的野花，一株酷寒後正在掙扎著返青的小草。

而我，差點兒就放過了滇西北高原上的那片野櫟樹林。

我是在騎馬去碧塔海的路上遇到那片野櫟樹林的。送我們的汽車開到簡易公路的盡頭後再也不能前行，前面據說就是碧塔海自然保護區，我們必須下車走路或是騎馬。朋友勸我們選擇騎馬，他們那樣說時神色嚴峻。七、八公里，都是山路，他們說，騎馬要一個半鐘頭，步行就費時更多。於是我們騎馬上路，那片野櫟樹林就是那段路程的一個無法回避的開頭。後來我才得知，儘管碧塔海自然保護區占地遼闊，但那片野櫟樹林並不在保護區的範圍，當然也就沒有受到保護區的保護。

那是個瘦長的山埡口，長兩三公里，長滿了野櫟樹。人走進去，轉眼就被野櫟樹林盡悉吞沒。天空驟暗，眼前一片灰黑。那時我甚至不知道那是野櫟樹。我只覺得它們長得過於低矮，模樣古怪甚而畸形，就像一群發育不良的孩子。我們要去的那個風景點是個遠近聞名的高原海子，據說它就像天神遺落的一塊綠松石，碩大無比，在群山的包圍中幽幽閃亮。我知道綠松石非常名貴，在西藏，藏民脖子上常有一串用小小的綠松石穿成的項鍊；我在拉薩八廓街買回來的幾串冒牌念珠上都沒少了它。我忘了真正的珠寶從來都藏在人跡罕至的深山裏的某個設置了種種奇妙機關的山洞裏，到達那裏之前，要演出一個又一個傳奇故事。我忘了，因而在最初看到那片野櫟樹林時毫無心理準備而吃了一驚：它們黑壓壓一片幽暗，就像花和尚魯智深險些遇難的野豬林，讓人毛骨悚然。

除此之外，我對它就一無所知了。和別的遊客一樣，我只想儘快到達那個傳說中無比美麗的高原海子，滿腦子都是想像中的盈盈綠意，對路邊那片野櫟樹林全然沒放在心上，儘管它一直都在眼前無法回避，但它從來就沒有真正進入過我的意識，更談不上去觀賞它了——前往朝拜那個聖湖般的海子的人們出於無奈，才從野櫟樹林裏經過，如果有另一條路，我斷定人們寧可繞幾公里路，也要想方設法避開它的。事實上，據我後來得知，從發展旅遊的角度考慮，當地也正在修建另一條公路，不僅爲縮短路程，大概也是要避開那片讓人不快的野櫟樹林——何況路上有的是美麗的景致。溝兩邊山崖陡峭，雲杉如陣，從溝底往上看，它們似巨人般威武雄壯，不可企及，枝杈斜逸，樹冠高聳，一概都向著高而藍的天空，就像我們那時的目光，對山溝裏的野櫟樹林不屑一顧。

陽光從雲杉林的縫隙間金黃地穿過，像一道道金色綬帶，讓它們顯得偉岸峭拔、儀表堂堂。終於走出那條山溝後，眼前是一片開闊的高山草甸，草芽絨絨，陽光融融，就像一塊巨幅的江南絲綢，鋪展在藍天白雲之下，柔韌細膩，叫人賞心悅目；馬蹄在柔軟的草甸上無聲地踏過，我能充分感受到那片草甸的柔韌和彈性。一群毛色紫褐得發亮的犛牛散在那片草甸上，疏疏落落地，裝點著那片草甸怡人的寧靜。

如果不是還要循原路返回，我就真要錯過那片野櫟樹林了。回來時，我才算真正看見那片野櫟樹林。與高大的雲杉林、茵綠的草甸和那個處子般寧靜的海子相比，那的確是一條陰濕而又逼窄的山溝，一道無名山溪穿溝而過。路其實是沒有的，不過是馬幫踏出的一串腳印。溪水清淺，卻出沒無常，忽左忽右地與無形的馬幫路交叉纏繞得難解難分。馬蹄常常打滑，好幾次我差點兒被從馬背上摔下來。噠噠的馬蹄聲一踩進那道山溪就成了一片嚇人的水響，浪花飛濺，同時伴有馬蹄鐵敲打溝底溜滑的卵石時發出的金屬聲。後者只有細聽才能聽見。進山時我就只聽見了水響，而對那種金石相撞聲一無所知。

我突然發現野櫟樹林竟是那麼低矮，騎在馬上，視線越過野櫟樹灰綠的樹梢竟能直抵遠方。那已是春天，在那條山溝外的山野裏，世界早就是一片蔥綠。野櫟樹林裏卻沒有那種潤眼的綠，來來往往的馬幫揚起的灰塵遮沒了它們的枝葉，灰暗無神，森黑的樹幹毫無光澤，斑斑點點地長滿了灰白慘綠的苔蘚，就像一群沒有父母管教和照看，滿身都是泥巴和草痕的孩子。

或許那並不是它們的過錯：窄窄的天空早被高大的雲杉占去，野櫟樹林自然很難與陽光親近。空間是如此狹窄，野櫟樹也沒有草甸那樣寬闊的領地，以舒展它們的生命。它們密密麻麻地擠在那條狹窄的山溝裏，你挨著我，我挨著你，一個個都只能側著身子。由於過分靠近馬幫路，一些樹幹被攔腰撞斷，或白或黑的切口像折斷的骨骼。稍高處，有幾棵野櫟樹已悄然死去，枯敗的枝葉似乎劃一根火柴就能點著。而在靠近溪流的地方，溪水掏空了幾株樹腳的泥土，樹幹歪斜著，隨時都有傾伏的危險；它們的根鬚無可奈何地裸露著，像一些正在籲求著慰藉的蜷曲的呼號……

——我這才想到，野櫟樹林正在受難。

它們生存得很不容易，很艱難。

然而，它們並不是在等待著死亡，雖然死亡的威脅就在眼前。

爲了戰勝死亡，它們正在付出代價，慘重的代價。

突然想起福克納在《喧嘩與騷動》一書的結尾說過一句讓人震撼的話：

「他們在苦熬。」

在那片無聲無息的悄寂裏，我驟然感到那句話的驚心動魄。

翻身下馬，我開始步行。爲我牽馬的藏族小夥子奇怪地問道：你怎麼啦？

我不回答。

思緒驟然變得像野櫟樹林一樣雜亂斑駁。

生命的歷史，是一部發展的歷史，也是一部受難的歷史。受難是普遍的——很難想像，生存的過程會總是豔陽高照，和煦如春。苦難來自生存中的種種不幸、傷害、殘缺和死亡對生命無處不在的威脅。而造成不幸、殘缺和死亡的威脅的，既有大自然的變化，數千萬年前恐龍在地球上的滅絕消亡，正是由於生存條件的驟然改變；也有因生命自身的失誤帶來的災難，而且在某種程度上，後一原因造成的苦難常常更爲慘重。人類雖然是生命的一種高級形態，可在有記載的文明史中，大大小小的戰爭，人類戕害了大自然而反過來又被大自然報復的事例，如大饑饉、大瘟疫等等，更是數不勝數。然而，比起人類某些先知的個人和群體在意識、思想、觀念等方面由於超前而被誤解、懲罰以至面臨死亡的威脅等等苦難來，那些苦難就簡直算不得什麼了。

面對苦難，人類向來有三種姿態，因而也就有三種結局。一種是殊死拼鬥，戰勝苦難以及造成苦難的某些社會力量，從而成爲人們景仰的英雄。一種是被苦難折服甚至吞噬——當人類因爲缺乏鬥志而面對種種苦難時，這是一種常見的結局。前者是崇高的，被人歌唱的，後者則是卑劣的，被人唾棄的。而在崇高與卑劣之間，在被人歌唱和被人唾棄之間，還有一種姿態，或許還是更爲常見的姿態，那就是苦熬。至今爲止，對於苦熬，我們還缺乏更深入的瞭解，當然也就缺乏更準確的評價。

最深重的苦難是思想者的苦難。

而思想者對付苦難最常用的辦法，便是苦熬。

苦熬自古就是人類生存的一種普遍形式。人類其實早就在感性上懂得，苦熬儘管不如殊死拼鬥那般壯烈，而它的可歌可泣，卻決不在殊死拼鬥之下。對於生活中的那些苦熬者，我們總是滿懷著敬仰。藝術家們甚至早就敏感地創造了一系列苦熬者的形象。加繆的那個一直往山上推石頭的西西弗斯是苦熬者（《西西弗斯的神話》）。海明威筆下那個與大海和鯊魚搏鬥的「老人」是苦熬者（《老人與海》）。《聖經》中那個在爐灰中邊刮著毒瘡邊讚美的約伯是苦熬者。而我在那條陰濕幽暗的山溝裏碰到的那片野櫟樹林，又何嘗不是苦熬者呢？

苦熬者或許說不上是什麼了不得的英雄，在我們這個世界上，真正的英雄總是鳳毛麟角。但是，正是它們，在苦熬中頑強地維護著自己生命的意義和生存的尊嚴，也在苦熬中不斷地鼓起了期待的勇氣，爲了那份信念，甚至不惜讓自己成爲一面指向未來和明天的路標。而路標，是看不到未來和明天的輝煌的。

我因此對那片野櫟樹林充滿了敬意。

苦熬，這需要多大的勇氣，多大的毅力！那是海拔三千米以上的風雪高原，長達半年的冬季，平均氣溫在零下十多度。我們去時已是春天，路邊的田陌野地，杜鵑花已開得漫山遍野，一片燦爛。那條山溝裏卻陽光罕至，空氣稀薄，連野草也很少見到。野櫟樹就選擇了這樣一個地方繁衍著它們的家族。環境如此惡劣，它們對這世界還充滿著微弱的信心。細看，在它們那片灰濛濛的、似乎已經枯死的枝葉間，一粒粒小小的、淡黃色的花苞正在孕育之中。我相信，野栗花開放的日子不久就會到來。那時，它們將爲這個越來越單調也越來越沒有信心的世界奉獻一份小小的色彩，一縷淡淡的芬芳，也奉獻一份小小的自信。凝視那些小小的花苞，我想起了安徒生童話中那個賣火柴的小女孩，天寒地凍，漫天風雪，她手裏突然舉起的那朵小小的光焰，卻差不多溫暖了整個世界，從我們的父母，到我們的孩子，從我們的父母的父母，直到我們的孩子的孩子。

而我那天面對的並不是一則童話，而是一個生動的、活生生的事實。

生命當然並非爲苦難而生，生存卻常常與苦難相伴。環境無法選擇，愛心卻無以摧毀。在苦熬中建立起來的這種愛，這種對於生命和人世的自信，讓所有苦熬者們的生命充滿了殉難的光輝。我之所以說那是「殉難的光輝」，是因爲它們的犧牲未必總有結果。也就是說，它們爲對抗那些苦難而寧可獻出的熱血和生命，卻對戰勝那些苦難未必能起到某種直接的、立竿見影的效果。更多的，倒是它們在那種奉獻中所顯示出來的精神，以及爲維護生命的獨立、自由、尊嚴和純淨而進行鬥爭的意志，鼓舞著、激勵著、鞭策著它們的後繼者，讓後人把那種鬥爭、那種努力繼續下去。而生命的獨立與自由，生命的尊嚴和純淨，永遠是人類爲之奮鬥的目標。

那種精神的光輝是生命在那種苦熬中像被放在巨大的鐵砧上的鍛件，經過了反覆的鍛打和錘煉之後，質地變得無比結實和柔韌，從而自然而然地顯示出來的。那種光輝與那些被功動、名聲與榮譽包裹著的勝利者頭上的光環顯然不可同日而語。苦熬著的人們面前幾乎很少有鮮花與美酒，很少有閃光燈和頭版頭條的大幅照片，當勝利到來時，它們往往已長眠地下，享受著勝利喜悅的人們，甚至大多都不知道他們的名字。然而，苦熬者卻體驗著真正的幸福、自由和高尚。從古至今，許多人所體驗所追求到的幸福、自由和高尚都是廉價的，它們不是金錢的附庸，就是權力的奴僕。而真正感人的幸福、自由和高尚從來都不是唾手可得的，必須付出代價，有時甚至是慘重的代價。

一顆樹就像一個人，如果絕望是它們不要也不屑的，在那樣的苦熬中受難似乎就是唯一的出路。苦熬當然不是刀光劍影的戰鬥，不是以惡對惡、以牙還牙的對抗，沒有人爲它擂鼓助威，搖旗吶喊，當然也就不可能戰功卓著，名垂青史。苦熬似乎只是默默的忍耐，其實卻不盡然。野櫟樹林既不是花園裏地位顯赫的住戶，也不是保護區裏備受關照的寵兒，它只不過是一群在荒郊野外自生自滅的生命，唯一能依靠的，除了它們自己，還是它們自己。它的每一縷根鬚，每一片樹葉，甚至每一股筋脈、每一滴液

花與白塔

香格里拉原就是個花的世界。當人們在這裏種植來自異國的鬱金香時，才發現這片土地並不僅僅適於本土花卉的生長。

汁都被調動起來，生命的能量也在這種境遇裏被最大限度地激發。它們苦熬著。苦熬著的野櫟樹林，一面向下悄悄地、盡可能深地把根鬚扎進瘠薄的泥土，一面又向上伸展著它的枝杈，它伸展得很慢，盡可能長得結實，以抵禦不斷襲來的風雨雷電，抗擊著隨時都可能降臨的意外傷害。它或許算不得魁梧挺拔，有些時候，它擺出的甚至是一個匍匐的姿勢，就像一個趴在塹壕裏的士兵。但在那樣的環境裏，它卻顯示著生命最強悍的偉力。活著是那麼艱難，它讓我們懂得了那種難以言說的艱難。它在毫無聲息的生存困境中創造出了一個有關忍耐的寓言和在忍耐中生存壯大的神話。

有人說過，生命的獨立和自由，生命的尊嚴和純淨，永遠是人類為之奮鬥的目標。生命向這些事物挺進到了什麼程度，就意味著生命有多大的勇氣和信心。對生命的認識深入到了什麼程度，才會對生命珍惜到什麼程度，對生命尊嚴的捍衛才會到達什麼程度。

六〇年代初的一個秋八月，我在高考後因為擔心難以考上大學，已經找了一份工作。那時，我的幾個弟妹都還幼小，因而儘管工資微薄，我卻能為父母分擔一點艱難。事實上，那時父親的工資也很低，而且經常出差在外，靠母親經年做些十分低賤的臨時工，我們全家才能勉強度日。回想起來，那就是苦熬。而在我們那個苦熬著的家裏，真正在精神意義上承擔著全部苦難的，是我的母親。不僅因為只有她掌管著全家的吃穿日用，在每天煮飯時，都要面對那個總是露著底的米櫃，而且她每天都要強忍著孩子們吃不飽時那一雙雙貪婪的眼睛對她的呼喚，只有她才最深刻地知道這個家的八條生命每天都在面臨著饑饉。對於我能找到一份工作，母親自然表現出了她應有的高興。不料幾天後，我突然接到了高考錄取通知。母親得知，既高興又悲傷。高興無需說明，悲傷則是因爲她無法爲我準備一套行李，拿出一筆去上學的路費。那幾天她一直是默默的。默默地爲我準備行裝，默默地東奔西跑，爲我向親友們說明情況，以便儘快湊齊那筆路費。我要走的那天，母親坐在裏屋，抽噎著哭了。她說，聽說你要上五年的學，我們還要熬五年。但是過了一會兒她又說，你還是好好上學吧，我們會儘量按月給你寄點錢，不要管家裏，家裏是個窮坑，塡不滿的……等你畢業出來，工作了，就好了。我也對母親說，您等著，五年後，您就不會這樣受苦受累了。

五年，那是一個約定，一個諾言。在約定與諾言兌現之前，母親還得苦熬，也許還得更深地沈入苦熬。然而，期待讓她對那種苦熬後的日子充滿了信心。自此，每次離家遠行，從船舷或是車窗回頭一望，看見的總是母親那雙憂鬱的眼睛。

一個默默承擔著苦難的生命，猶如母親，我們只有在長大後才會從她身上讀出那種屈辱而又偉大的高尙。

然而，在一個爲我們提供了巨大的精神消解機制的現代社會裏，有誰還在爲生存的尊嚴挺住？有誰能告訴我們不幸、殘缺和死亡的威脅在何種程度上是有意義的？其實，芸芸眾生的生命大多如此。內心的無比堅韌，在苦難中迸發的巨大勇氣，拒絕在俗常生活中以小恩小惠表達出來的廉價的安慰或是由此做出妥協的堅決……所有這些，比起那種虛假盲目的樂觀主義來，我更願意親近這種受難的精神形式，因爲它再現了生命的輝煌。

離開那片野櫟樹林已經很久了。我慶幸那天我沒在回來的路上匆匆走過，因而錯過那個莊嚴的時刻。我慶幸。

尋訪牧人

無論什麼時候，「牧人」這個字眼總會讓人動心。在人類創造的眾多語詞中，「牧人」是爲數不多的幾個最佳語詞之一，時至今日，它依然散發著某種原初意味，古老得像一個圖騰，又具體得像一幅圖畫，即使在某種完全抽象的思維中被我們用筆寫在紙上，或是用鍵盤輸進電腦，出現在幾無感情色彩的電腦顯示器上，它也照樣會散發出浪漫、無邪的氣息，甚至帶有某種濃郁的抒情性，就像草甸上那拂面而來的土地的味道，苦澀，而又馨香。「牧人」是樸實無華的，卻具有某種穿透力，會在你不注意時，從紙面上一躍而起，順著與目光相反的方向，直抵人的內心，在那裏激發起一陣無法抑止的想像。那種想像因爲殘存在人類血液中的某種自由而又蠻野的天性，雖歷經世世代代的演進，仍沒有完全喪失。它與天空、山岡、草場、河流、陽光、霜雪、雷電、暴雨、風和雨水連在一起，也與無拘無束的歌唱、舞蹈、角鬥、飛馳以及最爲坦然、熱烈的情愛連在一起。只要想起它，或在心裏默默念及它，我的心頭，總會湧起一股莫名的暢快與舒展，而那正是許多人那在塵世煉獄中被灼傷得疤痕累累的生命早已丟失的秉性。

「牧人」每次在我心頭的出現，它所引發的衝動，都像人類在七〇年代完成的那次登月之旅。

我渴望牧人那樣的生活，那樣的存在。但我知道，在二十世紀末的今天，那已屬奢侈。我對牧人的艱辛早有所聞，但在我獨自想像牧人的生活時，我對它完全可以忽略不計。時光才是二十世紀末，牧人這一在人類過往生活中曾經佔有非常重要位置的字眼，以及它所表達的那種存在方式，對我們顯然已變得遙遠與陌生。對像我這樣一直住在城市裏的人來說，雖然它帶有幾分浪漫，更多的卻是讓我感到遙遠與陌生——儘管這兩個字我早已耳熟能詳。幸運的是，迪慶高原使那種遙遠與陌生的消除有了可能——從第一次聽說中甸，聽說那裏有大片的草甸，有無數的牧人，我眼前出現的，便一直是一個牧人的形象——雖說牧人究竟是什麼樣子，連我自己也說不清。

我對牧人的印象大多來自北方，依據的無非是史籍和文學作品賦予「牧人」這兩個印刷符號的一般性意義：藍天如碧，牧草連天，一個頭戴寬邊草帽、身材魁梧的男人，長鬃烈馬，長鞭如鉤，一聲呼嘯，便千里馳騁在一望無際的大草原上；在他的前後左右，像雲彩一樣，像波浪一樣，像一支浩浩蕩蕩的隊伍一樣奔湧著的，是數不清的馬匹，數不清的牛羊、牛羊和牛羊……萬蹄湧動，天地爲之變色……而在畜群的前後左右，或許還有一兩隻忠誠的牧狗，牠們的吠叫，時而威嚴，時而歡快。或者，是那首幾乎每個中國人從小就能背誦的古詩——「天蒼蒼，野茫茫，風吹草低見牛羊」，以及它所彰顯的闊大、蒼茫的情懷；偶爾，那還會是一首深情卻又淒涼的歌——「對面山上的姑娘，妳爲誰放著群羊；淚水濕透了妳的衣裳，妳爲什麼這樣悲傷，悲傷……」，是那歌聲對命運的質詢與追問；有時，那又是另一首歌，是那個叫王洛賓的老人，「在那遙遠的地方，有一位好姑娘，人們走過了她的帳房，都會回頭留戀地張望……我願變一隻小羊，跟在她身旁，我願她那細細的皮鞭，不斷輕輕地抽在我身上……」，是讓一個人一生牽腸掛肚的愛情與相思；甚至，我還會想起蘇武牧羊的故事，一個被北方的強大民族擄去作爲人質的朝廷命官，在塞外寒風中吹奏著的那管長簫，那管已經吹奏了幾千年，似乎至今還在吹奏的長簫，給牧人這個字眼敷衍上了一片蒼茫的底色，與它連在一起的，永遠是蕭瑟的衰草，淒清的飛雁，以及孤獨與落寞……

即便如此，我依然渴望著與牧人的相遇。

——我想像中的迪慶高原和迪慶高原上的牧人，就是那種樣子，或大體就是那個樣子。我想，我的想像大約不會錯。

據有據可查的史志資料顯示，如今居住在雲南迪慶一帶，自稱「博」、「博巴」的迪慶藏族，不僅與漢文史籍中記載的「雅礱土著」先民有淵源，也與如今依然居住在滇西北的彝、納西、普米、傈僳等民族有同源關係。在長期的歷史發展過程中，雲南藏族正是通過這種異源同流、同源異流的途徑，逐步形成了近代雲南漢族稱之爲「古宗」的多元文化交互融合而成的雲南迪慶藏族。在藏文史書《西藏王統記》中，有「獼猴變人」的傳說，這傳說同樣也發生在雅礱海地區。

到西元前七世紀中葉，秦國發動大規模的征服、兼併其鄰近的羌部落的戰爭，居住在甘、青一帶的羌人，有一部分開始向南遷徙，其中一支被稱爲「犛牛種」的，南下後轉向西，去到西藏高原，「與眾羌絕，不復交通」，他們與原來居住在那裏的、從羌族發展起來的土著居民不斷混血，最後形成了「蕃」，即今日的藏族。「羌」字從羊，而「氐亦羊稱」。氐羌原是以養羊為主的部落，生活多依靠畜牧，時至今日，從氐羌融合而成的藏緬語系各少數民族，依然保留著畜牧民族的諸多生產方式和生活習慣。藏族的家畜中以牛羊為主，在一些牧區，羊已被神化，藏民朝拜太子雪山時，史籍有「牽羊扶杖」的記載，意即隨主人朝山之羊日後永不宰殺，任其老死，並在羊頭上繫上紅黃絡纓以示敬崇。在德欽著名的飛來寺前，在一間沒有遮擋的小木屋二樓敞開的平臺上，並排掛著四五隻羊，看上去就像是動物標本。飛來寺的喇嘛告訴我，那是藏民放生後送來的，都是雪羊，也叫岩羊。藏民抓到那些羊後，既不吃牠的肉，也不用牠的皮，而是把牠視為神物，送到寺廟裏供奉起來，用以驅邪。顯然，那正是出自一種對羊的原始崇拜。

事實上，歷史上的迪慶藏族，一直是個半農半牧且以游牧為主的民族。僅在中甸，就有五百餘萬畝天然草場，大中甸，小中甸，以及無數高山湖泊的四周，都有寬闊的草甸。整個中甸就是一個大牧場，不僅藏族，就連世居中甸的其他各民族，對飼養牲畜都有悠久的歷史和豐富的經驗。

如此，當我第一次和以後每次踏上這片土地，我一直在夢想著能碰到一個牧人，一個道道地地的、真正的、原生意義上的牧人，我渴望與他成為朋友——如果他不嫌棄的話。不知道我為什麼會那樣嚮往連天的牧場，成群的牛羊。我一直渴望著一種自由浪漫的生活，渴望在藍天白雲下，讓身體和靈魂都得到徹底的舒展與放鬆，也渴望著那種充滿了堅韌、豪氣、剽悍的日子。

然而，在頭幾次中甸之行中，我一直沒碰到過一個真正的牧人——除了在小中甸寬闊的草甸上，在沿著碩多崗河去中甸縣城途經小中甸的路上，偶爾我會遠遠地看見幾個零星的放牧者。但總的說來，能見到的牧人實在太少——在我的想像中，迪慶的土地上，應該到處都能見到那樣的牧人，能聽到那種高亢的牧歌，見到漫山遍野的牛羊。何況，遠遠地看見的那幾個牧人，也不能算是真正地與牧人相識——我沒同他們說過一句話，同飲過一杯茶，同在一間屋子裏面對面地坐過一分鐘。

我悲哀地想到，也許如今的迪慶、中甸，已經沒有牧人了。

但中甸的朋友告訴我，儘管已是二十世紀末，新的生活方式開始進入迪慶藏區，可從骨子裏說，中甸依然是牧人的世界——牧人在數量上看上去比從前少了許多，放牧的方式與從前也有了很大的不同，但在精神上，在氣質上，迪慶藏族依然有著游牧民族的諸多特徵——游牧生活的最主要的方式，是向牲畜，馬，牛，羊，犛牛等等，索取他們的主要食物，奶，酥油，酸奶渣。而對中甸的藏族以及其他一些雜居於此的民族，在我聞來總有一種腥膻味兒的白色奶製品，至今仍是他們最好也最合胃口的食物。他們的生命至今仍與牛羊聯繫在一起。

那個秋日細雨綿綿，我在瀾滄江邊拜訪了著名的茨中教堂後，天已近晚，回縣城已不可能了，於是返回燕門鄉拖拉村，準備在那裏找個小旅館住上一夜，第二天再返回縣城。陪我去的藏族朋友、迪慶縣旅遊局副局長松金扎西邀我到他家吃晚飯，他說，早上途經拖拉村時，他已託人告訴了家裏。小村子，沒什麼好吃的招待你，他說，吃頓便飯吧。後來我才得知，事實上，爲了那頓晚飯，松金扎西的妻子扎西白追和老岳父阿增嘎聽說有遠客光臨，從早晨一直忙到下午我去的時候，還在忙。走進那個院子，一股讓我讓我饞涎欲滴的香味撲面而來。

拖拉村地處瀾滄江峽谷，從維西到迪慶的公路正好從村子中間穿過，貿然看去，外表上已沒有多少藏族的特點。深究起來，那正是當年溝通滇藏兩地的茶馬古道的必經之地。松金扎西家的房子，就在拖拉村離公路靠東幾分鐘路程的半山上。院子建在山上半塡半挖出來的一塊平地上，從公路邊看去，他家房子是那種土掌房式的平頂房，朝向公路的這一邊，如同湘西或長江邊某些臨江小鎮常能見到的吊腳樓，有無數根高高的腳柱。走進去，房子卻寬敞得讓我吃驚，分兩層，上下總共有十多間房子。院子裏種滿了各式花草和果樹，幽雅明亮，一派漢式庭院的風格。站在院子裏，能看到瀾滄江河谷裏滿滿蕩蕩的雲霧。我跟松金扎西開玩笑說，以後，你們家可以在這裏開一個瀾滄江茶室，或者叫瀾滄江旅館，招待八方賓客。

客廳跟廚房是連通的，足足有三十平米，靠北的一頭，一盆炭火燒得正旺，轉眼就把我從屋外雨中峽谷帶進來的陰沈寒氣驅趕得不知去向。一把擦得閃閃發亮的銅茶炊靠在火邊，熱氣蒸騰四散，發出溫馨美妙的滋滋滋的響聲——從錚亮的壺壁上，我看到了自己變長了的面影。我一進屋，松金扎西的岳父阿增嘎老人，就給我斟上了一碗熱呼呼的酥油茶，雙手捧著遞了過來。酥油茶我當然喝過，但在一位藏族同胞家裏做客，這才是第一次。那是一個木碗，滾燙的酥油茶仍然透過碗壁，把熱量傳到了我的手上，再一直傳到我的心裏。我試著跟阿增嘎聊聊天，款談家常，可他聽、說漢話都有一些困難。

吃飯了，面對滿桌佳肴，阿增嘎幾乎沒動過筷子。那是一桌漢藏口味兼俱的晚飯。問老人家怎麼不吃呢？阿增嘎忙說，不客氣，你吃你吃，多吃點，我喝碗酥油茶。松金扎西說，不用管他，他不喜歡吃這些東西，他就喝酥油茶，從早起來到晚上，他不停地喝酥油茶，每天要喝三、四十碗。在任何一個藏族家庭，一把用來裝酥油茶的銅壺，永遠都是溫熱的，就像它是永遠都倒不完的一樣。那小小的，閃著銅色光亮的壺嘴，隨時都會流淌出一股淡茶色的溫情，那是生命之流。阿增嘎偶爾也會吃一點糌粑——不過那只是聽說，那天我就沒有看到——他豎起幾個手指，撮一點糌粑粉，放進還有少許酥油茶的木碗中，淡茶色的糌粑粉在醬紅色的藏式木碗中被不斷地攪拌、捏攏、搓揉，最後變成一個麵糰，那就可以吃了，並不複雜。但即使那樣，也幾乎只是象徵性的，還得經他女兒扎西白追的再三勸說。事實上，那幾乎只是他用來搪塞兒女叮囑的一個托辭。

頓時，我想起了中甸史志中的那段記載：「凡藏族男女僧俗，但一見酥油茶，即如見父子、兄弟、夫妻、師友，其胸中已自悅樂；若一入口，則其辛苦、憂鬱、恐怖、疑惑完全冰釋，如飲我佛甘露焉。」

松金扎西說，這是個藏、漢、納西混居的村子，老岳父是藏族，早年還放過牧，他妻子卻從沒過過牧人的生活。這就是說，阿增嘎現在早已沒有了犛牛，也沒有了羊群，當然更沒有牧場，甚至他們都已很久沒到過牧場。但是，他們的日常起居，過的依然是典型的牧人的日子。

因而，我開始懷疑，在我的心目中，「牧人」這個概念是不是太抽象了？當我過於注重它的文化意義時，即使碰到一個道道地地的迪慶牧人，我也無法辨認；甚至，按照我腦子裏固有的那種「標準」的牧人形象，去套我見到的牧人，往往也會因爲他不符合想像中的牧人模樣而對他視而不見，最終與他失之交臂。

是的，一個以藏民族爲主的迪慶不可能沒有牧人，就像迪慶不可能沒有犛牛和藏馬。也許我在中甸縣城碰到過的很多人，都是真正的牧人。何況直到那時爲止，我還從沒去過一個真正的牧場。我當然沒有指望住在縣城裏、賓館中，會看見一個真正的牧人。但我一直只能遠遠地看上他們一眼，卻從來沒有面對面地看見過一個牧人的眼睛、鼻子和臉膛，沒有感受過他們的呼吸，也沒有聽到過他們的聲音；那時，作爲某片風景裏的幾個小小的黑點，他們無非是那片風景的點綴，那樣的風景與我在中甸其他地方看到的任何一片風景都沒有什麼本質的區別。也就是說，在到過中甸幾次之後，我腦子裏那個有關牧人的概念，依然還是一個概念，甚至還是一個印刷符號。

我突然發覺，那真是一個問題。爲什麼我如此地希望見到一個真正的牧人，卻一直見不到呢？到底發生了什麼事情，讓我與他們之間出現了隔膜？

想一想，情況當然非常糟糕——由於我所在的單位無法給我提供起碼的經費，每次去中甸，我都只能以作家協會以外的某個部門一員的身分前往，而那是需要做點實際工作的。我樂於在日常生活中不被當作一個作家，而以一個尋常人的身分出現，問題是，這個最普通的願望仍然難於實現，某些時候，我在地方幹部眼中成了來自省裏的領導，中甸的朋友也總是把我當作客人。我來去匆匆，時間安排得分秒必爭。中甸的幹部和朋友當然理解這種忙碌，他們抓緊時間不停地給我們「彙報」工作，介紹種種情況，然後盡其所有，熱情地款待我們。我在中甸的大部分時間就這樣被無休無止的應酬侵佔。即使到某些地方走一走，看一看，也是事先安排好的，有專車接送，吃飯有專人負責。總之，我們被禮儀包圍了。細想起來，真正隔開我與我渴望一見的牧人的，不是別人，正是我自己。

是啊，我應該到牧場去，而在中甸，牧場是到處都有的。

我第一次拜訪的，是碧塔海牧場。遺憾的是，我第一次到達碧塔海邊時，看到的，卻是牧人與牧場的分離——我見到了牧場，也見到了犛牛群，卻沒見到牧人。

進入碧塔海的路實際上可以分作三段，先是一道長滿了野櫟樹的峽谷，跟著是一片開闊的草甸，腳踩下去，常常能踩出一汪水來，最後，翻過一道山梁，才能見到碧塔海和它四周的草甸。送遊人進碧塔海的馬幫，通常就在那道山梁下臨近碧塔海的草甸上歇息，等待，直到遊人從「雲深不知處」蹣跚歸來。下馬後，我們沿著碧塔海邊的林間小路，一直往裏走——聽說那裏有一片美麗的景致。海拔已很高了，小路陡峭難行，我走得非常吃力——同行的還有一位女士，我必須顧及到她的速度。

作爲一個聲名遠播的旅遊地，碧塔海的五月仍然有著原初般的荒寂。遊人還在遙遠的城市裏打點行裝。杜鵑花的豔麗還在山外踟躕，除了碧塔海碧玉般的湖水，那道一年四季都浮動在天地之間的，淡藍色的水平線，碧塔海每年春天杜鵑花盛開時的「杜鵑醉魚」，以及種種明麗的景觀的出現，還有待時日。白雲遊蕩於湖水，寧靜鑲嵌於純樸，清洌的空氣散發著新鮮的微甜……但那顯然不是什麼牧場，只是一個刻意經營出來的，供人感歎唏噓的景點。

我們繼續往前走。那是一段穿行在碧塔海邊稠密的原始森林中的小路，忽高忽低，時有時無。海拔已經很高，走起來讓人氣喘吁吁。林間小路裏的視野漸漸變得寬闊起來，終於到了那個草場，我第一次在近處看見了那些犛牛，一共十四、五頭，自由地散佈在那片草場上——純黑色的，黑褐色的，黑白夾花的。一頭犛牛不耐煩地叫了一聲，似乎對我們的貿然打擾有些憤慨。沒有牧人，當然也沒有牧歌。四周一派靜寂。中旬的春天來得晚，儘管已是五月中旬，草場還沒有真正轉綠，淺淺的綠色中還夾雜著無法遮掩的枯黃。四周山林的樹枝上，只有星星點點的新綠，它是那樣微弱，那樣稚嫩，多看幾眼就叫人心疼。如果能碰到一個牧人該多好啊！但是，沒有牧人。

我相信他們就在附近，在某個我們看不見的地方，注視著我們的一舉一動。我再一次強烈地希望見到他們，無論是誰——一個威武的康巴漢子，或是一個臉頰上有兩塊太陽斑的藏族女人，都行。我想問問他們，那是你們家的牛群嗎？哪是犛牛？哪是犏牛？牠們都有名字嗎？母犛牛一季能擠多少奶？一個牧季能打多少酥油？你們的家呢，在哪裡？遠嗎？放牧辛苦嗎？你們晚上住在哪裡？夜裏冷嗎？要升火嗎？在牧場上你們吃什麼？……沒有回答。

當然沒有回答。一個匆匆忙忙的旅遊者，不會有時間去尋找牧人，只能坐在草地上，盡情享受和煦的陽光——我們只是一個旅遊者，跟眾多的旅遊者沒有兩樣；只能裝模作樣地擺出各種姿勢照相，我們照了不少相，爲了照相效果的需要，爲了營造出一個背景，同行的一位年輕朋友費了很大的勁，特意把犛牛吆喝到靠湖岸的這一邊，讓我們能拍下整個碧塔海和犛牛。犛牛是溫馴的，任我們驅趕調遣。我們就在那樣的悠閒中，被碧塔海的太陽曬得跟那些犛牛一樣暖洋洋的，根本不想動彈。我甚至沒想過那些犛牛是誰家的，牠們到底是犛牛呢還是犏牛。總而言之，那是個只有牲畜沒有牧人的牧場。

如此，儘管我在那裏留連多時，我也只能感歎它的美麗，而那樣的感歎是輕浮的，空洞的，蒼白的。我漫步，臥坐，甚至四仰八叉地躺在草地上，看天上的雲朵如何白雲蒼狗。一個走馬觀花的旅遊者的目光，往往是旁觀性的，粗糙的，輕佻的，沒有份量的。所謂「賞心悅目」，往往產生在還沒有深入到那片土地的生存狀況之前，那樣的打量，很難在我們的心中留下真正深刻的印記。

我沒想到，碧塔海四周的草場，在熬過了漫長的冬天後，正是牧人眼中最好的春季牧場。事實上，在碧塔海四周的草場上，隨時都有可能踩到一攤地雷般的牛糞，也隨時都有可能遇到一群嚇人的牛虻或是蚊蠅，也隨時都可能看到一團牧人留下的火的遺跡——那一切才是生命存在過、奮鬥過的見證。有了這種視點，有了對這種實存著的生活的近距離的觀照，碧塔海超然的美，才變得真實可親，我們對生活在這種環境中的人們才會有一種真正的理解，才會明白，在那樣艱難的環境裏，生活在那裏的人們有著怎樣一種寧靜的精神世界，怎樣一種和諧的自然哲學，才會明白，人對大自然的索取應該處在怎樣一種適當的程度上，才不會構成對後者的破壞，人，才能在更長久的意義上，與養育了自己的大自然和睦相處。

那年九月，在離中甸縣城一百公里的翁水河邊，我看見了牧人，卻沒有看見牧場。

爲了考察中甸碧壤峽谷，即如今中甸所說的「香格里拉大峽谷」，那天我們驅車一百餘公里，經格咱鄉，翻越小雪山丫口，於中午時分到達翁水河邊，並由那裏開始進入碧壤峽谷，然後一直沿著翁水河往東走——聽說碧壤峽谷的深處有個海子，海子邊就是一個很大的牧場。陪同我們的當地朋友說，翁水河就是從那個海子流出來的。在藏語中，碧即海子，壤爲天上來的。那麼，所謂碧壤，就是天上的海子了，或是天上的牧場了吧。

秋天剛剛到來。從峽口開始顯露的斑斕與通透，帶著某種沈思的性質。碧壤峽谷幾乎在時間之外，它正在音樂聲中思考——河水從東邊流來，把雪山的沈鬱與凝重，彈撥成歡快的藏式弦子，就在我身邊起伏波動，一如來自天外。夏天，當雪線在遙遠的天際漸漸升高，漸漸模糊時，峽谷裏卻有另一條閃閃發亮的線，隨著夏季的臨近而日漸粗壯明亮——那就是翁水河。那時，當格薩爾的悠遠吟唱在河邊飄蕩，杜鵑花已凋謝得無影無蹤。牧人把牧鞭揮向高山牧場，飄落在廣闊草甸上的牧歌如花綻放，峽谷裏卻一片沈寂。

秋天終於到來時，峽谷日漸消瘦，日漸暗淡。夏日生命的熊熊燃燒已是尾聲，作爲那場痛快不已的燃燒的餘燼，峽谷兩邊的峭壁上，林木雜樹正在變紅。下霜了。偶有一片落葉——枯黃的，淡褐的，暗紅的，或說不清是什麼顏色，既是所有顏色的摻合又不屬於任何一種顏色的——從極高的地方飛旋而下，飄落，飄落，就像以「一葉飄落萬山秋」的古典詩句演繹出來的現代卡通。富有的大山此時似乎一無所有，除了色彩與水聲。陽光從天庭直射而下，陰影失去了方向。那是正午，人在峽谷裏行走，眼睛與心靈時時經受光與影的神奇變幻——夏秋之交色彩的曖昧，正像晝夜交替的黃昏，即便智者的眼睛，也難以分辨陽光與陰影的界限。生命處在明暗劇烈交替的瞬間，陰陰陽陽。一切都沈沈欲睡，包括陽光本身。最好是找一片濃蔭，讓紛紜雜亂的思緒做一次重頭開始的選擇。遠處，森黑或赤紅的山崖屏風般佇立，那或許就是入口——通向牧場，也通向沈思。

一直走，一直走。一公里，兩公里，沒有碰到一個人——一個旅遊者的最大悲哀就在這裏：見到了風景，卻見不到那片風景的主人，當然也就見不到那片土地釀造出的生活。如此回去，我當然也可以對人誇口，說我某年某月到過碧壤峽谷，那裏的風景如何如何。但那片風景在我心裏是空的。走進去差不多四、五公里了，時間已是下午兩點多鐘。直到我們再也走不動了，直到那天剩下來的時間僅僅夠我們趕回縣城，我們才停下來休息，享用預先帶來的乾糧。

卓瑪就在那時走來，作爲一匹白馬的先導。白馬的後面，是卓瑪穿棗黑衣服的奶奶——如果那是她奶奶的話。那時以及後來，我都不知道她是不是真叫卓瑪。卓瑪是我爲那個藏族女孩取的名字。陽光把她們映照得通體透亮，閃閃爍爍，猛一看，就像從天上飄落的三片樹葉。在秋天的碧壤峽谷數以萬計的斑斕落葉中，她們是最樸素的三片。風緩緩吹動著，一片紅，一片白，一片黑。樹葉掛在峭壁的樹枝上，她們掛在峽谷裏的小路上。他們散步似地走了出來，緩緩地，輕鬆自若地，從峽谷深處。卓瑪，頂多只有七、八歲，見了我們，紅撲撲卻又髒兮兮的小臉上滿是羞澀的笑容。

小卓瑪側身而立，站在我的想像之外，似乎也站在時代之外。對香格里拉而言，那是一個平常不過的時刻裏的一個平常不過的場面，單純，卻意韻悠遠。一個叫卓瑪的紅衣少女，和她手牽的那匹白馬，站成了一則寓言。喧囂與她無緣。她笑著，安靜，靦腆，稚氣。風拂動著她的短髮，也梳理著她的目光。紅黑相間的線衣早穿舊了，說不上是什麼顏色的長褲，一雙顯然不大合腳的布鞋，與城裏那些富有得滿身名牌的孩子，完全是兩個世界。可她的笑谷多麼燦爛！最純樸的，往往也最美麗。

卓瑪的奶奶一身藏式打扮，棗黑上衣，氆氌圍領，下裝是一條圍裙，褲腳紮得緊緊的，穿一雙軍黃色的膠鞋，是趕山路的模樣。牧場已在她們身後，山路還在她們腳下。不知她們在山上住了多少日子，整整一個春天，再加整整一個夏天？不知道。衣服已斑斑駁駁，就像秋日裏的碧壤峽谷，純淨的只有卓瑪和那匹沒有雜色的白馬——不知在牧場上，那匹白馬是不是也屬於她？對一個本該在學校讀書的孩子，放牧當然艱辛，卻讓她懂得了什麼叫承擔——在她身外的世界，那是一種正在消失的品格，不僅僅對於孩子。

當你想像在晨曦初露，或夕照如金的傍晚，卓瑪牽著她的那匹白馬從牧場上走過時，你不能不爲她既擁有大自然又擁有她自己創造的生活感到慶幸。承擔自是重負，而作爲補償，她贏得的將是完整而又高尚的心靈。城裏人呢？除了奢華，他們講究的還有智慧——蹩腳的、自私的智慧。而時代真正缺少的，正是心靈，智慧則多少有些「過剩」。馬背上馱著的兩隻口袋鼓鼓囊囊，女牧人說，那是在牧場上打好的新鮮酥油，一餅能爲他們換回一百元錢。如果想到每一餅酥油，都融進了她們在牧場上度過的一段艱辛時光和誠實勞動，那個價錢未免太低。大眼睛的卓瑪沒有說話，可我相信，將來她終會發言——面對整個世界。此刻，她一任馬韁輕垂，彎成一道反扣過來的虹。那是她與那匹白馬的神秘聯繫，美麗而又實在。高山牧場的牧草和露水，把那匹白馬餵養得膘肥體滿，體態矯健，淨白的皮毛隱隱泛著油光。

那是些什麼樣的牧草啊，一位藏族朋友告訴我，別小看了迪慶的馬和犛牛，在人跡罕至的高山牧場上，牠們甚至能吃上蟲草和雪蓮。當城裏人用各種名貴中藥配製的保健口服液祈求長壽時，高原牧人只要喝喝酥油茶，就得到了城裏人夢寐以求的天然保健——誰能說酥油茶裏沒有蟲草或是雪蓮呢？何況，那裏面還有小卓瑪的心血，她餵給犛牛的善良與希望。

我們跟她們打招呼——喂，老人家，走累了，歇歇腳吧！她們聽懂了我們的漢話——在多民族聚居的中甸，大多數藏民都能聽懂漢話。我們遞過去我們帶的麵包和礦泉水，她們收下了，卻並不急於享用，只是跟我們說話。我們遞過去我們帶的麵包和礦泉水——能與她們一起享用午餐，是我們的幸運。原來她們真是從很遠很遠的高山牧場下來的。三個多月前，她們去到那個牧場，那裏有她家的三十多頭犛牛，那時那匹白馬還有些瘦弱。青稞快吃完了，新製的酥油也該及時送下山，於是那天一大早，她們打點行裝起程回家，只留下她的丈夫在牧場照看牲口。一路上她們幾乎沒有碰到過什麼人——除了我們。

哦，她就是牧人？一個女牧人，再加一個小牧人？我真有點兒不信。我一直在尋找牧人，尋找我想像中的牧人，剽勇，浪漫，臉上灑滿了高原的陽光，周身飄蕩出濃郁的山野的氣息。她卻樸實，憨厚，身材矮小，相貌平平，毫無浪漫可言，也無驚人之處，她身上，沒有一絲一毫原先我想像中的牧人的影子，更別說把她跟小說和詩歌裏的牧人聯繫起來了。看來，牧人從來都不會生活在小說和詩歌裏。她渾身透露出來的，都是一種家常的氣氛。但那並不妨礙她做個牧人，一個道道地地的女牧人。如果她沒有向我們講述她的毫無新奇之處的故事，如果她身邊沒有那匹白馬，如果那匹白馬身上沒有馱著兩隻鼓鼓囊囊的大口袋，她看上去就像我在中甸縣城的某個街頭碰到的任何一個藏族女人，一個偶爾出了一趟門的藏族家庭婦女——也許是去自家的地裏拾掇了一下菜園子，或是去鄰居家串了一趟門兒。幾個月的放牧生活，並沒有讓她擺脫那種家常的日子。後來的交談更讓我吃驚——原來我把她叫做老大媽是犯了一個絕大的錯誤——她還不到五十歲。卓瑪，那個女孩，只是她最小的孩子，開頭，我卻以爲那是她的孫女。如此說來，她是操勞的，她臉上的皺紋，分明刻寫著生活與歲月的滄桑……

我們向她打聽路程，問她到那個大牧場還有多遠。她說，你們要做什麼？我告訴她，我們想去那個牧場看看。她用懷疑的目光審視了我們半天，然後說，遠哩，你們走不動的。我問有多少路，她說，你們今天怕是走不到了，還有二十多公里的路程——我們就是從那裏下來的，走了整整一天，你們還是明天再去吧！

我的天，還有這麼遠？我們一聽就傻了眼。

卓瑪和她的阿媽，還有那匹白馬，一起向峽口走去——三片樹葉飄向了遠方。

望著卓瑪，望著一老一小兩個藏族牧人漸漸走遠，我想，什麼時候，我才能去到那個「天上的牧場」，與卓瑪一起，與牧人們一起，學會承擔高原的每個日子，學會品味高原上悠長的時光？不知道。我渴望著，但我知道，此生我很難再見到她們。想到這一點，我突然有點兒惆悵……

牧人的海

風雪彌漫，天地渾沌——在四月，在四月的中旬。跋涉在去屬都海的路上，雪落無聲，世界已相當遙遠。腳步深深淺淺，探問著那片意識之外的天地。原始森林悄然肅立，一望無際，除了我們，沒有人影。就像在另一個星球，那裏沒有時間，也沒有歷史，一如洪荒。屬都海在哪裡？離我們還有多遠？不知道。對兩個在風雪中跋涉的人來說，它純粹是個幻影，渺茫如驟降的風雪。行嗎？我問陳墨。還行，他說。害怕嗎？跟著你，怕什麼？他說，餘音任雪風刮向半空，話語被割斷了尾巴。風過處，雪從雲杉樹枝頭竦竦飄落，如群鳥驚飛，從容中顯得美麗而又蕭瑟。雪越下越大，上帝在掩埋它的道路。林區公路年久失修，高低不平，坑坑窪窪。積雪盈尺，潔淨，耀眼，微微泛綠。低窪處的積水已結成薄冰，踩上去嘎吱嘎吱亂響，世界彷彿正在我們腳下碎裂。路溜滑難行，不知是開車的小周說得太輕鬆，還是我剛才太衝動，太冒險，那段據說只有幾百米的路，轉眼間便魔術般地變成了幾公里、幾十公里。事已至此，後悔無益。我不想失去這個機會，從一開始我就這樣想——多年來我一直盼望著這個時刻。在某種意義上，我甚至盼望著在風雪中迷失。迷失於荒原。迷失於風雪。迷失於森林。不過，我把最壞的估計最壞的打算藏在心裏，不想讓它傳染給陳墨。

機會來得確實有些意外，儘管我夢想已久。原先我只想陪他去碧塔海看看。可站在通往碧塔海的峽谷口，突然聽到有人對我說，我們是不是去屬都海？聽到屬都海這個名字，我想我的機會到了——在迪慶香格里拉，在那個靈息吹拂的地方，一個凡人的幾乎每一個真誠的夢想，那些深藏於心的，看起來虛無縹緲的願望，似乎都在蒼天的默默注視與理解之中，都會在某個時候突然變成事實。那我們就走，我說。

早晨從中甸縣城出發時，天陰沈沈的，雨雲低垂。昨夜下過雨，看樣子今天還要下。夜裏，一些地方甚至下過雪。縣城四周的山山嶺嶺，那時淡得只剩下一些模模糊糊的影子——那是四月，中甸竟然霧氣彌漫，視線驟然變短。中甸的四月雪是奇妙的，奇妙得就像「四月雪」這個字眼本身。它說來就來，說走就走。四月飛雪，即使常在中甸的人也難得一見。小周那時說。昨天去白水台時，我們事實上是在白雪皚皚的曠野裏穿行。鄉村公路兩邊的森林，積雪披覆，如同冰雕玉塑。積雪把山坡上一座座小窩棚壓得更加低矮，夏天，採松茸的人們就在那裏居住，他們從大山裏採回來的松茸，改變了他們的生活——作爲山珍，那些看上去並不起眼的野生蘑菇，將在二十四小時內用飛機運往日本或東南亞，爲他們換來鉅額收入。

在雪白的背景上，幾間屋頂上的淡藍色炊煙，緊貼在屋頂上一動不動——一個巨大的屜籠，正在蒸製、孵化的夢，很快就會成熟。那些嶄新的夢屬於那些手持轉經筒，一路磕著長頭走向喇嘛寺的人，我似乎聞到了它的香味。我們在那裏打開相機，與藏族同胞的夢境合影。從白水台回來時，陳墨問我，我們走的不是原來的路嗎？他的問話讓我奇怪。我說怎麼不是，我們走的就是原路。更奇怪的是他說：那我們早上看到的雪呢，哪去了？小周回過頭來說，雪都化了。仔細一想，也難怪陳墨這麼問，僅僅幾個小時，從白水台回來時，我們看到的又是一片鬱鬱蒼蒼的森林。那就是中甸的四月雪。

於是，從一開始我就對那天到底能不能進碧塔海心存疑問。如果今天去不了，我們就沒有時間了——我是特意陪陳墨去的，他對滇西北心儀已久，專程從北京而來。為此，我把原定在五月的一次中甸之行，提前到了四月。有了昨天的經驗，我想我們今天只能去碰碰運氣，也許等我們騎馬進到碧塔海時，雨會停呢？進入碧塔海的路口，那片開闊的草地上，已停了好幾輛車，一些靠騾馬運送遊人掙幾個小錢的藏民正圍在那裏與遊人大費口舌——不是為錢，而是為到底今天能不能進碧塔海。他們說這樣的雨根本算不了什麼。儘管他們尖嘴利舌，遊人們還是在猶豫著，不敢貿然前往。

我走過去時，雨下大了，幾個藏民圍了過來，彷彿發現了一個新獵物。小周說，這種天氣，進去將近兩個鐘頭的路，肯定會淋得透濕。你們都穿得單薄，萬一被弄病了……我躊躇著，陳墨說，我聽你的。要不我們去屬都海吧！小周說。我一聽喜出望外——能去嗎？我們試試看吧！小周說。他姓周，是中甸縣臨近金沙江地方的人。矮矮的個子，人非常和氣。路上我曾問他屬都海有多遠。他說，從去碧塔海的路口再往裏走，還有十多公里路。那時我還沒想到要去屬都海，雖然我一直想去。我知道屬都海是碩多崗河的源頭，我心儀已久。可在我的想像中，屬都海似乎是一個高懸於天上的湖，就像在碧壤峽谷裏聽說的那樣，位置在在某座雲霧繚繞的千年雪山之下。在我多次對中甸的遊歷中，主人從沒有主動說起過讓我們去看看屬都海，那讓我更加感到了屬都海的神秘與遙遠，或者，是因為去屬都海的路非常難走。小周說，車路不大好走，但車可以一直開到海邊，這樣你們就不用走太多的路，少淋點雨。他善解人意，想得周到，我們當然同意。

從進碧塔海的山口到屬都海的十多公里路都是早先的林區簡易公路，坑坑窪窪，相當難行。車走了不遠，竟然下雪了，飄飄灑灑的，一會兒又停了。我暗自高興——到中甸好幾次，春天，夏天，秋天，從沒在冬天去過，也從沒見過中甸的雪景，那個願望終於在昨天得以實現。天意神授。能在大雪紛飛的四月去看屬都海，更讓我喜出望外。路越來越險峻，車彷彿在跳迪斯可。從遠處看，許多地方的路實際上只是在山崖上鑿出來的一道窄窄的斜坡，坡面向山下傾斜，大雪讓它一片灰白，讓人擔心車開上去會滑到下面的山谷裏去。我們的車在山上盤繞，油門拼足了勁地轟鳴著，衝上了一段又一段陡坡。有時候，車的前方完全是一片白茫茫的雲霧，似乎再走幾步，就會連車帶人一起滾下山崖。我的雙手緊緊地抓著車上的把手。十米……五米……兩米……一米……就在眼看要衝下山去的一剎那，車突然一個拐彎，掉頭往另一個方向駛去。茫茫雲霧，轉眼又被我們拋在了車後。我擔心的危險當然沒有發生，不過我緊抓著車把手的手心，已一片潮濕。

車開始進入林區。兩邊巨大的雲杉樹，早已變成了「雪杉」——連飛瀑一樣從樹上懸掛下來的樹鬍子上，都掛滿了雪，彷彿童話中某個古老王國中的人們一夜白頭。路儘管越來越難走，但危險卻沒有了——四周森林懷抱，路再難走，也不會衝到懸崖下去。雪越來越大。數米之外已看不見東西，只有一片灰白。巨大的雪片，在原始森林暗綠色的背景上，顯得分外晶瑩。它們在空中跳著輕盈的舞蹈。我的擔心卻在這時出現了——即使我們進去了，要是雪一直這樣下，到時候是不是出得來？但我沒敢說。

到了一個陡坡處，周師傅說，車不能再下去了，路太滑，下去了說不定就再也上不來。你們只能走路去了。我問還有多遠，他說大約還有五、六百米。於是我們下車步行。

走了不遠，就在路邊，透過雪的帷幕，樹林的縫隙，終於看見了屬都海的一角。那當然不是我想像中的屬都海——沒有陽光下閃閃發亮的草甸和湖水，沒有在草甸上靜靜覓食的犛牛，當然也沒有悠揚動人的牧歌，就像我在碧塔海看到過的那樣；甚至，那也不像是真實的、可觸摸的景致，倒像是一幅藏於深山，難得展現在世人眼前的淡淡的水墨，湖岸，林樹，湖水，倒影……一切都只是一個影子，雲霧縹緲，雪幕茫茫，那片土地虛幻得叫人想起煙籠寒沙中的柔弱江南，或是神話傳說中的天宮玉闕；然而它是那樣真實，真實得盈滿了非人間的詩意，和一種具體到能調動人全部感官的質感——雲霧牽動著我的思緒，雪花飄落在我的臉上，湖風一直吹進我的懷中，高山落雪時那生澀而又微微有些發甜的氣息，灌滿了我的心胸。這樣一個屬都海，除了牧人，塵世中的人不會有幾個人見過，我突然感到我是幸運的——最美妙的風景，總在人最難到達的地方。

那也不像是屬都海的主要水面，視線所及之處，能看見一道橫亙於天際之間的大堤，難道那裏還有水壩？大堤以外，是一片更爲開闊的、終止在一座渾圓的山體前的湖水。雪幕之下，山和湖水都一片灰白。真靜啊，能聽到雪花飄落在草甸時那沙沙的輕響。

我們加快了腳步，幾乎是小跑著，從鄉村公路上一直往湖邊的草灘衝去。到了，腳上的皮鞋似乎已陷入其中，這就是屬都海的草場嗎？泥土被雨雪浸泡得一片酥軟。雪花把整個草甸變成了一個巨大的圖案，那圖案是不是大有深意，我還來不及考慮。沒被雪花覆蓋的地方，看得見暗綠中略帶枯黃的草甸，那大概就是牧人們放牧的地方，但眼下我們卻沒看到一匹牲口。我們繼續朝湖邊走去，很快，我們就在湖邊發現了兩幢木楞屋。我驚喜地大叫起來——在我心裏。在如此高的地方居然還有人居住，實在讓人意外。我想我或許能就著香氣撲鼻的酥油茶，圍著通紅的爐火，與某個牧人聊天了。

漫天飛雪，密集，灰暗，就像一幅巨大的、正在紡織中的布幕。天光遠遁，世界處在一片明滅不定的、目光無法穿透的灰白之中。那是四月，屬都海草場還在春天之外，離完全從冬日的沈睡中醒來，尚需時日。雪落草甸，寂靜無聲。細看才能發現，這裏那裏，有幾絲嬌弱的淡綠，標識著季節緩緩的腳步，已在那裏行進。狗叫聲驟然響起，在空曠的湖邊，顯得遙遠而又逼近，企圖以此判斷聲源的確切位置是徒勞的。突如其來的狗叫聲，把迷濛的飛雪攪得更爲紛紛揚揚——至少我感覺中是那樣。那聲音是威嚴的，似乎在警告著那片寂靜的不容驚擾。

我一驚——那樣嚇人的吠叫，與整個屬都海的寧靜、平和完全不和諧，卻讓人更深地陷入無邊的寂靜之中。在那樣的寂靜的深處，人只會感到某種無力與無助。聲音卻在不斷地傳來，以一種比先前更爲懾人的氣勢。那是一種極具穿透性的聲音，似乎在發出之前，就被撕成了銳利的碎片。在那樣的聲音中，整個屬都海和四周的山峰似乎都在震動。回聲很快就傳了過來，從四周那些肉眼難以企及的雪峰之下——那當然是我想像中的雪峰，事實上，那時我什麼也無法看見，除了雪。我陷入了那種聲音和那種聲音造成的恐怖的包圍之中。

屬都海會以那樣的禮遇歡迎我，我完全沒有料到。我站住了，靜觀事變。但我隨即想到，有狗的地方必有人，於是那讓人驚恐的狗叫，又讓人分明地感到了一種鮮活的生命的律動。我渾身一震。是的，一定有人——所有這些念頭，都是一剎那間的事。也就在那一剎那，幾條兇猛的藏狗，撕裂了瀰漫在整個空間的灰白的雪幕，向我們猛撲過來，深黑色的身影像一支支箭鏃。我想，糟了，我碰到藏狗了！

我早就聽說過藏狗的厲害，就在那天之前不久，還在一本舊志書裏上讀到過對藏狗的描述。但在中甸，我還從來沒有碰到過牠。據云牠體型碩大，性情兇猛，由於牠奔跳敏捷，縱撲迅猛，非主人一般難於接近。常年在牧場上勞作的藏民，大多都會在住家和牧場養上一兩隻藏狗，以守院護畜。清康熙五十九年，即西元一七二〇年，江蘇青浦縣人杜昌丁作爲解職雲南總督蔣陳錫的幕賓，隨蔣陳錫經大理、麗江進藏路經中甸時，就曾領教過藏狗的厲害，後杜昌丁在其所著的《藏行紀程》中「辛丑二月二十六日」一則中曾經寫道：

「二十六日稍晴……至營官所居之右，忽一蠻犬猙獰跳舞，幾被所嚙。中甸之犬，高者數尺，聲如虎，嚙人頸，無生理，古宗畜者，見漢人即嚙，有爲漢人所買，即嚙古宗，視所畜不視種類也。」

字裏行間，足見在所有的狗中，那是一種何等兇猛的種類，而藏狗對主人的忠誠，也屬世間少有，除了豢養牠的主人，幾乎是見生人就咬。在中甸，藏狗事實上已是牧業生產不可缺少的工具。五、六十年代，中甸藏民自家養的藏狗，曾像人一樣地有定量的糧食配給，每隻藏狗每年的口糧可達數十公斤。直到一九九〇年，中甸全縣大概還養有藏狗一萬餘隻。但直到那天爲止，我還從沒領教過牠的厲害。哪想到會在屬都海與牠遭遇呢？

兇猛的狗叫讓我大吃一驚，我站定了，就在那時，那幾條藏狗驟然放慢了腳步。驚魂稍定，我才發覺狗是被鐵鍊拴著的，鐵鍊又固定在插在草地上的一根竹竿上，竹竿的頂端，一面三角形的灰白色風馬旗，正在飛雪寒風中微微飄蕩，落滿塵埃，卻飄動著絕塵的信念。狗們似乎要用牠的全身力氣，把那瘦弱的風馬旗竿拔起來。然而牠終於沒能掙脫那看上去非常單薄的鍊子，要不牠們早就衝到了我們跟前。但即便如此，牠們還是在拼命地咆哮著，爲牠們失去的自由大爲惱火。

牧人是在不聲不響中出現的。他們從木楞屋裏悠然走來，懷疑的目光透過紛紛揚揚的雪片，把我們上下打量。他的侍從——那幾條藏狗依然不屈不撓，鐵鍊被它們粗壯的身子拉得嘩啦啦響。看得出來，主人對狗的狂吠並不怎麼在意——也許他們已經習慣了——我沒有看見他下令制止那些狂怒的藏獒停止牠們叫人心驚膽戰的狂吠，也許他以爲他早就採取了措施，那些服務於他們的畜牲不可能傷害人。

他向我們走了過來。不知是不是因爲下雪路滑，他走得很慢，顯得動作遲緩，謹慎小心，看上去有些老態龍鍾。實際上，剛才我們踏上湖邊那片土地時，路並不算滑，還沒完全返青的草地上鋪了薄薄一層雪，新雪是不滑的。走近了我才發現，那是一個魁梧壯實的康巴漢子，身子不算太高，長得非常結實。他穿一件藍色的厚棉衣，外面罩著一件茄色的領褂，紮著綁腿，顯得十分精神。一頂骯髒的翻毛羊皮帽子，低低地扣在他的前額，遮住了大半個腦門，讓人只看得見他那張被凍得通紅，顯得很小的臉，以及他那張像奔馬一樣呼著白氣的嘴——看上去，他就像一台正在緩慢移動著的古老的蒸汽機。

就在我注意他時，從另一間木楞屋裏，也走出了一個藏民。他的個子小多了，完全不像我想像中的牧人。

我遞給他們一人一支煙，卻難於爲他們把煙點著——風雪太大，打火機的火苗弱不禁風。文明世界的現代用品，受到了荒野的嘲笑。寒喧在藏獒的吠叫聲中開始，意境悠遠。牧人告訴我們，每年春節之後，牧民就會把牲口邀上牧場。今年，他們是第一批到屬都海放牧的牧民，沒想遇到了四月的風雪。這叫他們感到意外——四月的屬都海，已多年沒下過雪。而眼下，狂怒的風雪正在我們身邊呼嘯。不遠處，風雪中那間低矮的小木楞屋，作爲一種背景，正在我的視線之內。屋門口的一角，有一台滿是泥濘的手扶拖拉機。牧人說他叫丹增，跟她的妻子一起在屬都海牧場放牧。他邀請我們去他的小木屋裏坐坐——那正是我夢想的，在很多時候，一個人成全另外一個人的夢想，竟是那麼容易。

我們走了過去，新雪再次在我們腳下吱吱作響。

用山藤山草編織成的籬笆門，泛著淡淡的青色，低矮，卻厚實，給人一種溫暖的感覺。問題是我這樣身高一米八的大個子，必須彎下腰，才能撩開那扇形同虛設的籬笆門，走進那間屋子。小木屋比我預想的要大得多。沒有電燈。屋子裏，靠南的一個火塘正在熊熊燃燒，嗶嗶剝剝。牆壁的上半截是空的，濃煙正從那裏逃向曠野，四野的雪光也從那裏透進來，驅趕著屋子裏的幽暗。圍著火塘坐下來不久，我的身子就暖和起來。

丹增依然沒有脫下他的帽子。一切文明世界的禮節都與他無緣。那是他的家。他是自由自在的，以一種牧人的浪漫方式。他在火塘邊盤腿而坐，就像喇嘛寺裏正在念誦經文的喇嘛。肉身只是皮囊，佛自在他心中。身後，一個深褐色的舖蓋捲，他說那是他們自家手工擀的毛氈，用的是羊毛和犛牛毛。在我眼裏，那是一片被捲成了一捲的土地，一捲香格里拉的土地——土地生長牧草，牧草養育牛羊，正是牛羊身上的皮毛，做成了那些毛氈。土地給了牧人一切，從糧食、奶酪、衣物、被褥到夢想與愛情。

到了晚上，那片捲起來的土地舖展開來，也就舖開了一個夢，供他和他的妻子楚姆拉姆享受夢境，進入溫存之鄉。小說和電影中被反覆描寫的浪漫情懷，那些讓城裏人夢寐以求的，必須付出大筆金錢才能得到的享受，露天宿營，野餐，風雪中的相依相偎，星月之下的卿卿我我，熊熊爐火邊的耳鬢廝磨……只不過是丹增和他妻子每天的日常生活，要說那是享受，他們幾乎每天都在享受。問題是，我們從不願意承擔那必須付出的代價，也不知道他們勞作的艱辛，烈日，風雨，以及在眼前這樣的天氣裏，那不

屬都海

秋風一夜，盡染千山。夕陽下的屬都海悠然如夢，每棵樹、每滴水、每道光影、每道波紋，都有流金溢彩的華麗。

斷撲來的冰雪。當我們真的面臨著那種選擇的可能，可以在大自然裏無拘無束地生活時，我們常常會因爲懼怕那樣的勞作而卻步，寧願退回我們那日復一日重複著的庸庸碌碌。比如眼下，我竟懷著一種莫名其妙的悲天憫人，猜度著丹增和他的妻子放牧生活的艱辛。我想，所謂相依爲命，大概就是如此——那時我猜想他們是一對孤苦的老人。不過我沒吭氣，直至後來我才發現我完全錯了。那不是被迫，而是一種選擇。一個牧人，至少還有選擇的權利，也有選擇的勇氣。

隔著火塘，我就坐在丹增的對面。當我意識到，一個牧人就在我的對面，我的眼前，我幾乎能聽見他的呼吸聲時，卻依然如同夢幻。我看著他，靜靜地。風雪在牧屋外面呼嘯，忽遠忽近。丹增瘦削紅潤的臉，臉上深褐色的太陽斑，額頭上深深淺淺的皺紋，都讓人無端想起高山草甸上彎彎曲曲的小路——它們的顏色會隨著季節的變幻而變幻，或綠，或黃，或白，即使在天氣晴朗的日子裏，它們也只能在草叢中延伸，以它們的細弱和那種與土地密不可分的親近，跟那些通衢大道、十里長街嚴格地區分開來，也與我生活其中的那種現代文明嚴格地區分開來。直到那時我才看見，那間小木屋分成了兩間。小的那間用來關小牛和豬，大的一間住人。丹增說。屋裏有輛單車，鏽跡斑斑。火光閃動。靠火塘這邊的木楞屋牆壁上，有兩層木隔板，上面零零碎碎地放著各種雜物，佛像，馬燈，酒瓶，碗筷，一些大大小小的空玻璃瓶，一架小立體聲收音機，一條已經抽了一半的春城香煙，一個估計是裝著米麵的布口袋，以及一個臨時家庭所需要的所有零七八碎。火光在小牧屋正中映出一團奇異的桔紅。青㭎栗木條子在火塘裏嗶剝作響，柴條子上，灰白暗綠的苔蘚滋滋兒冒著熱氣，怪異的香味沁人心脾。火塘正中的鐵三角上，坐著一口大鋁鍋，那裏面煮著犛牛的晚餐。旁邊有一個銅茶炊，還有一個小土罐，乳白色的湯汁一直在土罐裏翻滾，水汽四散，香味撲鼻。問他煮的什麼，丹增說那是豬肉，是他們今天的晚餐。是從山下帶來的？我問。丹增回過頭去，指著分隔兩間屋子的隔牆上方，那裏掛著幾隻醃製過的豬腿和豬肉，薰黃色，悄悄地顯示出某種富足。即使在這個遠離人群的草場，生活的律動依然有條不紊，怦然有聲。

我不停地添著柴火，把燒得只剩半截的青棡栗柴往火塘中間塞，也想讓自己真正進入那種牧人的情境。青色的煙縷升上屋頂，然後彌漫四散，從小屋四周的縫隙裏飄向高原上風雪肆虐的天空。我與丹增的交談就在煙霧與撲鼻的肉香中進行。我問他是不是一個人來放牧的，他說，不，是跟妻子一起來的。妻子叫楚姆拉姆，今年五十五歲，那天清早起來——那時還沒有下雪——就邀著牛羊出去放牧了。於是，隨著他的話音，我們開始知道他的家。原來他是中甸縣城附近峽溝鄉三村人，今年五十九歲。以前他當過生產隊長，那是他作爲一個藏族漢子，在權力上達到的最高境界。他的大女兒、大兒子都在家務農，三兒子在中甸縣青稞酒廠工作，小兒子在中甸縣印刷廠工作。我掩飾著我的驚訝。我最初以爲他和他的妻子是一對孤苦老人的猜想，完全被粉碎。看來，這間小小的牧屋，只是一個完整的藏族家庭的延伸部分，它的本體，深藏在峽溝鄉三村某座不爲人知的藏式屋子裏。

我去過那樣的屋子，粗大的中柱，神龕，火塘，木地板，木門，木窗，幾乎是全木結構。這個暫時從那個母體分離出來的「小家」，在我們看來似乎非常孤獨，在風雪彌漫的四月，他和他的妻子正在忍受著寒冷，似乎也在忍受著孤獨與寂寞。然而，那就是丹增和他的妻子楚姆拉姆選擇的生活，他們完全可以依靠兒女供養，在家安度晚年。我不知道他們出來放牧，到底有多少理由，但其中有一條恐怕是無法回避的，那就是他們已經習慣了那樣的生活，牧人的生活。放牧，在很大程度上已經不是生存的必需，卻是他們生命的必需。那一刹那，我似乎明白了生存到底是什麼，生命的頑強又意味著什麼。

他說，他已有四十年的放牧生涯。現在他家有四十頭犛牛，十多頭豬，還有一些羊；這間放牧用的木楞屋是四年前建起來的，每年春天，當風雪還沒完全退去，他們都要在這裏度過一段陰晴不定的時光，靜悄悄地等待著嫩綠的草芽從被冰雪覆蓋的地裏冒出來，趕著他們的犛牛去吃那淺淺的青草。當夏天來臨，天氣暖和時，屬都海四周的牧草漸漸老了，他們就要收拾行裝，吆喝著牲畜，到更高的地方去，讓牛羊吃到更加鮮嫩的牧草。說那話時，他用手指朝屋外某個高處指了指。憑著那個手勢，我當然無法確定他到時究竟會去到什麼地方。

我就坐在他的對面，面對著他，面對著另外一個世界。我們分屬兩個世界，卻在此刻聚在了一起，在屬都海，在一間被風雪包圍的小牧屋裏。他平靜隨和，平靜隨和地坐在那間牧人的小木屋裏，靜靜地抽著煙，看上去一無所思。生活本身是簡單的，現代社會的複雜，在某種程度上，無非由人自身造成。而「大部分的奢侈品，大部分的所謂生活的舒適，非但沒有必要，而且對人類進步大有妨礙。」差不多一百多年前，一個叫亨利・梭羅的美國人這樣說。那跟詹姆斯・希爾頓在《失去的地平線》中描繪的所謂「適度」原則，簡直如出一轍。而丹增的日子，正是那種原則的一個注腳，一個活的標本。

於是在我看來，我和丹增的相遇，無疑是兩種完全不同的生活方式，在一個偶然機會裏的會面與交疊——他的身後，是一種寧靜、自足的牧人生活，在那片高原藏區，度日的幾乎每個細節，幾乎都散發著宗教的神秘氣息。我則不同，我們自幼就被文明教誨，也自來就被文明追逐。在某種程度上，我們不過是在那個被叫做現代文明的曠野裏，一頭一生都在被死死追逐的可憐的小鹿，疲於奔命。我們能夠測算出太陽、月亮與地球會在什麼時候處於一條直線，卻今天不知道明天的命運。所謂名聲、功成名就，以及現代社會中人們對一切身外之物的死命追逐，與丹增所養的那些犛牛相比，與他由於一頭母畜生產所帶來的快樂，與一頭幼畜降臨時的叫聲帶來的驚喜，與經他之手打出的一餅餅酥油相比，究竟算得了什麼呢？牧場的生活辛苦而又悠閒，過度忙碌是不必要的。

世界即將更迭。在即將進入二十一世紀的當今，人們對什麼樣的生活才對人類有益，似乎至今也還沒有真正的認識。現代社會的所謂快節奏，真是那麼必要嗎？悠閒，寧靜，真是偏僻、封閉、落後的同義語嗎？恐怕未必。正像詹姆斯•希爾頓的小說中那位進入香格里拉的英國外交官康韋感到的那樣，香格里拉的這種悠閒與慢節奏，完全出自東方固有的、深思熟慮的哲學，而遠非西方人想像的那種無所事事。在康韋看來，這並不是說東方人都反常地拖拉，而只是英美人在相當反常的狂熱中持續不斷地玩著命。這種觀點他幾乎不指望任何西方同胞苟同。但隨著歲月的流逝和閱歷的增加，他對此越發堅信不疑。而香格里拉的那個張姓老人則說得更加明白：「英國人把『懶』視為惡鬼，而我們則認為它是比緊張好得多的事兒。當今世界上難道還緊張得不夠嗎？如果有更多的人放鬆一些，不是更好嗎？」

爐火嗶剝，風雪就在門外。我們再一次聊了起來。原來他有個漢名，叫孫建強。小時候他家有點錢，學過三年藏文，後來又讀了四年漢文，算是個有文化的人了。一九五七年，他的生活發生了一次大的轉機——他被派到臨近的麗江去學獸醫，一九五八年十二月，他甚至還到北京參加過全國團代會。這麼說，他當時已是一個共青團員了，我隨即問他，後來你入了黨嗎？他說沒有，因爲他的父親被劃成了地主，他們不大相信我，不要我。那麼，他是有過夢想的。跟所有生活在現代文明世界裏的人一樣，他們總是爲夢想而生活，問題是那些夢想並不怎麼美麗。我不知道丹增說的「他們」是誰，是某些具體的人呢，還是其他。

話說到那裏，我們有過一陣短暫的沈默——毀掉一個人的夢是多麼容易。如果不是他的父親有那樣的歷史，依了他的才幹——直到我注視他的時候，他的眼睛裏依然閃爍著一種無可置疑的精明和智慧——丹增現在很可能是中甸縣某個部門的幹部了吧？呼風喚雨，權傾一方，可那又怎麼樣呢？跟我一樣，他至多也不過是一頭被文明那頭怪獸追逐的小鹿。真是那樣，我也不可能在這個風雪肆虐的四月，與他在那座小小的木楞屋裏相遇——相遇從來就是緣分。

一九五七年，一個讓人驚悸的年代。從那時到我見到他，那是一段漫長的時光，整整四十年，曾經有夢的丹增，是怎麼熬過來的？我用了「熬」這樣的字眼，毫無對他的目前加以否定的意思，熬，意味著一個人必須首先面對自己，面對自己的世俗之念。怎麼也沒想到，在這個遠離人群的地方，在這個看上去與整個世界毫無牽連的小木屋裏，在這個道道地地的牧人心中，也跟世人一樣，深藏著這個世界的喧囂、紛爭和浮浮沈沈。不同的是，那一切都已被一顆生性純樸的心靈消化，成爲過去。

最初或許是被迫的，無奈的，對他那四十年裏的種種遭遇，他痛苦過嗎？遺憾過嗎？我沒有問，也不想問。丹增是常人，常人有的一切喜怒哀樂，他都會有。初看，似乎是命運捉弄了他，深想，不妨說是命運成全了他。至少在我看來，他沒有像眾多人那樣，淪落成一個靠俸祿養家糊口的人，正是他的幸運。他靠誠實而又艱辛的勞動，爲自己的生命贏得了存在的最堅實的基礎，而與此同時，他又在大自然的默許下，無師自通地修完了生存這門世界上最深奧的學問。

曾經走南闖北的丹增，此刻在想些什麼？不知道。想起他曾去過北京，去過麗江，此刻卻隱姓埋名地當著牧人，我心裏有一種異樣的感覺。他當然也有過夢，他的靈魂也曾飛出過這片既富足又貧瘠的土地，但終歸，他又回到了他的牧場，回到了草原。與其說那是命運使然，不如說那是上蒼幫助他返回了他的本性與原初。一個在高山草原長大的人，怎麼能離開他的故土呢？牧場的簡陋，未必適於肉體居住，但絕對適合靈魂駐留。草原給了他骨骼、血液、肌體和夢想，他的血裏無疑湧動著草原上那只能流動幾個季節的小河水的波浪，湧動著雪山下森林的波濤，湧動著頭頂白雲無聲的舒展。我也無法知道，如果我們沒來，丹增一個人在他那間小屋裏能幹什麼？與他一起的只有幾隻藏獒，還有那個海。聽著屋外飄飄灑灑的風雪，這個放了四十年犛牛的牧人，心裏會想些什麼呢？聽說他初春就到了屬都海，已經兩個多月了，再過兩個月，他要去到海拔更高的熱季牧場去，讓犛牛吃到剛剛發出來的新草芽——高山上的草質特別好。

多次到過中甸後我才知道，在中甸，牧場是多種多樣的，分爲熱季牧場、春季牧場和冷季牧場，牧民對什麼時候到什麼樣的牧場放牧，也不能完全隨心所欲，而有一定之規。中甸各區各鄉都有鄉規民約，統一規定牲畜春季由低到高逐步攀升，秋季由高到低定點輪牧，他們把這種放牧形式叫做「上場」，「下場」。還按每家農戶的牲畜頭數，攤派勞力和時間更新牧場，修補牧道，疏理草甸的排澇溝和人畜飲水渠塘，且每隔三至五年都要為草場搞一次燒荒砍棘。以前，所有的草場都歸三大領主所有，草地稅是三大地稅之一。牧人進入草場放牧，要給領主繳納幾種稅：一是繳納「尼夢尼提」，即年內日產酥油、奶渣的最高額，二是「洛松色目」，即三歲的犛牛犢，到了秋季，在開鐮砍割牧草前，還要繳納酥油租。一九五八年後，草場一律歸集體所有，哪怕在一九八四年農村實行體制改革後，農田可以聯產到戶，但草場仍然實行集體管理，所有的牧戶共同放牧。這就是說，草場作為中甸牧民最重要的生產資料之一，一直是屬於大家的。在某種意義上，那讓人想起在迪慶藏族進入封建領主制以前，草場從來都是全民族的財產那個古老的規矩——歷史走了許多年之後，又回到了原來的地方。

屬都海跟碧塔海、納帕海四周的草場一樣，都是中甸的沼澤草甸草場，又叫格犖，即冷季牧場，一般屬於海拔三千至三千六百米的地方。在整個中甸，這是一種相對面積較小的牧場，土壤為沼澤草甸土，地下水位較高，土壤潮濕，產草也較少。草場上，常見的有莎草、禾草、車前草、報春花、夏枯草、蒲公英、虎掌草等。在春天——中甸的春天在五月以後才悄悄到來——草甸上開滿了各色的花，猶如一片巨大的花毯。但這種冷季牧場，雖然青草萌發得較早，生長密度也高，但草的口味和適口性卻較差，除了馬、牛外，其他的牲口很少採食。然而，在剛剛度過了漫長冬季的中甸，這樣的冷季牧場卻相對較少，因而也就非常難得，因爲它畢竟爲牧民和他們的牲口提供了上好的牧草。一旦夏季來臨，牧民就要把牲口趕到三千八百米以上，藏民叫做「日犟」的熱季牧場去，讓牲口在那裏吃到優質牧草。如此說來，跟大多數牧民一樣，屬都海只是丹增年復一年的放牧生涯中的一個營地，只是他生命中的一個驛站。但在那個風雪彌漫的中午，我斷定，屬都海依然是屬於他的，屬於他和他的妻子楚姆拉姆的，屬於像他這樣的牧人的。屬都海，理當是牧人的海。

幸運的是我沒猜錯。翻開中甸縣志，我找到了這樣幾行字：屬都海，藏名屬都錯，意爲牧場湖，位於大中甸鄉東北部，距中甸縣城三十五公里，海面海拔三七〇五米，面積一點一平方公里，平均水深十米，集水面積十五平方公里，湖區多年平均降水量九百七十毫米，徑深五百八十毫米，年平均產水量八百七十萬立方米，是碩多崗河的主要源頭。而我在碧壤峽谷裏碰到小卓瑪的那一次，聽說翁水河也就發源於屬都海的西側，那位女牧人所說的那個大牧場，也就在屬都海西側那一帶。

半年後我再次去到屬都海時，眼前卻是另一番景象。風雪已撤退多時。秋陽像絲綢一樣，柔和、潤滑，富於質感，彷彿伸手就能一把抓住，感受它的高貴。它慷慨地充盈於整個目光所能抵達的空間，於是，屬都海一如身著晚禮服的貴婦，雍容華貴，卓爾不凡，在一派典雅明淨之中，又隱隱透露出她掩飾不住的青春與性感——湖面波紋不興，細膩白潔，正像貴婦人袒露的脖頸與雙肩。爲了這個時刻，她已盼望多時，甚至花了整整一個季節才打扮停當，此刻，正要去出席冬天到來之前高原最後一次社交聚會，那裏有蠟臺，水晶吊燈，豐盛的晚宴，巨大的餐桌，銀質的刀叉，有屬於上流社會的豪華舞會，有樂隊和音樂，華爾滋或是圓舞曲……在半年前曾與她在那片風雪中相識，並體味了那種沈靜之美之後，此刻，我似乎不大習慣她的奢侈，以及她過度的袒露。那個沈思的、不事雕鑿與張揚的、樸素而又決不缺少美的屬都海，到哪裡去了？

陽光如打在明星身上的探照燈，幾乎讓她的每個細節都纖毫畢露——微風中金箔般的樹葉是她燦爛的顧盼，陽光下偶一閃耀的水波是她迷人的倩笑，大地上披覆的草莖是她柔韌的華髮，它們一概都那麼清晰地展示在我的眼前。神秘蕩然無存，而藝術從來都是隱蔽的技巧。秋天的屬都海，我承認她是美的，美得驚人，但那與我對屬都海的最初印象完全是兩回事，那時，屬都海大雪紛飛，霧氣彌漫，寒冷，潮濕，卻在清寂寥落之中顯出了它的高貴，它的冰清玉潔，眼下卻色彩斑斕，層次豐富，季節之筆既以大塊色彩鋪陳點染，又極盡它精雕細刻的工筆之美，描摹出一幅俄羅斯風格的油畫，精緻，細膩。空中似乎回響著德布西的《牧神的午後》，半人半羊的牧神，正在似醒似睡之中，夢想著他的維納斯。那場景華美無比，卻多少有些匠氣。完美屬於藝術，當它呈現於人間時，反倒讓人感到虛假。

這是一個悖論。四月的屬都海，是一則像丹增的牧屋那樣平常的、缺少光照的故事，昏暗，卻沈鬱結實，富有韌性，何況它的內裏，還有那個晝夜燃燒的火塘，和從火塘飄逸出來的火苗與煙霧，能不斷地激發人無限的想像；而晚秋的屬都海，則是一段節奏跳躍的奏鳴曲，明亮、悅耳，卻有失空泛。牧人遠去，包括曾向我狂吠不已的藏狗。悄然而立的唯有牧屋，黧黑依舊，夢已逃逸。凝神之中，風雪湖邊那藏狗的吠叫，小牧屋裏溫馨的火塘，丹增平靜中顯得有些黯然的眼神，依然如在眼前。平實世界的種種往事，都在回想中美如醇醪。空氣乾燥透明，目光直抵遠山。於是我看到了我在風雪的四月裏無法看見的牧場，真正的高山牧場。

人道屬都海有兩大牧場——高山之上，那面巨大的、平緩的、淡茶色的山坡，是碩多崗牧場——那或許就是楚姆拉姆那天清早冒著風雪去放牧的地方？而在更遠的山上，還有一個地吉塘牧場——兩處都在海拔三千八百米左右。倘在夏季，那裏便牛羊成群，牧歌悠揚。此刻的湖岸卻空空蕩蕩，一派靜寂。沒有了丹增，沒有了他的楚姆拉姆。遙遠的峽溝村讓人思念。落葉滿地，如同歲月的堆積，踩上去簌簌作響。湖岸四周的山上，樹葉一派金黃。它們懶洋洋的，一動不動，無所事事，卻不知羞恥地炫耀著它們華貴的禮服。岸邊的湖面上，一片片浮動著的水草，像漂浮在水面上的座座純金的島嶼——那都是半年前那個風雪天我沒看見過的。我本應為此感到驚喜，但猶如初戀的難忘，我也難忘我與屬都海的第一次相識。

哦，也許你太不公平了吧，你這個懷舊的人！無論如何，屬都海的金秋是美麗的，我就是為此而來，但我終於發現，那樣精緻的美麗似乎不屬於我，就像此刻的它，也不屬於丹增那樣的牧人。它簡直甜得發膩，而對現代人來說，食用過多的糖顯然有害於健康。面對眼前那一切，我仍然想念那個四月風雪之中的屬都海，想念我與丹增一起擁有過的那段短短的時光，想念他的火塘，他的看家犬，和從那個小小的陶罐裏飄溢出來的生活的濃香。或許我將永遠無法再見到丹增，但可以肯定的是，我會記住他，就像我會永遠記住那個牧人的海。

牧人之子

雪山聳峙，峽谷深切，高原、山地、峽谷、草甸、懸崖，在從海拔一千五百米左右的亞熱帶河谷臺地直至海拔四千五百米的高寒臺地之間，五百餘萬畝天然草場分佈其間，整個看去，中甸無異於一個大牧場，開闊而又浪漫。漫遊在迪慶高原，眼前總有一個影子愈行愈遠，漸漸消失於天際，終至無法辨認。那就是牧人，他們的魁梧身影、浪漫情懷，正在沒入歷史的夜色。童話般的牧人王國，業已牆垣衰頹，粉壁漫漶。放牧作爲人類最古老的生產方式之一，已然失去往日的光彩。如今，年輕的康巴男人，似已不屑走進牧場做個純粹的牧人。強勢的「現代化」正大步走來，氣宇軒昂。除了在某些地方還是人們輔助性的謀生手段，牧場、牧人正在淪爲旅遊景觀，聊供人們寄託對遠古的懷念，成爲過膩了現代都市生活的人們拜訪、憑吊的對象。終有一日，牧歌將淪爲對遠古淒怨的輓唱。放牧從當代社會裏完全消失的日子，已爲期不遠，十年，二十年，三十年……反正用不了太久。

但牧人的精神卻在這片山地千古永存。悠遠的牧歌也遠未成爲絕響。歷史不會倒轉，精神卻會世代相傳。牧人的膽識，牧人的氣質，如駿馬奔湧的熱血，藍天般坦蕩博大的胸懷，情重如山、爲真理赴湯蹈火的鐵肩道義，經世世代代的積澱，早已滲透在他們的血液之中，至今還在規範著他們的人生。一個人，不管是從小在這裏長大，還是長年生活於斯，都不可能不受到牧人精神的熏陶與浸染。而我在中甸結識的一位年輕牧人，正是牧人精神的一個鮮活見證，他的坎坷經歷與傳奇色彩，遠甚於一部小說。在與他的多次交往中，我們有時漫長同行，有時品茗懇談，有時靜坐無語。我逐漸走進了他的生活，走進了他的靈魂深處。當我真正讀懂了他之後，我確認，放牧並不完全是一種行將消失的生產手段，無疑也是一種存在和思考方式。

對一個藏族漢子來說，思考正是他成長的工具。牧人的心靈豪放而又細敏，它博大如海，能包容世間萬物，又敏銳如燈，能感受從每一個方向吹來的風。對上天賜給他的一切，他都持著開放的心，不管是日月星辰，風雨雷電，還是花開花落，草生草長。把自己當作萬物之主是愚蠢的，智者只把自己謙卑地定位爲大地的一員。他的努力，不是讓自己從放牧生活中分離出來，而是在新的情勢上，從他的牧人生涯、牧人經驗中不斷地吸取養分，讓自己的心智更充盈，靈魂更強大，思考更縝密。生命與那片土地血肉相連。

大地從不會慢待她的赤子。一個與大自然水乳交融，在放牧生涯中忘掉了自己的牧人，終將受到大自然最大的恩惠。當都市人的靈魂迷失在鋼筋混凝土森林之間，當他們因與土地的隔絕而任憑心靈荒蕪時，牧人則在生命的關口，坦然地受惠於土地，那曾在他眼前、他心頭駐足過的一切，陽光，風雪，每株小草的萌動，每絲雲彩的變幻，都將在他心頭鮮活地重演，帶著冷峻的溫馨，苦澀的甜蜜，給他啓迪和力量，成爲他思索世界、思考人生，作出選擇、制定決策的依據。而這一切，正是香格里拉的精髓。

十年放牧的艱辛，因爲有了夜來攻書的甘甜，才在回想中變得燦爛。牛場的夜晚黝黑一片，年輕牧人的心中卻總有光亮。在那樣的年代，讀書談何容易？最早擁有的書，只是一套小學課本，只是他向人借來的幾本魯迅。讀完了，再用從牙縫裏省下的酥油、糌粑，去向人換來更多的書。風雪茫茫，照耀著他的閱讀和思考的，是一蓬杜鵑花樹根燃點的火光。杜鵑花是豔麗的，杜鵑花樹根燒起來卻並不明亮。老牧人說，去挖點雲杉根吧，點起來要亮得多。於是一輪新的月亮——舉起它的，是雲杉樹根和像樹根一樣蒼老的牧人——照亮他的書本，也照亮了他黯淡的青春。

他以書為伴，咀嚼著高原上放牧者的日子，那樣的日子沿襲了千百年，幾無改變。相對於對那時的現實的巨大疑問，相對於對未來的巨大熱望，那些有形的書實在太少，也太小。他的歷史教材，就是整個藏民族，他們的宗教和文化，是牧人口眼相傳的傳說與故事；他的地理課本，則是他每天睜開眼睛就能看見的雪山、溪流與草甸，是雲彩、風雨和東起西落的高原的日月，牧人們隨著季節的遷徙，母畜的衰老與幼畜的降生。苦難見證著修煉。修煉消化著苦難。生活的熬煉透骨澈髓，信念卻被反覆地鍛打：世界不會一成不變，機遇總會來臨。牧人生涯塗抹在他生命裏的那片渾厚樸實的底色，一經時代之筆的點染，便成了燦爛與明豔。

當七十年代末，他終於以自己的學識毫無爭議地成為了一個年輕的地方領導幹部時，夜讀的習慣並沒有改變。他繼續著他的修煉，一如高僧。夜深人靜，四野悄寂，藏區歷史的風煙，社會生活的演變，當前藏區的發展現實，一一在他心頭湧現。他思索著，探尋著，以一個藏族漢子的敏銳的心靈，將十年放牧中對藏區社會生活的種種思考，融成了兩部著作——

一本《康藏名寺松贊林寺》，關注著藏區的宗教與文化，一本《中國藏區縣域經濟發展探索》，關注著一個古老民族的未來。兩本書就像兩隻翅膀，顯示了他要爲藏區的明天插上經濟與文化雙飛翼的深邃思考與熱切嚮往。

他就是齊扎拉。

那是他的漢名，藏名叫勒咱·扎拉，是阿爸請高僧取的，據說是個不錯的名字——「勒咱」是家族的姓氏；「拉」在藏語中是菩薩，「扎」是根；連在一起，意即「由菩薩世家的根而來」。原來，在中甸，齊、松兩大家族，都是元朝時從西藏本土委派到那裏進行行政管理的巡官。從康熙五十一年即七一二年起，桑傑（松氏）任武官迪巴，金堂七林（勒咱齊氏）任文官迪巴，取代了藏委宗官，自行管理中甸全境，形成了迪巴、神翁、德本三級土司以至基層舒卡一整套地方行政組織。也就是說，那名字意味著某種「貴族」身分。可不管是他還是他的父親，命運都不像他們的名字那樣美妙。

一九六八年的夏天對齊扎拉來說，無異於高原隆冬，而八月十三日那一天，無疑是他記憶中最冷的日子，一如冬至。母親一大早就出去割草——在高原的冬天到來之前，藏家都要爲牲口備足草料。齊扎拉還小，早已失去自由的父親休說割草，在被打斷幾根肋骨之後，連走路都疼痛難當。割草那樣的事，自然就落到了母親身上。一個藏族女人，是能幹而又溫順的。臨出門前，母親再三叮囑齊扎拉，好好照顧你阿爸，他不是壞人，他……。

學校早已停課，孩子們成了沒人照管的羊羔，迷失在風雪的荒野，不是變成兇猛的豺狼，就只有凍死，甚或變成豺狼的美食。小齊扎拉當然不能像別家的孩子一樣，戴上紅袖套，滿街滿巷地去「革命」。他沒有那種資格。一九六六年秋天，剛上小學沒幾天，他就成了「狗崽子」。在一些人眼裏，他甚至已經不是一個「人」，而是一條「狗」。

阿爸正在接受觸及皮肉的批判，一次又一次。齊世昌，藏名勒咱・丹丹，出生在中甸世襲土司勒咱家裏，系屬名門望族，可他那一輩，男子不大成器，沒有實力人物，經濟上也漸顯捉襟見肘。民國年間，齊家已家道中落，按照慣例，年輕的齊世昌雖在一些大活動中仍居於高位，不至於像普通牧民那樣缺吃少穿，但畢竟，那個曾經強盛一時的民族，已弄到民不聊生的地步。世事動盪，他已無法安然地做一個年輕的土司。幼時在中甸的省立小學讀書時，他就酷愛國文與歷史，對《西遊記》、《水滸傳》等古典小說愛不釋手。書籍，讓他看到了社會的複雜與嚴峻，反過來，他又更深地沈入到了書籍之中。

阿媽再三叮囑齊扎拉，反正不能上學，你也哪裡都不要去，陪著你阿爸，他到哪裡，你就跟著他到哪裡。母親的話輕柔如風，含著萬般憂愁，卻勝過一打軍令。在母親面前，齊扎拉從來就是個懂事的孩子，說一不二。那些日子，他聽見過阿媽深夜的悲泣，看見過阿媽紅腫的眼眶。人世間，唯母親的悲傷是最深刻動人的悲傷。一個母親，只有在她實在走投無路時，才會向孩子提出一個小小的，幾乎是微不足道的要求，否則，她會咬著牙，甚至心頭滴著血，去做她認爲必須去做的一切。那些日子，齊扎拉一直照母親的吩咐，時時跟著阿爸，儘管他能做的，至多是一個攙扶，一個問候，或是遞上一杯水，一塊毛巾。

「批鬥」是個新奇的字眼，不屬於藏人的辭典，齊扎拉開始也不明白是什麼意思。不過生活很快就教會了他，原來，批鬥，就是讓阿爸站在臺子上，就是任人破口大罵，拳腳相加。那些辱罵和毆打，雖然落在他阿爸身上，卻都砸在齊扎拉心上。他已親眼看見被打死了好幾個人。他阿爸也被折磨得遍體鱗傷——從肉體到靈魂。他害怕，他憤怒，卻無力改變那種現實。然而，誰能說對民主、平等的夢想，不是從那時起，就開始在他幼小的心靈裏縈繞？

小屋悄無聲息。那是他們一家的臨時住所，狹窄，陰暗。齊扎拉一直在屋裏守著他阿爸。他給阿爸做了點吃的，一匙匙餵他。過了一會兒，阿爸對他說，你去砍點柴回來吧，家裏沒柴了。在齊扎拉的記憶中，除了要他好好讀書，阿爸從沒要求他去做過什麼農活。現在，阿爸讓他去割草了。雖然阿爸的懇求與阿媽的叮囑相抵觸，但他知道，不到萬不得已，阿爸不會開那個口。他答應了，告訴阿爸，不等我回來，你哪裡也不要去，你答應？阿爸點了點頭。齊扎拉於是帶上砍刀，帶著對阿爸的牽掛，出去砍柴了。

他至今清楚地記得，他是上午十一點半回來的。遠遠地，看見家門口圍了一大堆人。他站在遠處，不敢再往前走，怕又是有什麼人來批鬥阿爸。他在那裏猶豫了很久。想想，他還是撂下柴禾，返身到附近轉了一圈。等他再回來，才知道，就在他出去砍柴的那段時間裏，一根小小的繩索，結束了阿爸年僅四十歲的生命——對他遭遇的一切，他不可能想得通，從在麗江最初接受進步思想，到成爲國家幹部，他自信走的一直是一條光明之路，可眼下……當一個人感到生已無法繼續下去時，死，就成了他唯一的選擇。

作爲一個十來歲的孩子，齊扎拉頭一次面對死亡。親人阿爸，已在他的世界之外。生命是脆弱的，活下去的選擇，來自堅韌與信念。或許，那一刻的種種思索，已爲他日後的堅韌提供了參照。在不久的將來，對死亡的咀嚼，將是他的人生功課。看著已經一無知覺的阿爸，他真後悔自己爲什麼要去砍柴。如果一直守著呢？慘劇是不是不會發生？阿媽像是有預感的，爲什麼沒向他明說？多年後他才明白，無論是他，還是他阿媽，都無法阻止那齣社會慘劇的上演，那齣慘劇遲早都要發生，不在今天，就在明天、後天。隱藏在阿媽心裏的深深的憂慮，怎能向他明說？他還是個孩子。何況，她已把話說到那種地步，叫他寸步不離，還能怎麼說呢？從此，悔恨，羞慚，憤怒和自責，成了墜在齊扎拉心上的千鈞之重。逝者已矣，來日猶多。他囑咐自己，今後，不管什麼時候，凡阿媽的話，都要認真去聽，認真去做。無情未必真豪傑。若干年後，即使他已身爲中甸縣委書記，對阿媽依然言聽計從——那是以鮮血爲代價換來的認知原則。

——幾次與齊扎拉同桌吃飯，只見他頻頻爲客人斟酒，自己卻滴酒不沾——他說他不會喝。我奇怪——一個康巴漢子，一個牧人，哪有不喝酒的理？在我聽說過他的牧人經歷後，那就更顯蹊蹺。許久之後，當我明白，他對酒的拒絕，乃是一個兒子對母親的如山允諾，我被巨大的愛心震懾得無言。

臨終時，阿媽把齊扎拉兄弟三人叫到床前，叫他們答應從此不再喝酒。看著蒼老、消瘦的阿媽，齊扎拉忍不住眼淚汪汪。那時他一定想起過一九六八年的那個秋日，一晃，差不多過去了三十年。在中甸，阿媽出生在與齊家一樣知名的松家，同屬「貴族」後裔，卻絲毫沒有那種門第的女子的嬌氣。丈夫遠行之後，她割草，放牧，背水，做飯，漿洗，教育孩子，既是母親，又是父親，以一個女人的肩頭，支撐著那個家，把三個娃娃撫養成人。他們沒辜負她的希望。可惜舒心日子剛剛開頭，阿媽就將離去。一句恩重如山，不足以表達他們兄弟三人對阿媽的感念，記住她的期望，才是真正的感恩。幾年後在昆明，當我聽齊扎拉那首叫《慈祥的母親》的歌時，我才稍許得知齊扎拉那時面對母親時的心情——

啊，慈祥的母親，
妳是美人中的美人，
像那白度母一樣心地善良。
她背水走過的小路，
像柳樹輕輕地搖晃；
她擠奶走出羊圈，
格桑花圍著她盡情開放。
啊，慈祥的母親，
啊，媽媽，我是妳用生命寫下的歷史。

啊，慈祥的母親，
是兒女們的太陽，
為了我們燃盡青春之光。
她頭頂堆滿白雪，

腰彎成一道山梁。
她每天搖著經筒，
一心為兒女們祈禱吉祥。
啊，慈祥的母親，
啊，媽媽，妳給我陽光織成的翅膀。

無論我飛得再高再遠，
無論我走到天涯海角，
身影總留在妳的心上。
啊，媽媽呀，慈祥的母親！①

就像小時候一樣，齊扎拉沒問爲什麼——從小在牧場上，酒是伴侶，也是藥物，爲他驅趕風寒，爲他與那些牧人架起心靈之橋。但那時他什麼也沒問，對阿媽含淚相允，從此滴酒不沾——一個康巴漢子，總是一諾千金，何況那是母親對兒子的囑咐。

——一九六八年八月十三日那天當晚，母親與齊扎拉兄弟一起，把只裹著一件棉衣的父親，悄悄安埋了。夜黑如漆，宿鳥悲啼。秋山無語，世事茫茫。童年飄然遠去，就像小時候父親幫他放飛的那只風箏。如今，一只斷線的風箏，不知將飄零何方。沒有風，也沒有月亮。一個年僅十歲的藏族孩子，在爲父親的新墳覆上最後一鍬土後，內心突然出現了一個巨大的空洞。淚如飛瀑，心若止水。他驟然感到，沈甸甸的生活的重擔，轉眼便落在了他的身上——無人知道，也無人覺察，包括冥冥中的天神，和那個總會在災難降臨時出現，爲人世除魔驅邪的格薩爾王。

其時，那場鬧劇般的「革命」，已轟轟烈烈進行了兩年。自父親解職，工資停發，全家轉成農村戶口，早就只能靠阿媽一人，支撐那個五口之家。在生產隊的賬上，他家已有大筆欠款。原先的房子已被全部沒收，全家被攆進一個堆柴禾的小棚子，難擋風雨。扎拉是長子，一個弟弟三歲，一個弟弟才八個月。阿媽每天能掙的工分很少，扎拉已無法讀書。他開始幫著母親幹活，挑糞，砍柴，放牛。不久就因爲一家人實在無法生活，外出幫別人家放牛。

一個十歲的藏族孩子，從此開始了他的牧人生涯。

一九六八年到一九七八年，齊扎拉正好從十歲長到二十歲。他的青春是黯淡的，沒有父親的諄諄教誨，沒有同齡人之間的關照與友愛，更沒有與姑娘間的浪漫愛情。父親的遭遇，使他從一個縣委書記的兒子，一下子變成了一個爲人幫工的牧童，在家已不家、國亦不國的年代，度過了他人生最爲艱難的那段牧人生涯，幾乎跑遍了中甸大大小小的牧場。往事不堪回首，但也正是那段生活，讓他成了一個真正的牧人。因而，與其說齊扎拉是中甸末代土司的後裔，他更是牧民的兒子。那段牧人生活對他是寶貴的，智慧，就在那種思考中應運而生。

如今下格咱鄉帕差一帶的山山嶺嶺，或許還記得那個孩子。那是生產隊的一個放牧小組。每天，齊扎拉天不亮就起來，聽著牧人的鼾聲，升火煨茶——外出之前，牧人都要足足地喝夠酥油茶。等大人們吆牛上山後，剩下的牲口就歸他放。當然遠不是這麼輕鬆，他還得收拾屋子，找柴禾，打水。常常吃不飽，餓得心慌。恰好附近有個部隊的放牧點，齊扎拉把歸自己管的牛放好後，就去找那個年輕的戰士，幸運的話，有時能在那裡弄點吃的。初見齊扎拉，與我見過的如今的藏族年輕人相比，他的個子顯然不夠高大，也不夠壯實——不知那是不是與他當年整天整天地吃不飽有關？

一天，一頭犏牛跟另一頭牛打架後跑了。那頭犏牛原本是齊扎拉牽著的，一同放牧的老倌讓他去找點草莓，他手一鬆，那頭儘管戰敗卻還沒有從拼死的角鬥中清醒過來的犏牛，撒腿便跑得不見蹤影。放牧組的頭頭格扎嘎瑪看見了，劈頭蓋腦地臭罵了他一頓，然後突然端起獵槍，對著齊扎拉狂呼亂叫：聽著，不給老子把牛找回來，老子就槍斃了你！平時，格扎嘎瑪對他還不錯，突如其來的喊叫，嚇得齊扎拉渾身哆嗦。他不明白，爲什麼他寧可關心一頭牛，也不愛惜一個才十來歲的孩子？一個孩子難道還不如一頭牛？他真想問問他，也問問那個世界：那樣的風雨天，難道你們就不知道，一個十來歲的娃娃獨自上山，會是什麼後果？疑問當然只能咽在心裏，提出來也不會得到回答。

若干年後說起此事，齊扎拉說，格扎嘎瑪其實是個好人，他並非存心那樣。當幹部後，齊扎拉曾和格扎嘎瑪共過事，他們同睡一屋，朝夕相處，對他很好，與當年簡直判若兩人。當初到底是怎麼了？齊扎拉說，那是因爲窮。整個生產隊那時都沒有多少牛。一頭犏牛，是一筆巨大的財富，無緣無故地跑了，丟了，那還得了？窮，能改變一個人，大度變成小氣，善良變成兇殘。窮，甚至能讓人變得貪婪，變得瘋狂。一個人如此，一個民族，一個社會呢？不改變藏區的貧困面貌，藏區會變成什麼樣子？怎樣才能讓藏區富起來？一個康巴漢子的智慧、眼光與決心，就在那種痛苦得透徹骨髓的思考中應運而生。當後來他作爲一個幹部再到牧場，面對貧困村寨時，一定想起過他在大山找牛的日日夜夜。

那是雨季。爲找到那頭犏牛，齊扎拉咬了咬牙，獨自上路。好漢做事好漢當，這是牧場的規矩。一條舊披氈與他同行——那是阿爸留給他的唯一紀念，如今披氈尙在，冤魂無歸。山大谷深，風雨如晦，在一眼望不到頭的大山上，齊扎拉一走幾天也碰不到一個人。生活在別處，世界在遠方。整個大山裏，只有他一個人。與莽莽大山相比，一個藏族孩子幾乎可以忽略不計。懸崖峭壁，山路溜滑，他不知摔過多少跟頭。那是一場追逐戰。有時，似已遠遠看見了那頭牛，但以他的體力，卻無法跟上牛的奔跑。眼睜睜地，他只能看著牠又一次消失。憑著牛的腳印，他再一次踏上新的路程。每見一團牛糞，他都要把手指插進去，試試它的溫度，以此判斷牛離他有多遠。沒有吃的，常常一連幾天肚子空空。即便饑餓難耐，他也發誓要找到那頭該死的牛。

尋覓復尋覓。茨里的一座磨房裏，一個藏族老人正磨著青稞。青稞粉飄飄如雪，香味撲鼻。緩緩轉動的磨盤，碾壓著他的轆轆饑腸。除了那副石磨，那陣香味，世界不復存在。他不記得自己在那裏站了多久。從石磨裏飄出來的青稞粉，飄得滿天滿地，一直飄進了他的身體，他的靈魂。老人終於讀懂了他的目光，一聲輕歎，是對那個年代的否定，堅決而又徹底。老人搖搖頭，什麼也沒問，伸手舀起一瓢青稞粉，遞給他。齊扎拉雙手顫抖著，伸手去接——除了一雙手，身邊居然沒有任何東西，可以用來盛下救命的食糧。急切之中，齊扎拉摘下了頭上那頂破棉帽——動作之快，全然出自本能。

他取下那頂破棉帽，接住了那瓢青稞粉，連同一個藏族老人的菩薩心腸。他一頭就埋進了那頂破棉帽，也埋進了那股香味。他覺得他整個身子——頭、手、胸脯，腳和靈魂，全都撲了進去，深深地，貪婪地，不顧一切地……他拼命地往嘴裏塞，連同破棉上的灰塵、積垢和他自己的汗臭。他恨不得有八隻手，三張嘴，兩個肚子。他被噎住了幾次，嗆得直咳嗽……最後，他一咕嚕跪在了那個藏族老人面前，再抬起頭來，看見的，卻是老人臉上的兩行清淚……若干年後，不管在饑饉或富足的日子，齊扎拉會常常想起那個情重如山的老人……牧人生涯給予齊扎拉的，實在是太多太多——那是信念，也是對「人民」這個抽象字眼的具體而又生動的解讀，是堅韌，也是對那個生他養他的民族的至死不渝的忠貞和責任……

將近兩個月後，齊扎拉終於找到那頭犏牛。迪慶高原漫山皆白，天地間風雪呼嘯，那個十來歲的小牧人，也到了奄奄一息的時刻……

稍大一些，齊扎拉開始幫人放養自留畜，獨自一人，早出晚歸，從清明到晚秋，不管颳風下雨，一年四季都沒人換。晚上回家，還要幫他的阿媽找柴禾。他已長到十五、六歲，卻還是「一塊擦火塘的布」，任何人都可以指使他。不過，他終於可以到牛場上幹活了。牧場上有幾個七、八十歲的老人，那個叫巴阿祖的老奴隸，過去曾被低價變賣過三次，一次比一次遠，一直被賣到四川鄉城。他們帶他，教他，教他做活計，也教他做人，教給他一個牧場上的男人應該會的一切：擠奶，打奶，做酥油，竹活、木活、皮活。至今，他還能用竹子編出一個精緻的裝酥油的竹籃，也會糅皮子，馴馬。那是他的大學，天地之間就是教室，每個日子裝訂起來，就是他的課本。

一個被命運追趕著驅使著的孩子，沒有學不會的手藝。何況他愛動腦子，勤學好問，幾年下來，他已掌握了有關犛牛的所有知識，包括如何用燒燙了的磚爲牛治病，比那些老牧人更像一個牧人。牧場給了他一雙明亮的眼睛——他學會了分辨牧草，能從上百種牧草中，一眼認出哪是有毒的，哪是犛牛愛吃的。也給了他聰慧的耳朵——他學會了分辨每頭牛的「澤遮」——牛鈴聲，牛角的，金屬的，木頭的，隔著多遠，他也能憑牛鈴的聲音，在幾十頭牛中確認哪頭牛在前，哪頭牛在後。牧場還給了他駕馭的能力——那次在納帕海邊馴馬，在光馬背上，在爛泥塘裏，他上去後被摔下來，摔下來了又衝上去，直到摔得腕關節脫臼，終於馴服了那匹烈馬。任何成功都必須付出代價，他想。一個優秀的牧人，就在那個天不管地不管的年代，在牧場上成長起來，不僅身體，還有心智。

一九七八年，春風料峭。儘管阿爸還沒平反，生產隊就把一個牛場交給了他，他領著一個放牧小組，管著三個人。生產隊下達的任務不輕，他和夥伴們一起，常常超額完成。日子終於有了些滋味，那滋味滋潤著牧人久已乾涸的心靈。牧場上的人，是不慣用沈默包裹自己的，他們的心與天地日月同在，與風雨雷電同行。直爽，豪放，義氣，情重如山，一諾千金，是他們的人生經典，也是牧人的真義。白天放牛，晚上，他和老牧人擠在一起睡——火塘角是他的領地，儘管那裏風大，容易被牛踩傷。早晚間，小屋裏飄響著老牧人的念經誦佛聲，山歌聲，有時還要唱幾段《格薩爾》。自然之光與藝術之神一起，開始光臨那間牧屋，以它的浩大與純淨，滋養他年輕的心靈。天晴時，凝望著遠方的石卡亞努雪山，晶瑩的山色如在眼前，一如日月之輝，映出了藏民族的心路歷程——那是藏民心中的神山，山裏還有個神湖，昭示著藏民族對自然的敬畏。生命的夢幻，就從那裏升起。

在與齊扎拉初識於一次會議之前，我已聽說過他的一些傳說故事。坐得離他很遠，只能偶爾遠遠地朝他投去一瞥。他顯得平和，自信，一頭略微捲曲的黑髮，掩不住臉上的和善、智慧與剛毅。儘管每個日子幾乎都被工作填滿，但思考與寫作並沒停滯。當整個國家都在思考如何改變面貌時，他心裏湧動的，何止那十年歲月！在研究藏區經濟發展的《中國藏區縣域經濟探索》一書中，他早就提出：藏區的經濟發展必須走改革開放之路，簡單地、片面地強調穩定，不思進取，並不是發展藏區經濟的好辦法；當然要在穩定中求發展，但又必須以發展促穩定；如果康巴藏區在新的年代裏依然沈寂，所謂穩定也就是一句空話。而「區域優勢的整體性，正是友鄰縣經濟技術合作的基礎」；「滇、川、藏結合部的經濟技術協作，是整個區域共同脫貧奔小康的必由之路」。②

兩年前我初訪中甸，就聽說過齊扎拉和中甸縣黨政五套班子，帶著禮物，去鄰近藏區拉關係，結果吃了閉門羹的事。往事重提，齊扎拉淡淡一笑，說，那倒並非純屬他人的惡意編排。那是真的，他說。原來，由於歷史原因，中甸與鄰近縣區群眾之間，爲爭奪山林、牧場與水源，經常發生爭執、鬥毆，糾紛不斷。每發生一次衝突，打一次「仗」，雙方都有人員傷亡。一次中甸與四川鄉城的老百姓間發生衝突，各死數人，中甸僅在善後工作上，就花了八十多萬元。昔日的中甸，歷史上藏傳佛教的各個教派曾經長期爭鬥。而齊扎拉卻像美國人伯納德·傑森在《尋訪香格里拉》一書中所說的那樣，「與其費心比較各宗教觀念的不同，我寧願關注其精神面，因爲就是這精神提升了追求覺悟之道的人們的境界」。③爲解決那一歷史遺留問題，齊扎拉才在與縣委、縣政府等幾位主要負責人商量後，一起帶著誠意，帶著禮物，主動到鄰近縣區登門求教，徵求意見，共商發展大計。

開始，中甸有人也不理解，說中甸犯不著低三下四地求人。你去求別人，還顯得是我們理虧。到了鄰縣，有的地方，人家就是閉門不見。他們就自己找地方住下來，一次次地登門拜訪。誠意總會感動人，何況還都是黨的幹部？大家坐下來交談，過去的讓它過去，只談未來，只談發展。就這樣，猜忌、爭執與械鬥，像千年冰雪一樣融化了。中甸提出，滇、川、藏鄰近地區的十八個藏區縣實行經濟協作聯合，並在一九九五年由中甸縣發起，在中甸召開了首屆「滇、川、藏區域經濟協作年會」，以後輪流在各地召開；那次會議，中甸花了三十八萬元，有些人想不通，說錢花得冤枉，但齊扎拉看到的，卻是用錢也買不來的好處。從此，鄰近藏區縣之間，人們逢年過節像走親戚一樣地相互拜訪，氣氛一年比一年好。

齊扎拉說，一個地區也像一個國家，需要一個和平寧靜的周邊環境，周邊關係搞好了，穩定了，我們就可以一心一意地放手發展了。何況，在當今時代，一個地方要孤立地發展，也是不可能的。這，幾乎就是一個牧人博大胸懷的具體體現。而對於一個牧人，在長期與大自然相處中練就的那種敏銳的目光，一旦與他實際擔負的領導工作融合在一起，就使他的設想與決策總是具有某種超前性，就像佛經中所說的那種具有「天眼」的聖人，能看得更遠一點，更深一點，也更透一點。

開發迪慶香格里拉的考察論證啓動伊始，齊扎拉便意識到，那是迪慶高原也是中甸千載難逢的機遇。在他看來，「香格里拉」不僅是一片美麗神奇的藏區風光，一個人類一直在尋找的「烏托邦」或「世外桃源」，它也理當是藏民族千百年來追尋的美好未來的縮影，是人與自然和諧相處的至高境界，也是一種經濟高度發達、人民豐衣足食的地域經濟。而這，與他立志要把中甸建成中國藏區第一強的目標，正好不謀而合。必須抓住機遇，把中甸建設成爲名副其實的「香格里拉」。

他是對的。所謂「香格里拉」，只是一種附著於迪慶那片土地的文化。它不僅早就記載在藏傳佛教的經典之中，也早就孕育在這個藏族漢子的心裏。當眾多旅遊者最初因傳說中的香格里拉的神奇與美麗，把好奇的目光投向這片高原時，一個真正的藏族漢子，很快就企圖進入那片土地的內裏，去發掘它自身在漫長的歷史發展中所蘊含的種種特質與潛能。

真正的、活生生的迪慶高原，一個民族數千年來賴以生存的土地，他們的痛苦與歡樂，他們的歷史與夢幻，顯然不是一部外國人寫的長篇小說所能涵蓋。真正的香格里拉，早就在他心裏，那是他在放牧中無數次欣賞過，他爲之流過汗也流過淚的中甸的山山水水，是他摯愛的，在放牧間隙他常常與之對話的雪山，草場，溪流、湖泊，甚至是傳說中的神山與聖湖，還是他們祖祖輩輩都在爲之奮鬥的藏民族的明天。他要讓人們知道，中甸不再是遙遠、落後與封閉的同義語，而是一個繁榮、昌盛、有著現代文明的藏區；他要讓家鄉與世界相連，把世界上最先進的文明引入中甸，把中甸建設成爲真正的香格里拉。就像多少年前他冒死去找那頭犏牛那樣，他意欲傾其一生去找尋藏民族心裏的香格里拉，找尋那屬於整個藏民族的興旺、富足與繁榮。

……當我在遠離中甸的都市向那片高原凝望時，古老的牧歌正在飄進歷史。可牧人並沒有走遠。雲彩在他頭頂飄動。粗獷的藏歌在他心裏起伏。當一個又一個現代放牧者向我們走來時，我們已難於辨認——或許他們手裏沒有牧鞭，身邊也沒有牛羊，但胸中依然有一顆牧人的心，火熱，博大，滾燙，凝結著他們的先祖與人民的全部智慧與力量，金子般熠熠閃光。那是一些血性漢子。他們把那顆心捧在手裏，敬奉給長空大地，日月星辰，也敬奉給他的民族。那就是牧人，他們正在向未來走去，一路風塵……

◆◆◆

①引自流行於雲南省藏區的歌曲《母親》，張東輝詞，美郎多傑曲。

②齊扎拉《中國藏區縣域經濟初探》，雲南人民出版社出版。

③〔美〕伯納德·傑森《尋訪香格里拉》，黃朝譯，臺灣圓明出版社出版。

蒼茫松贊林

向晚的時候，松贊林寺一片悄寂，如無人之境。遊人遠去，連同俗世的喧嘩。來歸的神靈安坐蓮花，佛珠輕捻，笑對蒼生。喇嘛們開始了每日必修的晚課，誦經聲直抵上界。那是神的世界，一切都與人無涉──作為神界的侍從和追隨者，人那時顯然只能斂聲屏息。

雲霧在遠山漂浮遊蕩，如飄飛的哈達和經幡。若緒的輕煙，高聳的殿堂，森林般的經幢，密如蜂巢的僧舍與稍遠一些的白塔，都在那片晚禱的悠然思緒中輕輕晃動。夕陽如血，膠質般地塗抹在那座寺廟上，一如千百萬件玄色袈裟，披覆整個天地。陽光厚到似乎可以從大殿的寶頂和殿瓦上輕易剝離，如同金箔，光華四射。而在俗世的某些地方和某些角落，陽光要麼從來就無以抵達，要麼已如期撤離──背陰處，飛簷下，牆角裏，濃濃的陰影恰如夜色，與如血的陽光相互映襯，有著黑金絨般的厚重與華麗。大廟近旁，兀然佇立著的幾處斷垣殘壁，以我暫時還不能解讀的沈思之態，巨獸般地蜷縮著，在愈來愈凝重的晚照裏，向大地投下一片片神秘的影子。紅黑相間的巨大反差，大塊面的、意象鮮明的色彩，帶著某種無可抵擋的衝擊力，直撲眼前。我目不暇接，感到了某種遙遠而又清晰的召喚。我暫時還沒有想到，那正是那座喇嘛寺的歷史的象徵。

──那是晚春的五月，滇西北高原依然被一片微寒與清寂籠罩。乘車從中甸縣城到松贊林寺只要十分鐘，卻是一段耐人咀嚼的路程。穿過喧嚷的街道和住宅，山巒和叢林，與想像中遠處的松贊林寺遙遙相對的，是一片在中甸藏區隨處可見的青稞架，烏黑的木架眼下空空蕩蕩，正在等待收割與負載——那似乎是一種象徵，就像一群正在修持中的藏傳佛教信徒。密密麻麻的青稞架肅穆虔誠，儘管此刻它們幾乎一無所有，但韌性的堅守，讓那日常不過的等待具有了神性。沒有生命的木頭，此刻正在與蒼穹交談，與藍天對話，聆聽那種對話的真義需要時間，而凡俗的我們總是匆匆忙忙。

隨後，我遠遠看到的是一片依山而建的殿堂與僧舍，白牆紅瓦，鱗次櫛比，在那片向南的、陽光充盈的山坡上，組成了一個龐大的、儼然布達拉宮的建築群。我立即想起了一九九二年在拉薩朝拜布達拉宮的情景。松贊林寺一如布達拉宮在康藏地區的複製，規模縮小，卻體制依然。它高聳於當地人叫做佛教屏山的半山坡上，凝望中的人必須抬起頭來，付出全部的身心。在肉眼可以看見的距離內，那片建築顯示出某種遙遠得如同月球的清寂。大寺前面的低凹處，一方湖水如鏡——後來我才得知，那湖叫「拉姆央措」——映照出寺廟與僧舍，藍天與雲彩，日月與星空。於是，一個信徒在進入松贊林寺之前看到的，是兩座松贊林寺——一座在山上，那是真實的，一座在水中，如同夢幻——或許，那正是一座喇嘛寺院留給信徒們的兩種印象，合在一起才構成了真正的松贊林寺。

看見了麼？陪同我的那位藏族朋友悄聲說，那就是松贊林寺，當地人叫它小布達拉宮，那座山的藏語名字叫「色日」。事實上，三百多年前興建的那座康巴地區最大的喇嘛寺，正是以布達拉宮作爲自己的參照。半年後，我與藏學家王曉松結識，得知他正在撰寫一部有關松贊林寺歷史的書。他向我證實了我對松贊林寺的那種印象。那位苦行僧式的藏學學者，在將近二十年的田野考察與資料查證中，積累了大量資料。據王曉松書稿記載，清康熙十三年，即一六七四年（藏曆第十一繞回木虎年），號稱「所向無敵之軍隊」的蒙藏軍隊和碩特部，打敗了麗江木氏土司勢力，收回建塘地區，並將這塊地方獻給五世達賴作爲莊園。與此同時，格魯教派僧人到達建塘。

當時講臺地區民眾多信苯波教、寧瑪教派和噶舉教派。爲使這裏也有格魯教派的立足之地，便策劃籌建一座格魯教派寺院。最初，該教派有僧人四十而無寺院，於是先在今中甸大寶寺念經做法事，後又搬到位於建塘古城內的「獨克宗經堂」念經做法事。和碩特部在大肆鎮壓噶舉派、苯教及木瓜暴亂後，將所有噶舉派、苯教寺院強行拆毀，寺院財產也全部沒收；同時上報達賴喇嘛，稱此地必須建一個（格魯派）自己教派的大寺。五世達賴在奏請康熙批准後，親自占卜（一說親臨）選擇寺址，見此地四周群山圍城有如八瓣蓮花，前有聖母湖，背靠有十八座「贊崩」的「卡日山」，如同臥象，凝望南方，逶迤的群山盡收眼底，有萬馬歸槽之勢，而在它的東南，是奶子河清澈的源頭，橫貫整個大中甸，西面，又與「釋卡雪峰」遙遙相望。傳說中，曾有古代高僧駕臨，見此地山坡上有眾鳥飛翔，因而預言此地將來必有眾僧雲集，其地貌地勢妙不可言，便選定這裏作爲寺址。寺址原處，原有一座噶舉派的「琵日衮」寺院，所以至今仍有人稱爲「琵日衮」。

大寺於康熙十八年、藏曆第十一繞回土陰羊年，即西元一六七九年動工，康熙二十年（一六八一年）落成。五世達賴並親自賜名「噶丹松贊林」。首冠「噶丹」，以示與黃教祖師宗喀巴首建之噶丹寺一脈相承，「松贊林」意爲天界三神遊戲之地，一切顯密非一次修成，爲使無垢之法源源不斷地惠及眾生，使之圓滿，故建此「噶丹」（說修兜率之大海）；「松」——演習三學之僧伽眾，「贊」——善言朗朗修行遊戲場，「林」——六生集福田之聖地，全稱爲「噶丹松贊林」。可見，松贊林寺乃一顯宗與密宗結合的寺院。並在東面的白馬崗建「拉吹」，即山神台，象徵色拉寺，在西面建匹林拉吹，象徵哲蚌寺，與拉薩三大寺相諧。噶丹松贊林寺建成後，五世達賴供八尺包金釋迦牟尼銅像一尊，五彩金汁繪佛教像唐卡十六軸，還有貝葉經等作爲寺廟寶物。

松贊林寺的建成，標誌著格魯教派在雲南藏區的徹底勝利。當時，隨著中甸原有各寺廟的最大施主麗江木氏土司的敗退，原有的噶舉教派在建塘的勢力受到極大威脅，於是，以「霞迦寺」爲首的原噶舉教派大小寺院，掀起了反對和碩特部勢力的武裝「叛亂」，在遭到徹底鎮壓後，幾乎所有的噶舉派寺院都被搗毀或強行改宗，合併於唯一的大寺——松贊林寺。至此，松贊林寺成了西藏政教合一制度在雲南中甸的唯一代表和最大堡壘。

從此，松贊林寺成爲西藏三大寺設於康藏地區的正教勢力代表，號稱格魯教派在雲南省藏區的唯一的也是最大的政教實體，集中了這裏的宗教、政治、經濟、文化大權。歷史上，松贊林寺與拉薩三大寺和昌都的「向巴不得林」及「察雅寺」有過主屬關係，劃屬雲南後，雖有了相對獨立的一面，但與拉薩政教的關係一直非常密切。

建院之初，寺院的住持堪布都由色拉寺派遣，僧人的深造固然必須前往拉薩，僧銜也須到拉薩才能求得，每世達賴坐床，松贊林寺都專門派人前往進貢，還經常爲西藏三大寺籌集維修費用。至雍正年間，松贊林寺改稱歸化寺，由當地政府供給皇糧。乾隆時，僧侶數額增至一二二六名，最多時達二千名。七世達賴時，松贊林寺又予擴建。民國年間，由松謀．昂翁洛桑丹吉嘉措新建主寺，並加築寺城。到一九四九年，松贊林寺有喇嘛、僧人一四四五人。

——從那以後，我曾一次又一次地拜謁松贊林寺。無論去過松贊林寺多少次，那片神諭與人工合力的建築，總是會在不同的季節和不同的時辰，幻化成一片非人間的景觀。有時在清晨，有時在夜晚，有時在中午。無論什麼時候，松贊林寺似乎都被一派神秘籠罩。蒼天對松贊林寺情有獨鍾，神性在人世的各個時刻都能顯現。清晨，當天氣陰晦，蒼茫的雲霧在整個中甸的土地上彌漫，世界朦朦朧朧，唯松贊林寺所在的佛屏山一片清晰，遠遠看去，那片神聖的廟宇像是從天地渾沌之中剛剛孵化出來，儘管稚嫩、柔弱，卻帶著某種令人驚異的神性，讓人爲之震懾；有時，當整個建塘古城還沒從夜夢中甦醒，一道曙紅的陽光，會早早地、不偏不斜地、獨獨地打在松贊林寺上，於是，那沿山而建的錯落的殿堂、僧舍，以及從山腳直到大殿的石級，古舊僧房的殘垣斷壁，似乎便在那時融溶成了一片赤金，看上去它似乎是流動的、融化的。

入夜，有月光也好沒月光也罷，松贊林寺又總是一派清輝，幾盞燈火，彷彿遠在人世之外，讓人想起遙遠的宇宙，飄渺的星空。即使是在正午，在當頂的陽光照射下，松贊林寺也沒有我想像中的那樣清晰，它似乎在蒸騰著，晃動著，如同海市蜃樓，失去了存在的真實性。那時，它更像是一個夢境，一個想像中的所在。起初我以爲那純粹只是我個人的感覺，後來才知道，那是真實的，不僅當地許多人都有所感受，一些同行和同事，都曾有過那樣的感覺。

而在我最初拜謁松贊林寺的那天，車一直上山開到大殿的後門。穿過幽暗的甬道，我向大殿深處走去。巨大的、頂天立地的樑柱，如同森林。從天而降的巨幅經幡，靜若星河。菩薩佛相莊嚴，俯視著像我這樣的芸芸眾生。酥油燈火苗閃動，大殿裏充盈著一股強烈的酥油味。我在那裏默默而立，片刻之後，順著一道寬敞的樓梯，我攀上大殿的二樓。其間靠右側的一塊面向菩薩的空地上，一個年事已高的喇嘛，正在行著等身長禮。當我們悄悄地靠近他時，他全然不爲所動，依然繼續著他神聖的儀式。一個稍年輕一些的喇嘛在他身邊肅然而立，專注的目光隨著那位行等身長禮的喇嘛時抑時仰——不知是在爲他計數，還是在陪伴他。

燈光幽暗，看不清那個正在行等身長禮的喇嘛的臉，但我能想像出他臉上的莊嚴與神聖。他大約五十歲，身著一襲舊袈裟，不停地俯身，以雙手觸地，然後牽引全身，伸展向前，直至整個身子匍匐於地。在完成一個等身長禮之後，他站起身來，再一次匍下身去——如此循環往復。我聽見，他每次直起身來時，都氣喘吁吁。那是一種全身心的敬奉。腳下的木地板，已被磨出了兩道灰白的痕跡。那是包括那個喇嘛在內的無數信徒，以他們有限的生命，向神靈發出的無限的祈禱與祝福。我默默地注視他良久，不知他的儀式要進行到什麼時候。走出大殿時，迎面碰到一個年輕喇嘛，才知道，那樣的儀式每天都在進行，一個喇嘛，每天都要向冥冥之中的佛主行等身長禮五百次。就在那樣的日復一日的等身長禮之中，他們的青春與生命漸漸消逝，他們的靈魂，卻一天天地變得充實，也一天天地向上界攀升……

步出大殿，在松贊林寺四周踽踽而行。抬頭，大殿後面，以荒蕪的遠山為背景，巨獸般蜷縮的斷壁殘垣再次撲入我的視線，夕照中它們默然而立，殷紅如血。牆頭上的淒淒衰草，搖曳在向晚的微風與夕陽之中。陰鬱的歷史早已退場，卻在那裏留下它的陰影。藏族朋友小聲告訴我，一九六六年秋天，松贊林寺被毀之殆盡，僧人一律被遣散回鄉，連同最年輕的崩主活佛。一座寺廟，也如一個人，須歷經磨練。松贊林寺在那個秋天的遭遇，或許就是松贊林寺建成數百年之後，命中注定的一次劫難。

躡足走近那些斷壁殘垣，禁不住心跳如鼓，深怕碰上某個歷史的精靈。傾聽，傾聽，草叢在腳下嘩嘩作響，歷史的蹤跡卻無處可尋。有風吹來，其聲如泣如訴。風雨剝蝕的土牆褐黃色，斑斑駁駁，滿目瘡夷，無言卻又有聲。那是那座寺廟的骨骼，而關於那座寺廟的種種生動細節，仍深藏在當地僧俗的心中，藏在藏族學者齊扎拉和藏學家王曉松的書稿裏——在那裏，松贊林寺不僅是一座藏傳佛教的著名寺廟，也是藏民族燦爛的文化、藝術與思想的結晶——它精美的佛雕、唐卡、壁畫，豐富的典籍與藏書，作為建築、繪畫、雕塑的精品，都是前人的創造，蘊含著藏民族的無邊智慧。

幸好歷史並沒有被遺忘。一九七八年的某一天，一個叫赤古阿尼的喇嘛最早回到了松贊林寺，面對一片廢墟，不知他是否曾掩面而泣，老淚縱橫。緊隨他之後，陸續返回的人越來越多——從金沙江畔，從大、小中甸的風雪牧場，從巍峨的雪山下。幾位老僧重新來到那裏，開始在那片宗教的廢墟中居住，與風雨為鄰，與日月為伍。當當地有關部門派人勸他們離開那裏時，他們說，如果要我走，我就死在這裏。幾經勸說，他們只好夜裏返回，白天離去，如同某個時代的飛行集會。

一九七九年陰曆八月十五日，在松贊林寺原克斯活佛的主持下，名存實亡的松贊林寺在中斷十三年後，恢復了第一次法會。那讓人想起一個死者的復生。就在那一年，一些喇嘛集資買了一間舊房子，又在扎拉主舊址蓋了一間臨時住房，兼作他們的活動室。一九八一年，一位叫唐勝的喇嘛捐出了原爲自家蓋房準備的全部木材，開始重建佛殿。一九八二年，唐勝喇嘛親自前往北京拜見班禪大師，要求解決松贊林寺寺址和重建的水源、木材問題，並呈上了專題報告。回中甸後，雲南省有關部門聽取了他的彙報，肯定了他的做法。從此，松贊林寺的恢復重建走上了正軌。在短短十多年時間裏，它能恢復到眼前這個模樣，讓人似乎有些匪夷所思——是的，如同一個人，一座真正的大寺也是有靈魂的，曾經毀去的，只是它的肉體和軀殼，信仰的精魂從未消散；如此，那些在八十年代源源不斷運來的砂子、石料、磚塊和木材，才能在如此之短的時間裏，奇蹟般地重塑出那座大寺的壯麗與輝煌。

寺廟可以重建，在劫難中圓寂的活佛卻無以再生。

幾百年來，中甸或說松贊林寺的僧人在拉薩的色拉寺、哲蚌寺，獲得過數十個藏傳佛教的「格西」學位，其中，在色拉寺麥扎倉獲得拉然巴格西的十九位，獲得磋然巴格西的也有多位；在哲蚌寺普康參及緗拉康參獲得格西雙版納者也很多。所謂「格西」，是藏傳佛教教徒中的「善知識」或「良師益友」，已是很高的學位。然後他們回到中甸，成爲松贊林寺的骨幹甚至活佛，直到在那片他們熟悉的土地上圓寂。早在我到達那裏之前，松贊林寺最著名的松謀活佛，已在一九六七年六月圓寂。人們至今還在講述著他的故事。

作為寺主的松謀活佛，是松贊林寺堪布阿旺羅桑單增的轉世活佛，誕生於大中甸霞那一個貴族家庭，自幼被選定為靈童後，便在松贊林寺受沙彌戒，師從著名的納西族格西魯茸尼瑪攻讀藏文及佛學的基礎理論。一九一二年，松謀進藏學經，進入拉薩哲蚌寺崩拉康參，受比丘戒，精研佛學理論，同時潛心研究藏醫藏藥，得到灌頂傳承，以「經典精湛，修持嚴謹」而深得滇、川、藏邊區的僧俗敬重。然而，由於管家生意虧本，無力在西藏佈施眾僧，松謀未能舉行活佛的升位儀式，就連「春則」都沒取得。一九二一年，松謀返回松贊林寺，協助掌教進行沙彌、比丘、居士等戒律教育；並大力整頓松贊林寺的寺規，主持新建的松贊林寺的主殿和加築寺城事項。

一九五七年，迪慶藏族自治州成立時，松謀活佛鄭重建議，為即將成立的自治州取名「迪慶」，意為吉祥如意、和平寧靜之地。並當選為迪慶藏族自治州州長。在世期間，松謀活佛還兼任德欽東竹林寺堪布。如今，當人們尋訪迪慶香格里拉時，不能不想起松謀，想起他對這片土地的命名。他用這個命名把自己與迪慶這片土地緊緊連在了一起。那個命名甚至成了一種典籍與依據，在民族出版社一九七八年版的《英藏漢大辭典》中，對辭條「香格里拉」的注釋為「藏嶺帕如格迪慶行康」，意為「世界彼岸的極樂太平境界」。

現今住持松贊林寺的崩主．魯茸余丹赤蘭吉參活佛，同樣是在拉薩深造多年後回來的。我沒能趕上歷史，不想再錯過現實。在一次又一次的對松贊林寺的拜謁中，我已聽說過崩主活佛的許多故事，卻一直無緣見到崩主活佛本人。據說，崩主活佛的第一世，為一位奉拉薩色拉寺麥扎倉繃拉康參住持曲回欽波的派遣，到中甸北部化緣、爲維修繃拉康參籌集經費的喇嘛，長住松贊林寺，頗受中甸僧俗敬重，集資功績甚大，圓寂後轉世中甸東旺鄉崩主塘，因而尊諱爲崩主活佛。

一九九八年秋十月，我再一次前往中甸，並設法一見崩主活佛。但幾次打聽，都說他那時不在中甸。臨行前的那個下午，朋友突然告訴我說，崩主活佛已回到松贊林寺，剛才已有人見到了他。於是我們匆忙上車，請當地朋友帶領，前往崩主活佛的住地拜訪。

那是位於松贊林寺大殿後的一所小院，我曾幾次從那裏經過，卻不知那就是活佛住地。輕叩院門，一年輕喇嘛應聲而出。當地朋友上前相告，說我們是專程來拜訪崩主活佛的。喇嘛在半開的木門後伸出一個頭來，答道，崩主活佛不在。朋友說，剛才不是有人拜訪過他嗎？喇嘛說，是的，拜見後活佛就出去了。問什麼時候才會回來？喇嘛說，活佛每天下午都要出去，沿松贊林寺四周的山野小路轉經，有時會順路去附近藏民家裏走走看看，什麼時候回來，時辰實難確定。我深感自己與崩主活佛的無緣，卻不想立即離去——既然活佛只是出去轉經，他就總會回來。我決定就在那裏靜靜等候。問，我們可以進來等活佛回來嗎？年輕喇嘛點了點頭。

當那道木門吱呀一聲關上時，我才意識到，作爲一個凡夫俗子，我已進入了一位藏傳佛教活佛的住地。生平第一次跨過那道檻，我顯得有些小心翼翼——某種一無預告的神秘氣氛感染了我，世界突然變得神聖蒼茫。上樓往右，年輕喇嘛把我們領進一個不大的房間。那是個灶間——看來僧人也是需要吃飯的。一個約莫五十歲的男人坐在茶炊邊，他頭髮蓬亂，身著草綠色漢裝。我們靠窗而坐，靜心等候。時間突然變得漫長，寂靜成爲一種巨大的壓力。我們設法與坐在茶炊邊的那個男人攀談。原來他叫孫諾定祖，是專門照顧崩主活佛的。他從小就在松贊林寺，今年已六十六歲，與崩主活佛同一家族，照顧崩主活佛已十多年。儘管他自己有家，卻以能照顧活佛爲榮耀。

交談沖淡了初初進來時的拘束。他告訴我們，活佛是中甸東旺人，今年已四十九歲。一九五六年，崩主‧魯茸余丹赤蘭吉參被選爲轉世靈童，到中甸進入松贊林寺，對於全民信教的藏族人來說，那是他的幸運，他從此開始了漫長孤寂的佛門生涯。十年後，在一九六六年那場突如其來的風暴中，他被遣散回東旺，作爲一個普通的農民，一待就是二十年。

我想，事實上，對一個已經獻身佛主的活佛來說，俗世的艱難日子，只是他在寺院之外完成的另一種修持，儘管不能面對菩薩誦經，誰又能說他心中不是自有佛在呢？一九八一年，堅守中的崩主活佛重返松贊林寺，當年前往西藏，一九八五年曾前去印度修持，一九八六年回到松贊林寺。事前我已得知，在中甸僧俗群眾的心目中，崩主活佛是一位年輕有爲的活佛，舉止穩重，勤奮謙和，具有一位活佛必備的遠見卓識，在信教群眾中有很高的威望。現在，崩主活佛已是松贊林寺院管理委員會主任，迪慶藏族自治州佛教協會副主席，迪慶州政協常委，中甸縣人大副主任。那麼，他還能保持他作爲一個活佛的靈性嗎？灶裏火苗閃動，茶炊發出滋滋的響聲，彷佛是對命運的感歎。崩主活佛還沒有回來。等待再次變得焦急，我告訴孫諾定祖，我和我的藏族朋友一起下樓，想到外面看看。

走出那座院子，夕陽西下，遠山如金。直到這時，我才認真看了看崩主活佛的那座小院，白牆，紅簷，四窗緊閉。從那座小院往北看去，後山一派荒寂，一座不大的轉經塔，在濃重的夕陽中染成金黃。經幡在風中飄動。不知正在轉經的崩主活佛此刻到了什麼地方。據說，每天下午，只要不是無法脫身，他都要沿著松贊林寺四周山上的小路，作一次轉經。想像著一位活佛正在松贊林寺四圍的山上獨自行走，我突然明白了，對他來說，每日的轉經不僅僅是一種儀式，而是他生命的必需。作爲一個活佛高僧，即便俗務纏身，他也必須讓心靈保持寧靜與敏銳。他在轉經的路上走著，一程又一程。風吹動著他的袈裟，颯颯作響。他手持念珠，邊走邊默誦著經文。不管颳風下雨，那都是他必修的功課。遇到風雨，那看似散步的轉經，就成了一段苦難的行程。無論何時何地，人生都需要堅守。想到此，我那苦苦的等待，似乎也增添了某種神聖。如果必須，我可以一直等到天黑，等到夜晚。

不久，一位僧人翩然而至，徑直向這邊走來。恍惚中，他往前每走一步，隨風飄起的玄色袈裟都要滯後一拍，落在他的身後，那在夕陽中動感明顯的身影，在視覺中造成一道玄黃的光帶，彷彿有幾十個僧人在同時行進，就像我們在慢放的電影中經常看到的那樣。我在心裏喊道：是你嗎，崩主活佛？一問果然——那比我預想的等待時間短了許多。他比我想像的年輕得多，頗有風度，文雅而又堅定，更像一位學有專攻的學人。他行進中投向我的一瞥，與其說是溫馨的，不如說是和藹的，那正是我預想中的一位活佛的目光，看上去日常而又平靜，內裏卻滿懷著悲憫與憐惜。俗世的人啊！不知他會不會在心裏這樣地感歎？

陪我去的藏族朋友上前說明了來意，他頷首點頭。然後我們隨他徑直進入他在那幢小院二樓的修持之處。他臨窗而立，傍晚的陽光斜斜地打在他臉上，既輪廓分明，又一派輝煌，彷彿是他自身在熠熠閃光。在他爲我們一一摩頂，以紅絲絛在每個人頸間繫結上護身符時，屋子裏靜寂無聲，我卻能感到一顆心臟的轟然跳動。祝福是默默的，也是真誠的——那是他的使命。交談隨後開始，談了些什麼卻並不重要。事實上，在那短短的時間裏，我在定定地注視他的同時，也一直在以心靈感受他。在信徒中，作爲一位活佛，他顯然並非凡人，他至高無上，有超人的智慧，而在我心中，他依然是一個人，富有人性。從他的相貌與舉止上，我沒發現一絲一毫作爲一個活佛的非凡之處。是的，活佛其實也是人。他深諳世間的一切，他必懂得人的一切情感與需要。

從崩主活佛的樓上下來，已是黃昏。天地一片蒼茫。從松贊林寺所在的那座小山上看去，不遠處，中甸城很快就將燈火闌珊。神界與俗世之間，其實只相隔很短的路程。我再次想起了那兩個現代的字眼：信仰。信仰到底是什麼呢？在中甸，一個藏族幹部告訴我，藏區的許多事情，一旦與宗教相連，解決起來就要容易得多，比如環境保護。無論你怎樣告訴群眾，說山上的樹如何如何不該砍，高原湖泊的水如何如何不能污染，有的人還是會不聽禁令。如果你宣布某座山上的某片樹林是神山，那麼，不用講多少道理，他們也不會去砍了。宗教在人類社會的最後消失需要時間。在一個全民信教的地方，宗教與神明的巨大作用，令人難於想像。然而，那就是現實，是我們必須面對的現實。

一個藏人的夢

建塘古城那個秋日的黃昏，像一匹剛剛織就的毛氈，溫軟而又清寂，爽潔卻又滋潤——記憶中充盈於每個幸福家庭裏的溫馨、恬靜與舒適，也不過如此。那樣的黃昏安謐、和諧，做什麼都好，宜坐，亦宜行；宜歌，亦宜舞；宜一家人相守相依，圍爐而坐，敘談思念，也宜三兩知己久別相聚，淺酌慢飲，品咂別情；最好是聊天，輕鬆隨意，海闊天空，在所談的每個話題上，都碰撞出親密的火花，包括眼神與心靈；或者，就從那時起點燃一支融融的紅蠟，讓酒紅色的燭光，暖暖地照徹那個通宵不眠的秋夜，話語滔滔，直至雞鳴……

我知道，我好像有點想家了——那是想家的時候。此刻我卻沒法回家，應主人之邀，我們正驅車去建塘飯店，共進晚餐。陰雨遠去，秋爽初臨；烈日告退，晚霞淡紅——斜斜的一抹，掛在中甸被四圍大山拱峙得高而遼闊的天空，飄逸靈動，一似某個高原詩人的思緒，整個天地，似乎都浸潤在一杯窖藏多年的紅酒之中，蕩漾著，生發出陣陣醇香。

在那樣的時候走向建塘飯店，期待的當然不只是一頓可口的晚餐——那一抹高原夕照，斑斕著，勾起的是旅人對家的眷戀之情。但指望一家旅遊飯店給人帶來那樣的精神慰藉，是不切實際的，依我的經驗，再好的賓館，也難讓人賓至如歸。主人盛情難卻，我也無非是遵循禮儀而已。聽說建塘飯店建在一處遠離縣城的郊野，去的路上我就在尋思，那家飯店的老闆，爲什麼在爲它取了個古色古香的名字「建塘」的同時，又執意要把它建在遠離縣城的一片山腳下，與此刻空無一人的中甸賽馬場遙遙相望——那裏很可能會是未來中甸的新城區，可眼下它還是偏遠的，寂寥的。投入鉅資建一家飯店，當是爲了盈利，如此，爲什麼又要捨近求遠，避開如今已漸漸熱鬧起來的中甸城呢？遠遠看去，在向晚的暮靄中，建塘飯店只是一座普通的藏式建築，兩層樓，不僅說不上雄偉，甚至在那片寬闊寂寥的遠郊，以及它背後那座顯得嶙峋突兀的大山映襯下，反倒顯得有些矮小，孤寂。與通常在內地看到的那些新建的飯店相比，它幾乎一無豪華可言。聽說飯店的外方投資者是位美籍藏胞，如果他不是確有高招，具有某種非凡的超前意識，那就很可能是個外行了，我想。

——直到在建塘飯店二樓的餐廳坐定，一股濃郁的藏族氣氛撲面而來，我才明白主人的良苦用心。

就像所有藏族家庭的住房都異常寬大一樣，那是一個寬敞的藏式客廳，一應典型的藏式家庭擺設，略微地透露出某種昔日的「貴族」氣派，並不豪華，卻有十足的溫馨。代替通常藏族家庭中必有的火塘的，是一架西式的壁爐，一叢火苗微微跳動。主人隨手往壁爐裏扔了幾塊劈柴——那是用整筒的雜木段子劈成的，看上去短而粗，卻每一塊都有一個弧面和兩面劈面，就像一件工藝品，通常只能在電影中的貴族之家才能看到。霜黃的柴塊，轉眼便被火舌舔成了半紅半黑的一片，燃燒得呼呼作響。

火苗忽閃竄動，野香飄溢，讓人如同置身於林木蒼鬱的山野。火光從壁爐口逃逸出來，把那一方角落映成一片暗紅，然後反彈上去，在天花板上跳躍。倏忽之間，我真像走進了某部外國電影，成了劇中之人。幾盞並不明亮的燈光，把整個廳堂襯托得溫暖、沈鬱而又厚重——那樣的氣氛是寧馨的，又是有驅動性的，恍惚之中，即使只有你和你的親愛者兩人相對而坐，也會感到寬闊的空間在倏忽間便被緊緊壓縮，變得密實緊湊，富有質感，人和人緊緊地挨在一起，心與心之間沒有了距離——它似乎在提醒你，在這裏，人和人就應該推心置腹，坦誠相待，所有的奸詐與詭計都無藏身之處。寬寬的藏式木椅上，厚而軟的羊毛卡墊，看上一眼，也讓人有一種一坐下去就會深深陷進去，陷進去就再也起不來的沈落之感。頭頂的天花板下，波浪般起伏似的，懸掛著家織的藏式氆氌，深藍著，一如香格里拉寶石藍的夜空。

市囂遠離，清淨無爲，那樣的氣氛，讓我再一次想起了《失去的地平線》中詹姆斯·希爾頓精心描繪的香格里拉，那個超越凡塵的虛幻世界。一個小小的點綴，卻讓我驟然回到了現實。那是小茶几上擺著的兩隻銅製煙缸，馬蹬子形，似乎剛剛才從某個高原騎手的坐騎上取下，還帶著馬的體溫；斑駁之中，透出一派蒼黯而又意味深長的舊銅色，些須幾方綠斑，是風霜雪雨與歲月的印記，縱馬奔馳的騎手已經遠去，但連天的草原，一騎奔馳的駿馬，卻從天邊翩然而至，突然撲到了我的眼前，迅疾的蹄聲敲打著大地，如風，也如雨……料想主人並非有意爲之，但那番佈置的精心，定然出自藏人與血液相連的某種生性，於是那個小小的東西，便在那一刻，向我悄然地詮釋出某種藏式休閒的真義：動靜相宜，休閒只是兩場辛苦勞作之間的過度與間隙；唯有在感受到飛馳的速度之後，才會格外清晰也格外深切地領受一份內心的寧靜，就像聖徒在凡俗中領受到那份聖餐，去營養靈魂。

說那是某種貴族之家的格局，當然出自我的想像，至今，我還從沒走進過一個真正的藏族貴族家庭。但我確信，我所看到的，必是藏文化的精華之一——也許，主人爲那座飯店取名「建塘」，其意也不過如此？可要真是如此，建塘飯店的外方經理格桑扎西先生，那位特意從美國回來建設家鄉，畢業於美國威斯康辛大學研究院的文化人類學碩士，其智力也就並未超出常人了。我想。

飯後我們有過一陣短暫的閒聊。坐在壁爐前藏式靠椅那厚厚的卡墊上，似乎深深陷進了藏文化的包圍之中。壁爐裏，木柴燒得劈啪作響。格桑扎西和他的幾個助手都出來了，其中一位女士，面色黝黑，卻面廓秀麗，像是來自南亞次大陸的某個國家。果然，格桑扎西告訴我們，那是他的朋友，來自孟加拉的烏達娜女士，曾在牛津大學讀書，她對徒步旅遊很有經驗——格桑扎西先生準備很快就在中甸開展徒步旅遊，請烏達娜女士前來幫忙，當然是他的最佳選擇。談話漫無邊際。格桑扎西雖久居異國，卻能說漢話，雖然不算流利，有些急需的字眼，他常常難於從他的字庫中，及時準確地找到它的漢語表達。每逢那時，他便顯得著急，「對不起，對不起，」他一再表示他的歉意，尷尬的神色，讓人想起「少小離家老大回，鄉音未改鬢毛衰」的詩句。

我也就在那一刻，突發了對他的興趣——一個久居異國的藏族學人，爲什麼執意要回他的高原故鄉，開一間飯店？想與他就這個話題聊聊，人多，要談也很難深入，浮皮潦草地說上幾句，並不能除卻我心頭那山一樣的疑問，何況撇開衆多客人「獨佔」格桑扎西，也有失禮貌。那得另尋個清靜的日子，單獨向對，找到一個文化的話題，慢慢地切入，直達他生命的根柢。於是我說想與他約個時間，再次前往拜訪。他對那樣的拜訪似乎並不怎麼上心，說要麼就在明天，下午三點以後，只能給我一個鐘頭。我沒吭聲，心想也只能這樣了——在國外，一個新聞記者要去採訪某人，據說是要先付費的，他從美國來，當然知道這樣的規矩。他顯然看出了我的疑惑，說他那幾天實在很忙——在建塘飯店一期工程已投入一千萬元之後，他正在籌劃建塘飯店的二期工程。照他的設想，二期工程應是興建一批道地的中甸風格的藏房，他要把它辦成一個藏族文化中心，在那裏開辦一些手工工藝作坊，從民間邀請諸如紡織、皮革、首飾、陶器等等藏族手工藝人，爲他們提供住房、作坊和其他生產條件，讓國內外旅遊者能親眼看到他們的製作，同時也讓藏式手工工藝傳承下來——他說，他一直熱心於弘揚藏民族的傳統文化。用他的話說，他回中甸投資不僅僅是爲了掙

人神之間

旺旺的火塘與濃濃的酥油茶一起，傳達著大自然的芬芳。藏民族儘管全民信奉藏傳佛教，但從不棄絕世俗生活的溫馨與歡樂。

錢，那既是爲了某種商業成功，更是爲了讓世界瞭解中甸，瞭解藏民族，將藏文化的精華保存下來，傳之久遠。

壁爐烤得人暖暖的。在格桑扎西說話的間隙，我一直靜靜地看著他。他那副漂亮的眼鏡鏡片在燈光下閃著光，讓我難於看清那副躲藏在鏡片後面的眼睛。我當然並不懷疑格桑扎西對於自己民族的虔誠，但在我內心裏，我依然對他的那番表白有所保留——他所說的話，是由衷的嗎？畢竟，眼下他是這家飯店的老闆，那麼，他的一切談論，會不會不可避免地打上廣告色彩？也許我太挑剔了——眼下在中國內地，一個企業家，能夠這樣去思考的，畢竟也是鳳毛麟角啊！

就在等待與格桑扎西先生交談的幾天裏，一個偶然的機會，我聽說了格桑扎西的家族，特別是格桑扎西的外祖父馬鑄材的故事。那時我才發覺，儘管我對格桑扎西先生並不存在什麼偏見，但對一個生長在異國他鄉的藏人的心，還是缺乏真正的瞭解——真正瞭解一個人，是那麼不容易。

格桑扎西的外祖父馬鑄材，是一個在中甸無人不知的藏族華僑僑領，名金品，字鑄材，藏名榮坤・次仁桑主，一八九一年出生在中甸本寨金龍街一個貧苦的藏族農民家裏。他少年失學，爲支撐一家人的生活，從小進中甸「公鶴昌」商號當小夥計。他聰明好學，不久就熟悉了商號的一應事宜，得到老闆的賞識，許多重要的事情都交給他經辦。成年後，他開始從事馬幫販運，長年往來於滇、川、康、藏與印度之間。嗣後，依靠自己的積蓄，到西藏獨立經營藏、印之間的馬幫販運。一九二〇年，他僑居印度噶倫堡，開設了「鑄記」商號，逐步擴大到經營茶葉、羊毛及土特產於滇、藏、印之間，生意日漸興隆，信譽日增。

抗日戰爭期間，日本封鎖了滇緬公路，企圖扼斷中國西南的國際運輸線，危及國內市場和抗戰後勤供應。馬鑄材率先帶動大批兄弟民族的商販、馬幫，擴展滇、川、藏、印的「三角貿易」，發展了民族經濟，支持了國內的抗日戰爭，「鑄記」商號本身也獲得了很大發展，先後在大吉嶺、拉薩、麗江等地設立了分支機構，從加爾各答進口貨物，遠銷至昆明等地。爲支援抗戰，他還同在西藏的恆盛公、永昌祥、元德和、協樹昌幾家商號一起捐資二十五萬元法幣，合獻了飛機一架。

身居異國，他處處維護祖國的尊嚴，團結華僑，創辦了噶倫堡中華學校，被推選爲該校名譽董事長。在國內，他曾多次捐資在麗江、中甸等地興辦文化設施。內地建設康藏、青藏公路，馬鑄材不惜放棄賺錢生意，採辦鋼材、機器、汽油等緊缺物資，支持內地的公路建設。一九五三年，他率印度、巴基斯坦華僑回國觀光，參加國慶盛典，受到黨和國家領導人的接見，並親自將南亞各國華僑給祖國政府和人民的上千封書信面呈政務院華僑事務委員會主任何香凝，做到件件有著落。同年並致函中甸縣人民政府，願將家鄉所有房產捐贈地方，興辦教育。

馬鑄材走過千百遍的，那條穿行於滇、川、藏與印度之間的商貿之路，正是起於滇中腹地，蜿蜒於滇西北群山峻嶺之間的茶馬古道。那是一條艱險的道路，步步血淚，程程艱辛，每一個行走在那條古道上的趕馬人，都有一段可歌可泣的故事，聞之讓人動容。茶馬古道的故事，正是因爲有了那些個人故事，才變得真實動人的。然而，馬鑄材遠遠不止是一個有著傳奇色彩的藏族商人，還是一個具有正義感，深諳民族尊嚴的鬥士。正是他，爲和平解放西藏做出了許多不爲世人所知的獨特貢獻。

馬鑄材的故事讓人震撼——那時，我再一次想起詹姆斯・希爾頓筆下的那個康韋，那個從香格里拉出去之後又重新返回，去尋找香格里拉的康韋。恰如迪慶藏族自治州副主席勒安旺堆所說：「迪慶，被譽爲美麗的香格里拉。馬鑄材應該是香格里拉人之一。」事實上，馬鑄材本人的許多品格，都從某個角度印證了那種「適度」的香格里拉哲學。

——富裕後的馬鑄材，仍然生活簡樸，常愛穿一件青色長衫，當地藏族都叫他是「甲米次仁」，意思是漢人次仁。

——馬鑄材爲人耿直，急公好義，樂善好施，熱心公益事業，與當地人民情篤誼厚；早在四〇年代，他就在中甸金江買下一片土地，親自引進美國煙葉良種、荷蘭牛和西寧馬，建立試驗場，引導當地農民種植、養殖。他在大門上自題一聯曰：

貧富哪有天下分，
保持須由勞動來。

——他篤信佛教，且終生恪守佛教教義。一位旅印藏商生意虧本，竟將家傳的藏文金字珍本《甘珠爾》全函一百零八函低價賣給某國學者，馬鑄材聞訊後立即前去說服，出巨資將《甘珠爾》全函買下，捐贈給由他捐資興建的中甸「朝陽宮」收藏，並要求經常念誦。

而我那天見到的美籍藏人格桑扎西，正是馬鑄材先生的後人。想起他在那個有著壁爐的藏式房間所說的話，我很想在一次暢快的交談中，去印證那個藏族老人的心願，是否真能在他的後人身上得以繼承。於是我更為焦急地期待著與格桑扎西的再次見面。

到了約定的日子，我卻無法按時赴約，只好請中甸縣外辦向格桑扎西表示歉意，並與他再約時間。即便如此，等我與中甸外辦的和麗萍女士一起去到建塘飯店時，我們還是在大堂裏等了半個多小時——格桑扎西先生熟識的和麗萍女士去問了一下，回來告訴我，格桑扎西先生正在為他的員工講課，教他們學英語。她說，當初，建塘飯店招收員工時，格桑扎西先生執意要從中甸各村寨招收那些貧苦的藏族孩子，希望能就此改變他們的生活。我孤陋寡聞，不知如今的外資老闆，是不是都能像格桑扎西那樣，把一家飯店辦成具有扶貧性質的機構？也不知道他們會不會專門抽出時間來，對他的員工進行培訓？在我的印象裏，似乎外資老闆早已習慣聘用那些現成的人才——說起來，作為一家企業，他當然沒有對人員進行初級培訓的義務。格桑卻在那樣做。於是我只能告訴自己：稍安勿躁，稍安勿躁。

與格桑扎西的第二次見面，是一次充滿了陽光的見面——終於等到格桑扎西先生出來，他邀我到院子裏去聊。他說那裏有太陽，暖和。於是，在建塘飯店綠草如茵的院子裏，我們圍坐在一張石桌前，就著清茶，輕鬆地交談。太陽是那番交談自始至終的參與者。與第一次一樣，那也是一次暖烘烘的談話，只不過第一次是在燒著壁爐的屋子裏，第二次則是太陽的直接照耀下。說起往事，格桑扎西先生開口就哼起了一首歌——《建塘是個美麗的地方》，他說，那是他阿媽、馬鑄材老人的女兒教給他的——

太陽最早照到的地方，
是東方的建塘；
人間最殊勝的地方，
是奶子河畔的香格里拉……

而在我聽來，那無異於是他的外祖父馬鑄材教的。在我們往後的交談中說到的每一件事，都讓我想起格桑先生的母族，想起他的外祖父馬鑄材——據說，一個家族的血緣與秉性，儘管常常是代代遺傳，更多的卻是隔代遺傳。格桑扎西身材魁偉，寬闊的臉膛上，戴著一副眼鏡，舉手投足之間，都有著明顯的美國人的作風。五○年代，他隨家人去了印度，六○年代又輾轉去了美國，從小受的是典型的美國教育，但毫無疑問，他仍然是個藏人，他魁梧的身子裏流淌著的，依然是康巴藏人的血。隔著千山萬水，水流滔滔的金沙江，細細彎彎的奶子河，早已接通了他的血脈。他內心嚮往的，還是他在雲南藏區的家鄉。像上次一樣，他再次提及他準備在中甸開展徒步旅遊的事。他掏出筆和紙來，在小石桌上寫寫畫畫，不厭其詳地介紹他在中甸開展徒步旅遊的計劃，告訴我，整個徒步旅遊準備設置的幾個停留點，從一個點到另一個點有多少路程。或許，徒步旅遊在旅遊行業有著自己的定義，但在我看來，那或許只是一個藏人對他遠祖生活的記憶。那種記憶深藏在他的血液之中，哪怕人在天涯，也難於抹去。

一九八六年，格桑扎西第一次去到西藏。這位畢業於美國威斯康辛大學研究院的文化人類學碩士，決心先在拉薩開辦一家生產藏毯的企業。用他的話說，藏毯工藝在西藏已有幾百上千年的歷史，是能代表整個藏民族審美趣味的一種獨特的藝術表達。因爲完全靠手工製作，他的那家藏毯廠能養很多人。通過他們，既可讓藏毯工藝保存下來，還可利用現代技術讓它發揚光大。如今，他在拉薩的那家藏毯廠的生產和銷售情況都不錯，一年要用好幾噸羊毛，忙時，有三百人直接從事藏毯的編織生產，還供應不上。何況那些羊毛還要經過洗、梳、紡等多道工藝，於是一家不大的工廠，要動用的人力多達近三千人，這對經濟還不太發達的西藏，當然是個可觀的數字。他說，在美國，現在銷售的藏毯是尼泊爾做的，真正在西藏生產的，就很少了。因此他的藏毯在美國銷售得不錯，雖然由於運輸路程較遠，成本高，價格上沒有太大的競爭優勢，但他卻以最具藏民族特色的花色取勝。

那麼，你怎麼會想到回中甸的？我問。

是中甸縣邀請我回來的。他說。

一九九五年底，中甸有關部門通過格桑扎西先生在中甸外貿部門工作的表弟和剛找到了他，邀他回中甸來搞開發經營。那時他沒時間，他正在準備結婚——在美國，憑他的學歷與財產，完全可以找個美國妻子，可他夢想中的美麗新娘，應該是個藏族姑娘。就在西藏經營藏毯廠期間，他認識了他現在的妻子柴丹，一位畢業於上海醫學科學院的藏族醫學博士。與中甸聯繫上後，他原打算那年的夏天回中甸看看，也只是看看，可接到那封信後，他就坐不住了——他似乎一直在等待著這一天。一九九六年春節，他就回來了。

回中甸的第一天，在與中甸縣有關部門進行初步商談後，雙方就草簽了一個合同，決定在中甸合作興建藏式的「建塘飯店」——他說，儘管他以前做過金融，從沒經營過旅館業，但為家鄉辦事，不能拖；作為中甸人，從小母親給他唱的那首歌——「建塘是個美麗的地方」，他至今難忘。他說，儘管他人入了美國籍，但他的根在中甸：「在即將進入廿一世紀的今天，根是重要的，即便在美國，很多人至今也在尋找自己的根。」談起第一次回鄉的那段經歷，他說，他沒想到鄧良才縣長那天會帶他去看中甸名寺大寶寺。在藏語中，大寶寺叫「乃欽吉哇仁昂」，意為「五佛寺聖地」，一六六〇年由麗江納西族土司木天王木增出資，大寶法王卻英多吉所建，並親塑五佛法身；相傳山下左側為觀音菩薩之六字箴言水，右側為文殊菩薩的智慧咒泉，信徒與遊客到此，都要飲此泉水並以泉水洗眼。歷代噶瑪噶舉派的高僧都曾到此修行，大寶寺因而聞名康藏。掩映於密林中的大寶寺，蒼苔深深，歷經數百年風雨，至今保存完好，讓格桑扎西大為震驚，也非常感動。

格桑扎西告訴我，當初他選定在遠離縣城的地方興建建塘飯店，好多人都覺得驚訝，不理解，就連他在中甸的親戚也曾勸他，放著縣城裏的地不用，為什麼要跑到那麼遠的地方去建飯店呢？他回答說他有他的考慮——中甸縣城的建築已經有些擁擠了，考慮到將來的發展，按照如今世界上流行的方式，決定把飯店建在離縣城稍遠一些的地方是合適的。不過，他說，那幾天，他似乎總會聽到冥冥中有一種呼喚，懇求，親近，富有魅力，聲聲陣陣，都在讓他選擇那個地方。當工程已經完成，他透過當地朋友的介紹，才知道，就在如今的建塘飯店背後的一個山埡口裏，他的外祖父當年曾出資興建過一座寶塔。那時他才明白，那冥冥中的呼喚，就是他外祖父馬鑄材的聲音。

——太陽下去了，我們邊談邊走向他設在飯店裏的辦公室。那是一個寬敞、明亮的房間，電腦、傳真、各種外文資料應有盡有。我很難相信，就是這樣一個來自美國，靠著電腦，靠著網路，靠著電子郵件去經營他的企業的美籍藏人，剛才還在那麼動情地談論那種散發著靈魂氣息的超常感應。香格里拉，是不是真有一種什麼常人難以捉摸的神力，吸引著每個外來人，也吸引著每個生長在這片土地上的人？三十年前，那位沿著古老的茶馬古道，一步步走了出去的藏族趕馬人，在移居國外四十年後，返回了他的家鄉——如果那出自他深藏於心的那一份濃濃的思鄉之情，對於格桑扎西來說，那份決不抽象的思鄉之情，根本就不存在——他幾乎沒在他的家鄉中甸生活過一天，對家鄉幾乎沒有記憶。然而他也回來了。初次進入建塘飯店的那個晚上，彌漫在建塘飯店那間藏式餐廳裏的氣氛，再次湧上我的心頭，溫馨，恬適。我隱隱覺得，與其說格桑扎西是在經營一家現代企業，不如說他是執意要在建塘古城建一個家，一個安置他漂泊心靈的家——爲他自己，更是爲他的整個家族。或者，那是要實實在在地圓一個夢，一個身在異國他鄉的藏人夜夜都在做的夢。

未來世界

當人們終於在雲南的迪慶藏區尋找到香格里拉時，離《失去的地平線》那部小說的問世已過去了七十餘年。二十世紀行將告罄，世紀晚霞正在我們的回眸中漸漸消失。如果《失去的地平線》展示的是世紀之初人們的種種憂慮，那麼，七十多年後，憂慮的烏雲是不是已經不再盤踞在人們心頭？人類心靈的天空，是不是已經重歸晴朗，一片潔淨？不幸的是，事情好像並不那麼令人樂觀。當我寫作這本書的時候，一場新的金融危機席捲了整個東南亞，在那裏，貶值的貨幣像骯髒的手紙一樣不值一文。經濟危機帶來的一個可怕後果，是危機所過之處，一個又一個國家的政局發生動盪，政權更迭，一個個曾經不可一世的領導人下臺，或發生嚴重的信任危機。瘟疫般的危機很快就蔓延到了俄羅斯。

一九九八年末，美、英兩國繼一九九一年後再次對伊拉克實施軍事打擊，成百上千枚巡航導彈在巴格達附近爆炸。延續數年之久的科索沃危機再度演化成大規模的武裝衝突，成爲近十年來在大規模範圍內頻頻發生的民族衝突的一個新的標誌……。一九九九年新年伊始，那場金融危機突然在巴西登陸。幾乎與此同時，國際金融投機家喬治・索羅斯預言，美國已經出現了和日本八〇年代後期完全相同的資產泡沫，世界下一次大的經濟危機將發生在美國。索羅斯說，發生在世界各地的經濟危機給美國經濟帶來了好處，大量資金從金融危機發生國流入美國，廉價的進口商品使美國的消費者可以享受多於他們所創造的財富。這是不正常的，也不可能持久……

夜闌人靜，當我在遠離世界中心甚至遠離中國內地的迪慶藏區想起這一切時，我突然感到了世事的嚴峻：人類在七十年前和七十年後所面臨的，似乎並沒有多大的改變。我們對香格里拉的尋求，與那本小說中香格里拉的智者對世界危機的分析，似乎就發生在同樣的環境裏。如此看來，當今人類對香格里拉的尋求，並不是空洞的，消遣性的，僅止爲了找到一處新的旅遊地——事實上，在世界其他地方，發現一處兩處寧靜如畫的風景，並不是一件太難的事。但要找到一片既寧靜如畫又充盈著香格里拉精神的土地，卻並不容易。

當我跨過江河，穿越草甸，翻越雪

松贊林寺

看上去，噶丹松贊林寺是清晰的，離人世並不遙遠；讓你永世都難看透的，是它背後深邃神秘的黝黑。

山，一步步深入到迪慶藏區的內裏，與迪慶香格里拉的人們面對面地交談時，我會突然想起雪山之外的世界，那是我熟悉的、與香格里拉全然不同的世界。但偶爾，我也會想起那個漸漸深入香格里拉的康韋，以至有時我分不清，在漸漸深入香格里拉的過程中，我到底是我自己還是那個英國紳士康韋？到底是我走進了小說中的香格里拉，還是康韋來到了現實中的迪慶？或者，發生在世紀之初和世紀末的這兩件事已完全攪合在一起，你中有我，我中有你？

隨著張姓老人——自然也可說是詹姆斯・希爾頓——的帶領，康韋一行——自然也引領著《失去的地平線》的每個讀者——逐漸進入香格里拉的深處。那是個既神秘又婉轉的過程。詹姆斯・希爾頓讓康韋那樣一些來自西方的人，看到了掩藏在香格里拉神秘外表下更為神秘的精髓。於是，我們依次看到了香格里拉的圖書館、音樂室、喇嘛的生活與學習空間，以及香格里拉人進行宗教活動的地方。那種參觀式的進入，常常發生在某個富有詩情畫意的時刻，比如清晨或是傍晚。

早晚的香格里拉，或籠罩在一片雲霧之中，或袒裎在美妙的月光之下。那讓我們想起中國古典文學作品中對人世之外的空間的種種描繪，仙境，天國，以及智慧超群的高人隱士們居住的地方，諸葛亮的臥龍崗，陶淵明的桃花源，甚至西方的某座教堂，某座古堡或是經院。但直到這時為止，我們看到的還是表象，儘管那已經讓讀者感到了某種與神秘莫測相伴而生的智慧。而詹姆斯・希爾頓在他的小說中真正不遺餘力描述的，正是香格里拉人驚人的智慧、超凡的學識與縝密的思考，雖然他的抒寫總帶著某種程度的誇張，和某種有意無意的神化。

在香格里拉，經年足不出戶的喇嘛與準喇嘛們，通過閱讀與思考，關注著、思考著整個世界。那種關注的深刻，常常令像康韋那樣來自西方，自以爲超越常人的紳士們也自歎弗如。例如有位頭髮花白一臉慈祥的喇嘛與康韋交談片刻後，發問道：「您是否對英國作家勃朗蒂姐妹們感興趣？」康韋表示自己多少有些興趣，於是那人便說：「告訴你，我於一八四○年代在英國西區作代理牧師的時候，曾拜訪過她們的父親。自從來到此地，我對整個勃朗蒂問題進行了研究。真的，我還就此課題寫了一本書，也許您願意抽空一閱？」

令人吃驚的，不僅是喇嘛們的年齡——從一八四○年到《失去的地平線》發表的一九三三年，我們剛剛提到的那位喇嘛至少已活了一百歲——還在於他所關注的問題所包含的那種純粹的藝術性質。如此看來，僅僅創造一個有著神奇風光的香格里拉，並不是詹姆斯·希爾頓的本意，至少不是他的全部。他醉心創造的是一個奇特的世界，那裏的人們智慧充盈，思考深邃，禮節周到，談吐落落大方。面對他們，康韋從心眼裏感到，一個庸俗的世界正逐漸為一個富足而且具有滲透力的世界——香格里拉所代替。他漸漸發現，這裏的喇嘛有著非常特殊的文化，至少他們對書的興趣相當廣泛。希臘文的柏拉圖著作緊靠著英文版的波斯詩集；尼采的書與牛頓的論著作伴；莫爾的作品就更多了：有愛爾蘭詩人湯姆斯·莫爾的詩集，也有英國作家哈代·莫爾的小說，還有愛爾蘭作家喬治·莫爾的論著。康韋估計書籍總數在二至三萬冊之間，推測挑選和獲取書籍的方法將是引人入勝的。他發現最新的一本書不過是幾年前出的一本簡裝書。在隨後的拜訪中，張告訴他，還有一些新書，出版日期可一直推至三○年代中期。它們無疑最後都要上架的，都已經運到喇嘛寺院了。「你看，我們完全將自己緊扣時代。」他說道。

那種參觀式進入的高潮，顯然是康韋與香格里拉的最高喇嘛佩勞爾特之間的那場交談。不管那場交談被詹姆斯‧希爾頓渲染得如何神秘，如何具有宗教色彩，甚至打上了玄學的烙印，但那場對話的實質仍是兩種文化的較量，是發生在西方「文明」人與地處東方的香格里拉人之間的一場智力搏擊。搏擊的一方是劍橋大學的高材生康韋，一個幾乎漫遊過整個世界的英國外交官，一個對西方文化早已有所懷疑，並領略過東方文化丰采的英國紳士；一方則是香格里拉的最高喇嘛佩勞爾特，一個早就獻身佛教的西方傳教士，一個在看似封閉的山谷之中，已活到幾百歲的智慧老人。令人吃驚的是，劍橋大學畢業的高材生康韋，在佩勞爾特的睿智與透徹面前，幾乎失去了思索，他幾乎只有聆聽的份兒。佩勞爾特對世界危機的種種分析與預言，讓康韋感到震驚——

我們並不是追循著某種無根無據的實驗，也不僅僅是出於某種奇想。我們有我們的夢境與想像。這個想像最早出現在年老的佩勞爾特的腦海裏，那是一七八九年，他躺在這間屋子裏奄奄一息，他回顧了自己漫長的一生，正如我已經告訴你的那樣，他似乎覺得一切最可愛的東西都是短暫的，都是容易消亡的。戰爭、貪婪的欲望、殘暴的力量摧殘著美好的事物，直到美在世上蕩然無存為止。他回憶起一幕幕的往事，一個個國家在卑下的熱欲與破壞的願望裏變得越來越強大，機械的戰力在成倍的增加，直到一個武裝的單兵就能抵得上路易十四的整個龐大軍團為止。他預見到當他們毀滅了大地和海洋，他們將進軍空間……你能說這些想像是不真實的嗎？

……那是一場世界從未見過的風暴。在戰火中沒有安全，向當局求不得幫助，科學亦變成啞巴。這場風暴將踐踏每一朵文明之花，人類所有的一切都將變得渾沌不清。遠在拿破崙還鮮為人知的時候，我就產生了這樣的預見。現在它已凸現在我的眼前，一小時比一小時更為清晰。你說我預見錯了嗎？

康韋答道：「不，我想你也許是對的。類似的慘劇曾經發生過一次，而後便是長達五百年的『黑暗時期』。」（指歐洲的中世紀——筆者注。）

這樣的比較並不太精確，因為歐洲的「黑暗時期」其實並不是非常黑暗，尚有搖曳的燈光。縱然這些搖曳的微光在歐洲完全熄滅了，秘魯，仍有光芒，時代將因而重放光華。然而行將到來的「黑暗紀元」像一個棺材罩，將罩住整個世界，既無逃脫之路，也無避難之處。只有那些絕密得找不到的地方，或是卑微得完全令人忽視之處，才有倖免的可能。香格里拉有希望兼承絕密與微卑兩個特點。馱著死神的轟炸機飛往大都市時不會經過此地，即便真的飛來了，飛行員也不會認為我們值得他投放一顆炸彈。

香格里拉的最高喇嘛佩勞爾特告訴被香格里拉精心推選來作爲他的繼承人的康韋——

「我相信你將活著度過這場風暴。……你會變得更老成，更睿智，更有耐心，你將保藏下來我們歷史的精華，並加進你自己思考的結晶，你將會迎來新人，教給他們人生的準則；當你自己也衰老不堪時，他們中的一位將會繼承你。我只能預見到這個地步，更遠之處就顯得模糊，但我仍可以看出，那構想中的新世界正在廢墟上萌動，儘管動得很笨拙。我的孩子，這些珍寶全在這裏，全藏在叢山之中的藍月山谷，為了一場新的文化復興奇蹟般地保全在此地……

但這還不是全部。他預見到有那麼一天，人殺人，殺紅眼睛，全球惡狠狠地殺成一片，每一件珍貴的東西都陷於岌岌可危之中。每一本書，每一幅畫，每一支樂曲以及千百年來珍藏下來的每一件寶物——這些嬌巧、精緻、毫無自衛能力的珍寶都將喪失，都將毀滅，就像喪失了羅馬帝國歷史學家利文的全部著作一樣；就像英國人當年毀滅了北京的圓明園一樣。

但是，理智的人們該如何抗擊這鐵與血的廝殺呢？相信我，老佩勞爾特的幻想會變成真實的。那就是，我的孩子，為什麼我在這裏你也得在這裏的原因——我們要在四面八方聚攏而來的毀滅中求得生存。我們並不指望仁慈的施捨，但我們獨具一線倖存的希望。我們將在這裏和我們的書籍、我們的音樂和我們的反省存留下去，並尋求人類在他們的戰欲泯滅之後所需要的智慧。我們擁有一份人類的遺產並傳給後人。時候一到，我們便可分享到這份樂趣。爾後，我親愛的孩子，當強人們相互吞併，基督教的倫理終將結束，而適度的原則將承接這個世界。」

老人的低語中出現了些許強音。康韋不禁為這妙語所傾倒，他又一次感到四周的黑暗如浪壓來，這回它們似乎象徵著外部世界烏雲壓頂，風暴行將來臨。他並不太清楚自己最後是如何離開的，他久久地沈湎於一種夢的氛圍之中。……當他們一起走過星光照耀的庭院時，四下靜寂無聲，他覺得香格里拉的美從來沒有像今天這樣一下都被濃縮在視野裏。山谷依偎在峭壁之下，好一個寧靜如鏡的湖泊，與腦海中的寧靜渾然一體。他已經超越了驚訝。那多方面的長談，已使他將一切置之度外，在感覺上，在心緒裏，在腦海中，他感到了一種同等的滿足。

擁有超群的智慧與驚人的預見性的，當然不止一個老佩勞爾特，就連那位妙語連珠的張總管，以及那位「很有天賦」、「足智多謀」、設計了整個劫持康韋一行的座機的年輕人嗒盧，也是一個令人欽佩的理想主義者，不惜爲香格里拉的後繼有人鋌而走險。爲了那個計劃，嗒盧先到美國去學習飛行，然後精心實施，把康韋一行劫持到了香格里拉。佩勞爾特、張姓總管和嗒盧，不過是香格里拉的幾個代表。

當布琳克洛小姐問張姓老人「喇嘛們都在幹什麼」時，張說：「小姐，他們自我奉獻神靈，追求學識。」而在康韋眼裏，喇嘛們活著，好似真的把時間握在手心，但時間簡直像羽毛一樣輕盈。……康韋並沒有見到更多的喇嘛，但是他逐步地瞭解到他們工作的範圍和種類。他們除了精通多種語言，一些人看來還在進行尖端的研究，其成果也許會叫西方世界大吃一驚。許多人忙著著書立說，有一位對抽象數學進行了很有價值的研究；另一位則在歐洲文明史的研究上，把英國歷史學家吉朋和德國哲學家斯賓格勒的理論廣泛地聯繫起來。

小說畢竟是小說，何況詹姆斯・希爾頓又把它弄得多少有些深奧玄秘——那雖然增添了它的吸引人之處，卻也讓人感到了隔離，畢竟，不是每個人都對神秘充滿興趣。佩勞爾特的預言或許過於誇大了，人類的前途，並不像他想像的那樣黯淡，至少他沒有考慮到，隨著技術的進步，人們也在努力尋找一種辦法，以制止世界的毀滅。悲觀是沒有必要的。但是，如果我們對佩勞爾特預言的戰爭不作機械的、絕對化的理解，如果我們把產生世界性「危機」的原因放大開來思考，就會發現，當今世界，的確正在經歷一場比戰爭更讓人憂慮的危機，那就是全球性的金融危機和日益嚴重的生態惡化。

當人類或說是人類的一部分正在坐享現代化帶來的高度舒適而又過分物質化的現代生活時，地球資源迅速消竭，地球的生態狀況也在急劇惡化。西方的高度文明，是建立在對大自然的掠奪性開採之上的。海水變暖。聖嬰現象在全球橫行。南極上空出現的那個巨大的臭氧空洞，成了懸在整個人類頭上的一枚炸彈。就連寧靜的青藏高原上空，每逢夏季，也存在著一個「臭氧低谷」。中國科學家發現，從一九七九年以來，中國大氣臭氧總量逐年減少，每年夏季六月到九月，在青藏高原上空存在著大氣臭氧總量的異常低值區，最低時的臭氧含量比周圍地區要少百分之十左右，而且從一九七九年到一九九一年間，臭氧含量平均每年遞減百分之零點三五。每年的十月份以後，那個「臭氧低谷」才逐漸消失……

就在這時，人們開始談論和思索迪慶香格里拉，思索那片讓人親近的土地可能帶給我們的一切。與康韋不一樣——不管康韋對東方文化有著多好的感覺，香格里拉的一切對他畢竟是屬於異域的，他人的。我在進入香格里拉時，感到的正是親近，是久違之後的重逢，是湮沒之後的再度輝煌。在迪慶香格里拉，我對遇到的每個人，每片風景，每幢藏房，都有一種歸宿感，似乎我的前生就在那裏居住，眼下不過是舊地重遊。我深信那就是我的土地，就像那是雲南的土地，是中國的土地一樣。在那裏，我的靈魂時時都處在一種高潮狀態，生命得到了一種從未有過的張揚與昇華。那當然不止是享受。在二十世紀末的迪慶，我親身感受得最深切的，是彌漫在那片土地上的那種「自我奉獻」、「追求學識」的精神。那種精神是崇高的，表現出來的形態卻樸實無華。迪慶香格里拉帶給我們的，不僅是那片美麗的風光，也不僅是由那片土地生長出來的豐富燦爛的文化，更重要的，倒是他們對自身生存環境的關注。正是在這個意義上，迪慶香格里拉不僅僅屬於雲南，屬於中國，也屬於整個世界。

——對於未來，我們需要的，恐怕正是像香格里拉的人們那樣，時時都在進行的那種超前的思索。

卷三

卡瓦格博的子民

藏歌

「藏歌」這個字眼，帶有一種顯然易見卻又模糊不清的親暱和濃情。什麼叫藏歌？是藏族的歌，藏族同胞愛唱的歌？還是具有藏族音樂旋律、藏族音樂韻味的歌？第一次聽到這個字眼，我便心存疑惑。回答簡單至極：都是，也都不是。藏歌就是藏歌。藏歌是屬於藏族的、藏族同胞愛唱的、有著藏族旋律、藏族韻味的、在藏區四處流傳、幾乎每個人都會唱的歌。

山如波濤洶湧的迪慶高原，當然會有波濤洶湧的歌聲。如果橫越巨大時空的茶馬古道是一首氣勢磅礴的交響樂，地處滇川藏大三角的迪慶高原，就是它最具華彩的樂章。它藏味兒濃郁，高亢飄逸，時而在雲端盤旋，久久不會消散；時而沈落於峽谷，如同一團雲霧。它粗獷雄渾，剛柔兼濟，讓人想起喇嘛寺廟裏莊嚴的法會，山野間徹夜不熄的篝火以及狂放的鍋莊，牧場上令人眼花撩亂的弦子舞。

它深情如訴，催人淚下，讓人想起母親的叮囑，情人的耳語。而最重要的是，那樣的歌唱，完全出自一個民族的天性：天生的熱情，天生的嗓門，天生的大方，天生的、僅僅在大自然裏才會有的聲音，一如天籟。一個康巴藏人，不管是男是女，是官員還是百姓，是成人還是孩子，也不管是在迪慶，中甸或是德欽，金沙江邊，瀾滄江畔，還是在遠離迪慶的另一個城市，只要你邀請他唱，他就會唱。而與此相應的是，一個在迪慶香格里拉住過幾天的人，也總是對藏歌念念不忘，總會哼上一首至少也是幾句藏歌。你也許記不清所有的歌詞，但必記得那段旋律，那種情緒。藏歌的魅力就在於此，它總是往你心裏去，往你血裏去，在那裏安營紮寨，落地生根，與你的血肉你的靈性緊緊地攪在一起，最終成爲你的身體你的靈魂的一部分。在多次聆聽過藏歌之後，我斷言：如果一個人真要學會歌唱，首先就該學會唱藏歌——信不信由你，反正我是這麼想的。

後來我才明白，就像雲南藏族從來都有的那種開放性一樣，藏歌也不止於藏族自己的歌。一首他們喜歡的歌，哪怕它原來不屬於藏族，也會在他們的傳唱中獲得藏族的靈性。一個康巴漢子向他的客人敬酒時，總會唱起一首祝酒歌——

春雨要下透，
朋友請喝夠。
美酒融進我的情，
雙手高高舉過頭。
酒歌唱得月兒圓，
雲雀飛來不想走。
哈達連著我的心，

情與天地共長久。

啊——拉里耶塞

啊——拉里耶塞……①

那樣的歌聲，讓人想起曬佛節，想起大法會上，身穿絳紅袈裟的喇嘛吹響的成排的法號；那樣的聲音滯重厚實，又笨拙粗放，從地心深處噴發出來，在穿過厚厚的地層後，便濾去了一切囂叫、浮淺與輕薄，把原本有些單調的聲音，變得淳厚，沈鬱，渾沌，讓人無以名狀。固態的世界頓時融化，變成無法觸摸的膠質狀的歌聲，凝滯著，又流動著，就像融溶的岩漿。

一個康巴漢子的歌聲，總是那樣噴發出來，對一切蒼白、瘦弱的靈魂進行澆鑄。頃刻間，靈魂中冰化雪融，五臟六腑都被攪動，嗞兒地一聲，生命中就有什麼化成一股青煙，飄上了雲空。細細一想你才發覺，那是你生命中最隱密的，你自以爲與你的靈魂聯結得最緊密的東西，諸如欲望，情感，世俗，膽怯，自私……在長號式的歌聲中，它們轉眼就脫離了你的肉體，也脫離了你的生命，攤曬在純淨的藍天之下；高原的陽光，讓你感到所有那些東西的單薄，醜陋與渺小；此刻，你靈魂中最精緻的那一部分，渴望與那聲音一起，穿越人世，攀上九天，同祖祖輩輩棲居於高原的遠祖一起，與宇宙對談，向蒼天傾訴；血就在那一刻被點燃，被燒沸，俗世生命的沈重與渾濁，那時便凝成一股灼熱的氣流，開始了無法抑制的飆升，向著純淨，向著彼岸……

初嘗藏歌的魅力，是幾年前，在拉薩，在正在翻修中的布達拉宮，一群藏族男女邊唱歌邊打著「巴扎」。我想，他們是在夯實地基，簡單至極的勞作，由於歌聲的摻入，轉眼就變成了動人的藝術。而真正領略藏歌的奇妙，卻是在瀾滄江邊。車在瀾滄江邊的公路上顛簸前行。窗外雲霧繚繞。

那條高掛在瀾滄江懸崖上的鄉村公路差不多只有一輛車的寬度，一邊是橫斷山脈的千仞陡崖，一邊是瀾滄江峽谷的萬丈深淵。沈沈的瀾滄江，如一條帶子在車前時隱時現。公路坑坑窪窪，車開過去，一蹦老高。那是我經歷過的最驚險的旅行，險象環生，每前行一步，都讓人驚出一身冷汗。有時，汽車乾脆一頭鑽進了雲霧，在能見度只有幾米的高山上，我不得不做好隨時都光榮犧牲的準備。

車在搖晃。人在搖晃。山在搖晃。我緊緊抓住車把手，一刻不敢鬆開，直到每個手指關節都已僵直，手心出汗。回頭一看，阿墩子就在一片雲霧之中，那讓我大吃一驚——它太小了，幾乎一眼就能把它看盡。那個深藏在一個馬蹄形的山凹裏，藏在一片似雲、似霧又似雨的雲霧之中的小城，遠看就像一個大村莊。那是天的盡頭，也是雲的巢穴。四周青山如陣，顯得安詳潔淨。二一四國道在那裏作了一個大迂迴，然後掉頭北去，一直伸向四川，並從那裏進入西藏。作爲當年茶馬古道上著名的「雪山市場」，阿墩子的歷史可以上溯到很早很早之前的秦漢時期。那又怎麼樣呢？歷史並不能給我以膽量與勇氣，而那時，我最需要的，正是勇氣。

就在那時，車裏響起了歌聲，是爲我們開車的年輕司機仁欽拖丁在唱——

哦，我心中的康巴漢子喲，
額上寫滿祖先的故事。
雲彩托起歡笑，托起歡笑，
胸膛是野性和愛的草原。
任隨女人恨我，自由飛翔，
血管裏響著馬蹄的聲音，
眼裏是聖潔的太陽。
當青稞酒在心裏歌唱的時候，
世界就在手上，就在手上……②

歌是好聽的，動人的，何況正在開車的仁欽拖丁唱得那麼陶醉。問題是我的擔心也隨之而來——在那樣險峻的公路上，邊唱歌邊開車，會不會……？經常在雲南的大山裏旅行，我多次聽到那樣的囑咐：別跟正在開車的司機說話。許多行車事故，都是司機在開車時說話造成的。於是我開始提心吊膽——我的天，一心不可二用啊，只要他稍有不慎，就會連人帶車一起滾落江底，釀成大禍。然而，一曲終了，仁欽拖丁又開始了新一輪歌唱。也許是爲了讓我們放心，他唱得很小聲。嘴裏唱著，雙手像是不經意地把握著方向盤，那半人半神的從容，出神入化的神情，彷彿此刻只有歌唱才是需要他全心全意去幹的一件事，開車只不過是順帶著幹幹而已。

一九九八年秋天，當我坐中甸縣旅遊局的孫諾平措開的車前往中甸時，再一次聽到了康巴漢子的歌唱。他魁梧、粗獷，雙眉濃黑如夜。從麗江出發後不久，提到某些讓人痛恨的人與事，孫諾平措突然回頭說，什麼時候，我就帶一支藏族騎兵去把它掃蕩踏平！「掃蕩」那個字讓我大吃一驚。我當然相信他不會真那麼幹，可我想我對他也許要多加小心，比如說話什麼的。不料隨後便「戰神」遠遁，繆斯降臨，車上響起了歌聲——那讓我對那個「尚武」的康巴漢子刮目相看。

從金沙江大橋，到碩多崗河谷，再到小中甸草原，歌聲一路飄灑，一如千萬條哈達。二一四國道雖比瀾滄江邊要好走得多，卻絕不是可以閉著眼睛開車的。孫諾平措一支接一支地唱著，我耳邊一直歌聲縈繞。擔心變得多餘。依據上次的經驗，我想我能做的，第一是沈默，第二便是聆聽。我既不阻止他，更不鼓勵他。把生命置之度外吧，就是做一回康巴漢子又如何？他敢那樣開，你就該敢那樣坐。剩下的只是聆聽，閉著眼，讓心變成一朵雲，隨歌聲飄飛，或是沈落。不然你還能怎麼辦？你根本無法阻止一個康巴漢子在任何地方、任何時候歌唱，不管是行路，坐車，聚會，還是獨處。歌唱是一種生存的方式。歌唱是他的權利。事實上，那樣的歌聲不是唱出來的，是在他心裏孕育出來，又從他心裏飛出去的，一如鳥兒長大了就要出巢，飛向藍天。當一支歌唱響時，也許，連歌唱者本人都會毫無覺察。

在迪慶香格里拉，藏歌是一個外來者的最好的嚮導，帶著你一步步走進高原的心靈，走進它的歷史，也走進它的每一片神秘悠遠的土地：雪山，湖泊，中甸的往昔，阿墩子的歷史。正像德欽縣旅遊局局長茨里尼瑪告訴我的，德欽原名阿墩子，又名阿得酋，藏名稱爲「聚」。一個「聚」字，道出了一段歷史：阿墩子乃來往商旅的必經之地。他說，現德欽縣政府所在之處，當年每到夜晚，必有篝火與歌舞，甚至通宵達旦。藏族姑娘上午放牧割草，下午睡覺，晚上月亮升起來後就跳舞。一個阿墩子，既是物質集散之地，也是詩與歌與舞的家鄉。於是，藏族詩人饒階巴桑，藏族歌手宗庸卓瑪，都自幼生長在德欽，就毫不奇怪了。

事實上，在迪慶藏區，歌舞正是任何一個藏族男人和藏族女人的生命之核，是由他們的祖先傳承下來，每個人自幼就開始研習的人生精要。儘管生活曾經是那樣沈重，但從根本上說，藏族是一個歌唱性的民族，她的靈魂是向著整個宇宙開放的，既然她要與神靈對話，要與先祖交談，除了歌唱，便別無它法。與雲南藏區鄰近的其他民族相比，事情似乎尤其是那樣。有著深厚文化傳統的納西族或多或少是壓抑的，有時甚至是傷情的，比如流行於納西族地區的民間吟唱「谷淒」調，以及那些爲衝破婚姻的桎梏而去雪山殉情的青年男女，在他們生命的最後時刻的吟唱。

聞名遐邇的納西古樂是優美的，然而，由於積澱了太多的漢族情結，儘管沈靜悠遠，卻也難於不讓人在聆聽中陷於憂鬱與傷感。那樣的壓抑、憂傷與沈鬱，並非納西族自身的過錯，究其根柢，仍在於他們所接受的漢文化的影響。白族當然同樣是個善歌善舞的民族，但一年一度的大理三月街和劍川石寶山歌會，大多讓人沈湎於男女之情，與藏族的歌唱相比，那樣的歌唱未免失之狹隘與單薄。他們似乎無法或說難於用歌唱表達他們生命的方方面面。雲南藏族的歌唱卻是開放性的，充滿向上精神的。

也不僅是在德欽，在整個迪慶香格里拉，你隨時都能聽到那樣的歌聲，聽到那種總讓人誤以為是出自專業歌手的歌唱。等你打聽下來，歌唱者不過是個業餘歌手，從未經過正規的訓練，甚至也從沒認真學過某支歌。全然憑著他們的心靈，他們的悟性，他們對一首從沒聽過的新歌，幾乎都能過耳不忘。一個那樣的業餘歌手，如果是女人，能把那首《青藏高原》演繹得出神入化，如果是個男人，他們隨時都能哼唱出那首《康巴漢子》，深情，粗獷，常常聽得我熱淚盈眶。

深秋十月，我們在參觀了農民出身的藏族企業家旺堆經營的下給溫泉後，返回他在遠離中甸縣城的村子次尺地村的家，繼續我們的拜訪。靠著自己的勤勞業已發家致富的旺堆家，那座巨大的宅院，粗大得兩人無法合抱的中柱，寬敞得幾近可以賽馬的客堂，讓人看得目瞪口呆。據說，即便過去的土司，也沒住過那樣的房子。然而真正讓眾人目瞪口呆的還在後面。夜幕即將降臨，夕陽映照在次尺地村平平常常的藏族屋舍上，如同銅鍛金鑄。飯後突然有人提議，請在座的藏族同胞唱唱歌。那正合我意——那天的參觀，讓我看到了一個藏族農民的勤勉、聰穎與智慧，就像整個迪慶藏族，特別是中甸藏胞如今的日子，正是紅紅火火的時候，充滿了歡樂。

我為他們高興，為他們的歡樂而歡樂。而真正的歡樂，當然不能沒有歌唱，在迪慶藏區尤其如此。粗壯的旺堆，是個三十五歲的康巴漢子，那時卻突然忸怩起來，說他實在不會唱歌。大家不信，我也不信——儘管世界上的事情總有例外。情急之中，旺堆讓人臨時請來了一位藏族姑娘，本村的，讓她為大家演唱。我猜，那肯定是個職業歌手。如果旺堆不是誤會了客人的意思，以爲客人無非打著飯後餘興的幌子，委婉地要求到高級歌舞廳那樣的娛樂場所消費的話，就是出於某種藏式的狡獪——誰能說看似憨厚，如今已是遠近有名的民營企業家的旺堆，不會因過於在意這些來自省城的客人，才特意請來一位女歌手爲他撐撐面子，壯壯聲威呢？

旺堆說話了。他說，我請了一位姑娘來，代我演唱——她就是我們村的人，最近剛學著做導遊。姑娘接著抱歉地說，實在對不起，我唱不好，請大家不要見笑。然後，她開始唱了，正是那首《青藏高原》。就跟我一樣，我看見客人們起初都有些漫不經心——一個業餘的歌手，要想把那首難度很大的歌唱好，談何容易？但她才唱了兩句，我就發現我想錯了，說是被征服了也決非誇張。我不願說她的歌聲有多圓潤，多甜美，多麼富於張力等等，就像如今的樂評人爲炒作一個歌星，在大大小小的報紙演藝版上所做的肉麻吹捧那樣，更不願說她唱得簡直就像某某歌

卡瓦格博的金色晨曦

在香格里拉，每天清晨的霞光最先照亮的總是卡瓦格博；面對這座神山，人會由衷地感歎：世界真美好、燦爛。

星，不，那樣的評價對她完全是褻瀆。她的歌聲與那些歌神歌后完全是兩回事——我的真意是說，她遠遠超出了歌星那個層面，也超出了流行那個層面。她就是她，一個住在某個偏遠的藏族村子裏的、名不見經傳的藏族姑娘。她不過是偶爾才在客人面前唱唱歌，她從未奢望過以她的歌聲取悅於人，索利於市；歌唱不是她的職業，卻是她的喜好，她的天賦，她的才華，歌唱，僅僅出於她生命中某種連她自己也說不清道不明的衝動和需要。

要知道，那並非如那些明星那樣，在專業的、現代的調音室裏刻意調製出來的歌聲，而只是在一間普普通通的藏房裏。所有的窗戶都開著，窗戶外面，就是在月光下熠熠閃耀的滇西北的曠野，闊大幽深。事實上，她是在面對整個空曠的山野，對著整個天地演唱。沒有伴奏，也沒有音帶。一個藏族姑娘，全然憑著自己的歌喉，對那首由李娜首唱、唱紅了整個中國的歌，做了完全屬於她自己的、淋漓盡致地演繹。

一曲終了，掌聲四起——除了發自內心的掌聲，那樣的演唱無法以任何別的方式加以評說——並非因爲她只是個業餘歌手，演唱遠遠超出了我們的期望值，出於禮貌，我們才對她鼓掌笑致意。那是真正的驚訝：她是業餘的嗎？真叫人難以置信！我敢說，那決不是對大名鼎鼎的李娜的簡單模仿，完全出自她們自己對那首歌的理解，是她對那首歌的另一種闡釋，一種真正符合藏族人思索的闡釋。

事實上，那決非我第一次聽一個普普通通的藏族姑娘演唱《青藏高原》，我至今不知她姓甚名誰，她留給我的，只有她的歌聲。在中甸，一個叫金安娜姆的藏族姑娘的演唱，似乎更能印證藏族業餘歌唱家的魅力，以至你以爲，那首歌的原唱李娜，不過是從像她那樣的藏族姑娘那裏學來了兩手，那首歌真正的原唱，就在迪慶，在中甸。以至我的北京朋友陳墨，堅決認為《青藏高原》的原唱是宗庸卓瑪，而不是大名鼎鼎的李娜。聽到那樣的評論，李娜實在用不著不自在，其實那不是對她的輕慢，而是對她的褒獎——一個漢族歌手，能把一首藏歌演唱到讓人誤以為是藏族歌手演唱的地步，正是她的榮幸。區別卻仍舊存在——只要你仔細地、認真地，而不是隨隨便便地聽，你仍然可以聽出李娜們與一個藏族歌手在演唱《青藏高原》時的細微而又深刻的區別。

在演唱那首歌的結尾部分，在那句高亢的、作為華彩部分的「青藏高原」那一句中，李娜那樣的專業歌手，也難免顯出她們的勉為其難——不僅僅因為那句歌的音域實在太高，即便像李娜那樣的歌手，也必須運用她們的歌唱技巧，調動她們的全部氣力，才能完成。完成儘管完成了，可細心的人，仍可從她們的演唱中發現她們無可逾越的障礙：那時，她們的聲音失去了生命的支撐，發飄了，就像一片無根的花朵。一個藏族歌手就不同了——即使她是業餘的——那樣一句歌唱，也只是演唱進行到那時的題中之意，嗓音在高亢得如同雪山之巔的同時，也依然是淳厚的，自然的。

青藏高原就在她的心中，從連天的雪山，到湍急的江河。歌聲還沒有飛出胸膛，高原已在她眼前聳立。她無非借助於幾句歌詞，讓視覺中的高原變成了聽覺中的聲音。北京華美的大劇院，當然需要李娜那樣的歌手，迪慶高原卻未必。它最需要的，或許就是次尺地村那個我至今不知道她的姓名的歌手，是宗庸卓瑪，也是金安娜姆，甚至還是仁欽拖丁。他們憑藉的，顯然不是某種學院派式的技巧，而是天成，是靈性。有人說過，藝術不等於自然，藝術本身就是一種技術層面的操作。但一個深諳自己民族精義的藏族歌手，演唱時似乎更多地有賴於自己的生命。她們是用生命在歌唱，也歌唱著滇西北高原上生生不息的生命。

在一個藏族人看來，能與他人分享自己的生活和生活體驗，正是一種幸福。當我和我在迪慶結識的朋友在昆明相會，共飲一杯酒時，我最希望，也是他們最希望的，就是一起唱一首藏歌——不管他是官員，還是平民，是男人，還是女人。他們從不推辭，不管眼前是老友，還是新朋，說唱就唱。那時，我在迪慶香格里拉獲取的所有感受，所有資訊都會重新在心靈中顯露。生命在剎那間再次活躍起來，如同一個久病虛弱之軀突然間得到了醫治與營養。

一九九八年春節，中甸縣尼克村的二十多個藏族婦女，自費組團去北京旅遊。去的時候坐火車，回來坐飛機。在開往北京的火車上，她們一直在歌唱，歌聲引起了一個在場的新聞記者的注意。他與她們交談，成了她們的朋友，臨別時，他問她們到北京的第一天準備去哪裡。她們說，她們要去天安門。記者說那好吧，明天我會到天安門看妳們——吸引他的，是她們這群藏族女人，當然也是一條新聞線索。

第二天，二十多個來自滇西北高原的藏族女人果然去到了天安門。事前她們就聽說，天安門廣場是神聖的，那裏不許隨隨便便地跳舞唱歌。神聖這個字眼她們並不陌生，在她們自己的那片土地，在她們心中，就有神山、聖湖。開頭，她們的腳步是輕慢的，但無法抑制的激動，讓她們情不自禁地跳起了歡快的「鍋莊」。

那些藏族女人，過去連幾十公里外的小中甸都沒去過，這次卻把「鍋莊」跳到了天安門廣場——她們洋洋灑灑，長袖輕甩，歌聲悠揚，圍觀者越來越多。作爲單個的藏族同胞，到過天安門的也許無計其數。但作爲一個團體，她們的到來無疑是第一次。她們是迪慶香格里拉派出的第一個訪問團，自發的，也是民間的。人們問，妳們從哪裡來？她們回答說：我們來自香格里拉！來自中甸！歡迎你們去做客！說罷再舞、再唱，就像隆冬季節廣場上盛開的鮮花——那是來自迪慶高原的鮮花，是藏民族的心靈之花，閃耀著太陽光彩的時代之花。

那位新聞記者如約而來，拍下了她們在天安門廣場上縱情歌舞的照片。那張照片後來登在北京一家著名的報紙上。照片的說明是，一群來自雲南藏區的婦女在天安門廣場上縱情歌唱。那誠然不錯。但是，那卻在無意中成了對她們的天性的一種遮蔽。我想，與其說那出自某種政治熱情，不如說是出自她們的天性，如果你真瞭解她們的話。

◆·◆·◆

①引自流行於迪慶藏區的歌曲《情滿酒歌》，高峻詞，王祖皆曲。
②引自流行於迪慶藏區的歌曲《康巴漢子》，張東輝、美郎多傑詞，美郎多傑曲。

康巴漢子

夜已深沈，在我的一無知覺之中。秋雨在雪山峽谷飄飄灑灑，成爲我與一個康巴漢子交談的豪華背景。滇西北的冬天提前降臨，空蕩蕩的小屋，因一盆爐火變得充實，連同爐火一樣的思緒。戎巴扎西與我相對而坐，在爐火的炙烤下，斷斷續續的話語，如陽光下的雪山一樣氤氳蒸騰。忘記那個日子是艱難的，一如至今難忘的初戀。

那是我從明永恰冰川返回阿墩子的那個秋夜。儘管在連日的奔波中，遮擋卡瓦格博和那座小城的神秘之帷正在我眼前慢慢升啓，更加神秘的真實就在重重帷幕之後顯現。某種半人半神的意緒如大霧彌漫，揮之不去。我渴望清澈。阿墩子氣溫驟降，陰雨如織。一起吃晚飯時，戎巴扎西作爲主人，喝了不少的酒——就像所有的康巴漢子一樣，他的酒量大得驚人。當我按照預先的約定，打算與他作一次長談時，我沒法不擔心交談是不是能進行得下去——一起去他的住所時，他的腳步飄浮，踉蹌，如同神祇的舞蹈。那樣的步態，讓我想起那個經歷過一次暈眩的康韋，在那架被劫持的，飛往香格里拉的飛機上。阿墩子的青石板路，油一樣溜滑。雲霧在我們身邊飄動。路燈如寥廓之星，遙遠而又昏暗；進入他那間小屋前，我們穿過了一條小巷，狹窄，幽暗，世界在眼前消失。我們都是飄浮的，飄浮於那片雲霧，那片秋雨，那片幽暗。我隨時都準備伸手扶他一把。

事實證明我的擔心多餘了，戎巴扎西如履平地，步子相當平穩。當我們一起在他那間小屋裏坐下時，他突然從微醺中清醒過來。我面對的是一個學者的目光，年輕，卻深邃。對不起，他說，我這裏很簡陋。他爲我倒了茶，然後又給他自己倒了一杯。隨後，電爐被點燃，映出一片紅光。我們就在那團溫暖的紅光裏，談論著迪慶，談論著茶馬古道，談論著雲南藏區的過去與未來。他的思路比我預想的要清晰得多，特別是在喝了那麼多酒之後。記憶生滿了毛刺，卻都附著於一支堅韌的主幹。

面對戎巴扎西，就像在確鑿的現實中，面對著一個康巴藏人的靈魂。我突然想到，一個真正的康巴漢子，不僅該有魁梧的體魄，還有健壯的靈魂。

比如戎巴扎西，能說他不是一個康巴漢子嗎？儘管他的身材並不怎麼高大。他的家在中甸縣尼西鄉岡覺村，那是茶馬古道從中甸通向德欽的必經之路。一九八八年三月，考古工作者曾在離岡覺村不遠的克鄉村一帶，發現了作爲青銅時代早期遺存的藏族石棺墓。當地人把那些石棺墓叫做「賀羅」，即「賀」人的墳墓。而「賀」人，則是生活在西北地區的一個古代民族。作爲一個牧民的兒子，雲南民族學院的青年教師，戎巴扎西帶著《滇、川、藏結合部區域經濟協作與發展》這樣一個理論課題，到德欽掛職，也許或多或少是出於學校的指派，但他自己，卻早就期待著在有了一定的理論修養之後，對藏區的歷史與現實做一次重新審視。說到那裏，他眼裏突然一亮，就像一粒明亮的火星——或許，那就是一個康巴漢子對自己民族的深情閃耀。

很早之前，迪慶就是吐蕃的陳兵之地。史料記載，現今生活在迪慶一帶的藏族，是唐代以前就居住在那裏的白狼、木、姐羌等氐羌民族，以姐羌爲主結成的結塘部落。唐貞觀八年，即西元六三四年，吐蕃王松贊干布傳播其宗教到康巴地區，佔領了結塘，即今中甸，在金沙江上架設鐵橋，設置神川都督府，從而使迪慶成爲了吐蕃軍隊的屯牧之地。至唐代末年，吐蕃內部分裂，巡邊軍官開始割據中甸，並逐步同化了當地土著和外來居住者，成爲了迪慶境內的藏族先民。

戎巴扎西說，迪慶是一片既與西藏在宗教文化上聯繫緊密，又與西藏本土有著許多差異的藏區。儘管在西藏至高無上的藏傳佛教向周邊地區傳播，到達周邊地區時，其強勢已有所減弱；康巴藏區江大谷深，交通阻隔，藏傳佛教的傳播，基本上只能通過茶馬古道進行，局限在茶馬古道沿線，成帶狀分布；在更廣闊也更偏僻的滇西北山區，依然保持著當地的傳統文化，如更爲古樸的苯教。但迪慶仍是一片以藏文化爲主的地域。作爲游牧民族後裔的藏民族，性格粗獷，剽悍。吐蕃的鎧甲異常精良，藏人英勇善戰。最強盛時，雖東有大唐，西有大食，吐蕃卻能長驅直入，在攻佔長安後又迅速撤離，足見當時吐蕃的軍事實力之強。

相對而言，康巴藏人甚至更多地保留著他們遠祖的游牧特性，享有更多自由也更善於享用那種自由。毫無疑問，他們仍是藏族，道道地地的藏族，但由於較少受到宗教的抑制，某些古藏人的氣質，也就得到了更多的保留和傳揚。雲南藏區的自然條件，與西藏本土相比也相對較好。一個初到迪慶的內地人，通常都不會或很少有高山反應。在這樣的情況下，西藏本土藏族與融合了多種民族基因的康巴藏人，甚至在身體素質上也有所差異。他們大多身材高大，體魄健壯，性格堅毅、強悍，善騎射，長於長途奔行。在滇西北的歷史上，一隊藏族騎兵從風雪高原旋風般飛馳而下、橫掃千軍的壯觀、勇猛與所向披靡，至今還是雲南其他一些民族難以抹去的深刻記憶。

西藏沿邊地區由於離西藏本土較遠，宗教的傳播也相對緩慢。在藏傳佛教的薰陶下，西藏本土的藏人大多承認天命，信奉來世，甘於承受現實的苦難，而在本土以外的沿邊藏區，人們雖也信奉藏傳佛教，但宗教的影響相對於西藏本土來說，就要弱得多。

長期以來，康巴地區的藏族一直生活在一個多民族的走廊之中，歷史上與各民族有著傳統的交往，蒙古人、納西人，都曾與當地的藏民族發生過深度的融合。康巴藏區的宗教與文化，因而具有明顯的多元性和更大的開放性。納西族的木土司曾率大軍多次進入迪慶，留下了許多納西族的文化資訊，也帶來了一些較爲先進的生產方式。至今，奔子欄一帶流行的百褶裙，當地叫做「卓郎」，其意爲「納西族的褲子」，即百褶裙。木土司還爲迪慶地區帶來了一些工匠，在當地傳播了原本就已融彙了白族和漢族的某些特質的納西文化。

西元一六三九年至一六四一年，蒙古和碩特部征服了雲南藏區，又爲迪慶地區帶來了許多蒙古民族的文化。後來留居迪慶中甸一帶的松氏、齊氏兩大家族，事實上就是蒙古民族統治雲南藏區後，由西藏委派在當地駐紮、治理迪慶的藏族官員，他們與和碩特部都有一定聯繫。因此完全可以說，雲南藏族是一個擁有多種文化基因，酷愛學習，善於吸納，也富於創新意識的民族。據云，在西藏原政教合一政權的高層人物中，至少有六個是康巴人。而在西藏著名的三大寺色拉寺、哲蚌寺和甘丹寺中，不少高僧、活佛都是康巴人，他們有的甚至被聘爲達賴的老師。

迪慶的藏族民居，尤其是中甸的藏族民居，既不同於西藏本土的藏族民居，也不同於迪慶以東的白族、納西族的民居，它是處於低緯度高海拔地區的康巴藏民，根據雲南藏區既有大雨又有大雪這一特定的氣候條件創造出來的，一種獨特的、適於康巴地區氣候特點的民居，兼有西藏本土民居與白族、納西族民居的諸多優點，將較為低矮的「土掌房」式的藏族民居與較為高大、寬敞的「歇山式」屋脊、干欄式屋架的白族、納西族民居的諸多特點。

迪慶藏區的手工業也非常發達，製陶、木雕、皮革、冶金等手工藝，都有悠久的歷史。松贊林寺龍巴康參的雕刻就非常有名，自六〇年代被破壞，至今無法恢復。據《中甸縣志》記載，出生於中甸尼西鄉湯滿村的農布恩主，從小向他父親學製土陶，經反覆試驗，技藝不斷提高，不僅能製作生活用品，還能製作宗教用品，如搖具、火爐、火鍋、酒瓶等等，多達五十多個種類，成為整個中甸有名的土陶製作師。一次，松贊林寺的松謀活佛親繪一幅龍紋搖具圖，讓農布恩主製作，他很快如圖做好，松謀活佛竟連聲讚歎愛不釋手。

迪慶藏族的開創精神，在開通著名的茶馬古道的歷史進程中，得到了充分發揮。沒有性格堅毅、身強體壯、吃苦耐勞的雲南藏族的參與，茶馬古道的開通是不可想像的。茶馬古道在溝通西藏與內地的經濟與文化方面，有著歷史性的貢獻，那種貢獻與雲南藏族密不可分。著名的藏族商人杰米茨仁，即馬金平，二戰時擁有一個很大的藏族商號，在印度的加爾各答、噶倫堡和尼泊爾的加德滿都，以及拉薩、昌都、中甸、昆明、香港和南洋，都有他的分號。僅在印度一地，他就有一兩百萬元的資產。近年來，滇藏地區間的商業活動在中斷了近三十年後重新開通，再次證明了雲南藏族對這一地區經濟與文化發展的重要性。

原來只想與戎巴扎西隨興地談談迪慶藏族的歷史文化，意想不到的是，那卻成了我重新認識康巴漢子的契機。那天晚上回到住地，我突然想起，一九九二年九月的一個晚上，在拉薩，與藏族作家扎西達娃的一次交談。他長髮長鬚，一派藝術家風格。多年前他到過雲南，我們的交談自然而然地涉及到西藏的宗教文化，涉及到雲南少數民族的風俗民情。在他看來，西藏的現實宗教文化，在其抽象的意義上，與西方現代哲學的最高形態有著驚人的相似。他說，依據現在已經掌握的有關西藏史前文化的考古資料，在現存的宗教人群之前，西藏或許有過高智慧的人群生存；果真如此，那麼，西藏的現實人群很可能是某次大劫之後人類的再生，他們至今也還沒有完全達到他們之前那種高智慧人群的水準。在他看來，雲南少數民族的宗教，與北方民族和藏民族都有很大的不同，後者本身儘管是強悍的，但在嚴峻的人自然面前，早已臣服得五體投地，與大自然的關係是神與人的關係。而許多南方少數民族，當然包括雲南的許多少數民族，卻大都比較溫和，少有北方少數民族的剽悍與粗獷；他們的宗教，其最後的落腳點都在人而不在神。

如此看來，雲南藏族恰好處在西藏藏族與南方少數民族如白族、納西族之間。這裏的宗教文化，是藏文化與多種文化的交彙與融合，兼有北方民族、西藏藏族與南方少數民族的多種宗教文化特點。這種交彙融合與相容並蓄，在某種意義上，使雲南藏族成爲雲南少數民族中的一種新人類，既有藏族的特點，又與西藏本土的藏族人群有所區別，同時吸收了許多其他民族的個性。如果西藏是神的世界，康巴藏人則同時生活在神與人這兩個世界。這是一群兼具神性與「人性」的特殊人群，作爲「人」，從總體上看，大自然依然是他們心目中的神；而在其他民族，特別是在幾乎已經完全世俗化的漢族眼裏，他們又無時不顯示出他們神性的一面。什麼時候顯露出神性，什麼時候又顯露出「人」性，則要由那個具體的人所處具體環境而定。但不管什麼時候，那種半人半神的複雜而又奇妙的心境，往往使他們很容易與那種完全失去了神性的、世俗的人相區別。

——或許，那就是康巴漢子的深層特徵：由於經濟、文化的更大的開放性和相容性，一個康巴漢子，也就擁有更多的智慧。

在迪慶維西縣長大的藏族作家查拉獨幾，粗壯墩實，不算高的個子，碩大的頭顱。在他身上，不時顯露出來的神性或說靈性，令人驚歎。他的外表，看上去幾乎有些笨拙，在一次受傷之後，他走起路來甚至稍稍有點瘸。看著他，你完全想像不出在某些時候，他的思索、文字，會那樣的靈動與深邃；可在另一些時候，他又是世俗的，功利的，那樣的世俗與功利，甚至遠遠甚於漢人。他做生意，開公司，談判，殺價，精明而又世故；腰裏掛著的手機，隨時都在準備接收來自世俗社會的傳喚，可轉眼之間，在剛剛結束一次商業運作之後，他又會與你大談神聖的藝術。有時我簡直懷疑，像查拉獨幾這樣的藏人，事實上常常穿行在神界與人類社會之間。他是怪異的，至少在漢人看來是那樣，但他又是幸運的。

雲南藏族詩人饒階巴桑，是那種半人半神的雲南藏人的又一個例證。從一個普通的藏族孩子成長爲一個戰士，又從戰士成長爲一個詩人，饒階巴桑並沒有沿著大多數戰士詩人走過的路繼續走下去。他選擇了自己的方式。從他開始作爲一個詩人在中國詩壇出現，他的那些飄逸、靈動而又深奧的詩篇，就曾被人譏爲晦澀難懂，不知所云，是對某種西方詩歌的生吞沾剝與拙劣模仿。人活一世，誤讀是隨時都有的，對一個真正的藝術家尤其如此，對饒階巴桑的誤讀卻讓人難以原諒。不少時候，人們往往忘記了他是一位藏族詩人，忘記了他對世界的感知方式與藝術的表達方式，明顯地與漢人、與其他少數民族的藝術家不同。事實上，那樣的詩篇，源於他那充滿了神性的生命，只是他生命與靈魂本真的自然流露。

饒階巴桑的家，就在德欽縣滇藏交界處的溜筒江附近，白雪皚皚的卡瓦格博雪峰之下。「卡瓦格博就像我的枕頭一樣」，他說。如海的高原，深邃的藍天，氤氳的雲彩，在大山上飄動的經幡，彌漫於德欽山山水水間的豐沛神性，自幼就浸潤著他的靈魂。小時候，他常和夥伴們一起到大山上尋找「察瓦」。那是一種白色的小神像，看上去是燒製出來的，就像一塊小瓦片，上面刻有神靈造像。然而在他心裏，那不是人造的，而是神做的。它們一堆一堆地藏在絕壁的縫隙裏，他們把它帶回家中，供起來。大多時候，他們會全家一起，盛裝盛鞍，到高山上，遙對卡瓦格博燒香、拜佛。

饒階巴桑是他的筆名，不像大多數漢族作家那樣，筆名負載著太多的含義，選定它，只是一個普通而又隱密的紀念——家鄉那個村子裏，曾有一個人就叫「饒階」。由父親口授的藏名叫格桑尼馬，作爲一種祝福，那個名字意味著他終生的命運都有輝煌的太陽照耀。他的藏族乳名卻叫「霍香」。事實上，母親告訴他，生他之前，她曾夢見一位高僧降臨，送給她未來的孩子一頂活佛帽，告訴她，那個即將出生的孩子將來有可能去當喇嘛。

讀小學時，饒階巴桑遭遇了他生平中的第一次誤讀，同學們把「霍香」叫作「和尙」，但在饒階巴桑看來，那樣的誤讀是可以原諒的——那似乎與他母親的夢境暗暗相合。長大之後，他曾一次又一次地跟著母親去轉經，翻過雪山ㄚ口時，面對巨大的瑪尼堆，解開辮子，任風吹散，向空中大把大把地撒青稞，大聲呼喚神靈的降臨。他血液流淌著的，是一種雲南藏族典型的對神明的崇敬，是浪漫、自由與瀟灑。

成為一名軍人後，朝佛、轉經的事當然不會再有，但我相信，那幾乎是與生俱來的對神靈的崇拜，或多或少仍是他心靈的功課。一個藏人的靜修，從來不在乎形式。有一次，他從西藏芒康回雲南，在險峻的半路上偶遇一個趕馬人。趕馬人燒著一堆火，正準備吃飯。柴煙升騰，有如雲舒雲捲。路邊，兩匹騾馬在悠閒地歇息。饒階巴桑就在他身邊坐下來，接過了趕馬人遞來的酥油茶和糌粑。兩個素不相識的生命，就在那一刻相互靠近——對一個藏人來說，最大的喜悅正是與他的朋友一起分享快樂。世界在他們腳下，神靈在他們心中。那時，饒階巴桑想起的，是他家鄉的一個傳說：六世達賴倉央嘉措從青海一路乞討到了那裏，受到一個普通藏族老人的盛情款待——當然，他並不富有，也不知道那是六世達賴，只是盡他的所有，款待一個普通的路人——出自藏民族古老的風俗，也出自老人善良的本性。許久之後，當六世達賴回到拉薩的王宮，即下令說，某地某人終生免稅。那一刻，饒階巴桑突然悟到了什麼，那是人生中最珍貴的東西。

那一切，不可能不以各種方式進入一個詩人的藝術天地，鮮明的，或是隱密的。或許正是那些點點滴滴的積累，年深日久的薰染，晚年的饒階巴桑，生命中原有的神性再一次得到張揚。一九九八年春天，雲南省作家協會面臨新一輪換屆改選。作為雲南省作家協會上一屆的副主席，饒階巴桑理所當然地被請來開會，商討有關換屆改選的有關事宜。在許多人心裏，那樣的會是嚴肅的，但饒階巴桑很可能並不那麼看。開會那天他準時到達，帶來的並不是什麼人事方案，卻是他的一顆心，以及一個藏人打製酥油茶時必備的全部材料和家什：酥油筒，茶壺，電爐，酥油，茶葉，糖，鹽，各種果仁，甚至還有點心。他說，難得一聚，今天我請大家喝酥油茶。說著他就忙碌起來，彷彿偌大的會議室是他那個充滿了藏族氣味的家。然而那畢竟不是在他家裏，饒階巴桑為打製酥油茶遇到的麻煩可想而知。他的熱情令人感動，感動到那個原本嚴肅得要命的會議最後變成了一次藏式聚會。

會議幾乎進行不下去。會議室裏，飄蕩著酥油茶的濃香。人多，饒階巴桑每打一筒酥油茶，還不夠一人一碗。對此他十分抱歉，一邊忙碌著，一邊請大家稍候片刻。他說他很快就會打出第二筒。我看見，會議的主持人面有難色。時間分分秒秒地過去，會議卻一直沒法開始，至少是沒法按照預定的議程開始。誰也無法懷疑饒階巴桑的那片真誠，可事實上，卻是他把那次會議攪了個底朝天。

事後我想，或許在饒階巴桑心裏，那樣一次會議算得了什麼呢？大家同事一場的最後一次相聚，才該是那次會議的題中真義。事實上，好幾年前，饒階巴桑就已宣布，他不再參加雲南省作家協會的會議，然而事實上，那卻是一種超

人或許已經老了，但依然身架如山，鬚髮如銀，渾身上下，迸發出的都是康巴漢子的滄桑與風采。

越。你們覺得該怎麼辦就怎麼辦吧，他說，用不著再通知我，通知了我也不會來。在世俗之人眼中，饒階巴桑此舉又一次被誤讀，或許會被賦予太多的含義：抵觸，不滿，或者消沈。不知者甚至會以爲，那是他對世俗權力的輕蔑或挑戰，其實不然。在他心裏，更重要的或許是家鄉那片多山的土地，是那裏的雲彩與花草，河流與雪山，是那裏的牧人，農民，女人和孩子，是他們生就的自由、豪放與瀟灑，是他時時在心裏咀嚼與回味的，一個康巴漢子的秉性。

早在那之前，他已遠離紛亂的文壇，銷聲匿跡。一九九七年，當我去到中甸時，才知道他從一九九三年起，就回到了迪慶藏區，一待又是好幾年，跑牧場，進峽谷，像一塊被堅硬的城市擠壓乾了的海綿，貪婪地吸收著家鄉的乳汁。在那裏，我碰到的每一個人，不管是文化人還是公務員，不管是年長還是年輕，幾乎都知道他們的詩人饒階巴桑。

就在那個秋天，就在康巴藝術節開幕的前兩天，饒階巴桑寫下了一首小詩——我是在當地一家報紙上讀到的，名爲《節日卡片》——

穿過春夏，穿過秋冬，穿過日夕月暮，
節日來到太陽指定的迪慶高原。
這也許是出於太陽固執的偏愛，
偏愛神明，偏愛古老，偏愛夢幻。

迪慶之謎是亙古堆積的疑團，
越積越多，越積越深，層層沈澱；
繁星墜入傳說之林的深澗，
白雲浮出古籍之海的水面。

原始與今天混編，編成集團，
在迪慶草原上紛至沓來，一片動感；
今天與原始交錯，奇峰連綿，
在迪慶土地上各呈異彩，四時新鮮。

溶洞裏吹出法號，峽叢中圖騰長眠，
神奇的面積超過雲海之廣，牧場之寬。
迪慶高原從火山粉塵中崛起，
岩漿的前身鑄造了今天的燦爛。

——或許，那正是一個藏族詩人對他自己，對與他一樣的康巴漢子，對整個迪慶香格里拉的詩性寫照。

飄忽的教堂

從雪山之城阿墩子開始的恍惚與沈思，雲霧般彌漫，彌漫，一直彌漫到下游一百公里的瀾滄江谷底，仍無消散的跡象。橫在眼前的瀾滄江，被雨淋濕，也被太陽照亮。陽光染給它一派棕紅，雨水揮灑給它幾縷青灰，斑駁之色與滿谷蒼青互爲映襯，叫人一眼難忘。江水躺在先前我從山顛看到的峽谷裏，筋脈突脹，水流翻湧。在穿越了一道道溜索，繞過了梅里雪山下的九曲十八彎後，此刻它激越而又溫馴，面對它，跨越的期待無由而生。

我爲峽谷中的教堂而來。預期中，教堂鐘聲將與水聲一道傳來，穿透峽谷裏堅硬的陽光與雨霧，沿著所有有形與無形的通道，注滿河谷、村寨、牧場和人心，就像泉水注滿陶罐，叮咚而鳴。跟瀾滄江一起傾瀉而下時，人已準備好耳朵，傾聽鐘聲。那是順勢而下，如同一次人體的自由落體，海拔驟降一千四百米，耳朵嗡嗡作響。

江水在茨中成爲我與彼岸的阻隔時，來得堅決又突然。對這個結局我毫無預感——從阿墩子開始，我與瀾滄江有一百公里的結伴而行，直奔下游。雨季。山區公路。一百公里路程。每小時二三十公里的速度。三、四個小時既匆匆而過，又格外漫長。好在我與瀾滄江一直方向一致，並行不悖，雖屬初識，卻應是相知的朋友——儘管我在半山，江水在谷底，一路都是雲霧，一路都是混沌；儘管江水總被雲霧遮斷，蹤影難尋，偶而從雲霧縫隙中鑽出來時，總顯得細弱無助，時斷時續，如同一串長長的省略號，大有深意。我一直在思索領悟，企圖理解，心想當我面對它時，我終將與它直接對話，現在才明白，那只是錯覺，一個人對一條大江的錯覺。

茨中大橋左岸橋頭的那片風景，像一幅沒有畫框的靜物畫，悄然懸掛於山野，無人收藏。橋頭被人以微笑把守，禁止一切車輛通過——天堂的入口也不過如此，那片河谷或許真屬於天堂。某種陌生的氣息撲面而來，清涼，生澀，絲絲縷縷，帶著朦朧的甜腥。嘗試「跳」出這個場景，從遠處反觀自己，把事情想得明白些是困難的。有時，人只是被拋在歷史長河邊的一粒沙子，完全可以忽略不計。試圖讓一個點**（個體的人）**，包容一條線**（一條大江，甚至歷史的河）**，進而讓二者完全融合，注定只是徒勞。現實一旦與歷史隔斷，剩下的便只有恍惚與驚異。

沒有鐘聲。佇立無語，默然以對，只能以凝望代替傾聽——既然無法傾聽時間，便只能凝望時間留下的痕跡。目光像一群鴿子，沿著瀾滄江往上游方向飛翔，越過江水，在詹姆斯·希爾頓的教堂鐘樓上歇落——那

茨中教堂

20世紀初修建成的茨中教堂，中西合璧，如今顯出的是歷史痛楚的斑駁與滄桑。

是另一個世界的標誌。卡瓦格博雪峰——它的另一個名字叫太子雪山——在遠處閃光，它的情人緬茨姆峰卻近在咫尺，端莊溫柔。歷史與傳說尚有餘溫。雨雲如驚鶴之翅，飄忽不定。風吹動著陽光。江對岸的世界敞開著又關閉著。經堂，配房，果園，以及有關那座教堂的所有更為隱密的支撐，比如人心以及淵源，都掩藏在雨後明亮的深綠之中。

沒有經幡、瑪尼堆與風馬旗——在康巴藏區，在那片被宗教液汁浸潤多年的山地，那是個意外，讓人困惑。鐘樓孤獨地聳峙，風塵久遠。綠意盎然，覆蓋著百年歷史，老邁的教堂因而有了幾分活氣，包括古老的苔蘚。於是在鷹飛走之後，一切又有了動感。

鐘聲始終沒在那時響起，無論我的期待多麼虔誠，或許它已凍結在某個怪異的時刻。英國人詹姆斯·希爾頓是這麼說的，整個山谷似一個內陸的海港，而俯視著這海港的卡拉卡爾雪峰是港口的燈塔。他越看越像，因為雪峰的尖端確實有光亮，那幽藍的冰光更增添峰之輝煌。看來，世界在大半個世紀後並沒有多大改變，教堂依然像一艘大船，隨時在等待出發。那是一條沒有方向的船，從世紀之初的森森草木與滄桑歲月中駛來，船頭衝著瀾滄江，瞭望塔般的鐘樓掉在船尾，終於擱淺在時間荒寂的河灘。遠方，無數心靈的碼頭和港灣人聲喧嘩，從此都成了船的夢幻。

——那已是午後，時雨時晴，亦雨亦晴。陽光濕潤得能擰出水滴，雨線卻溫暖而有靈性，就像神靈服飾上的珠串，從天上披紛而下，一直垂落到地面。太陽打著側光，巨大的山谷之杯，斟滿了光影釀製的葡萄酒，窖藏多時，桔黃色，或是琥珀色，啜一口或將狂醉。它在慶賀？祝福？還是祭奠？不得而知。雨腳斜斜的，穿著亮晶晶的長靴，正高一腳低一腳地趕路。高原，那起伏無定的大地，回應以細密的沙沙聲，像某個康巴女子憂鬱的歎息，自娛的哼唱。停在橋頭的吉普車斑斑點點，像一隻骯髒的野豹，渾身泥水——在長達一百公里的奔突與顛簸後，它已是一堆筋疲力盡的破銅爛鐵，再也不能開動——我也一樣。追蹤歷史從來都很累人。

雨是昨晚開始下的，恍惚也從那時開始彌漫。阿墩子的朋友說起眼前的茨中教堂時，我腦子裏一片混亂，翻來覆去，儘是些皺巴巴的物體：一盤供獻在神壇前，早已風乾的祭牲，一個當年下嫁到此，如今已是風燭殘年的新嫁娘。那盤祭牲已蔫癟萎縮，早沒了當初的新鮮和香氣。自從偶爾被人供奉在那裏，它就被神靈遺忘，既沒由神靈享用，也沒被俗人分食。而那個從富貴之家嫁到窮鄉僻壤的女子，在多年的異鄉生活後，花姿月貌都已凋零，眼下只能蜷縮在某個角落裏回想往事。它們都已乾縮，變形，被千萬條皺紋緊緊纏繞，每條皺紋都濃縮了將近一個世紀的滄桑歲月，積滿了人世的髒汙與塵垢。它們最終變成一個面目全非的木乃伊，大概只是時間問題。

可我忘了那是初秋，夏天並未遠去，峽谷裏依然陽光燦爛，雨季也遠未結束，水汽蒸騰，氤氳不絕——它像一本書那樣完全敞開著，捕捉著每一絲不慎闖入的目光。教堂鐘樓既被洗得乾乾淨淨，水漬斑斑，又被峽谷的陽光曬得灼熱滾燙，陳舊的，時間漂洗出的灰色調，在陽光與雨水的輪番照料下，純淨明亮。它似乎正在重新抽枝發芽，如同一棵老樹。透視學把鐘樓凸現於眼前，看上去，它幾乎跟背景上梅里雪山的餘脈一樣高——那裏，晶亮的雪線橫越天際。鑲著黑邊的灰白雲霧在鐘樓和遠山間飄蕩繚繞，某種過時祭物的氣味播撒得滿天滿地。

目光穿越時空，凝望到眼睛生澀，場景依然飄忽不定。

飄忽不定的，當然還有傳教士這個字眼本身——外國傳教士從上世紀末、本世紀初開始進入這片山地，向人們播撒福音。那有確鑿的證據。恍惚來自人們談論這個事實時的種種疑問：作爲傳教士，他們是純粹的嗎？爲什麼到這裏來？冒著大山阻隔、人跡稀少和瘴癘橫行，憑著兩條腿，跟著馬幫，揪著馬尾巴爬山涉水，或將自己託付給一個小小的溜梆，那被手握汗浸得溢出血色的栗木塊，從溜索上，像一陣風那樣，越過深不可測的峽谷，到窮鄉僻壤來自討苦吃？

我想起了梵・谷，在阿姆斯特丹海軍造船廠附近當過教士的梵・谷。滇西北山地的外國傳教士，也有著與梵・谷一樣的，爲窮苦、病痛和受難的人們服務的理想嗎？人們無法找到原初的、讓人信服的動機。爭論從當初一直延續到現在，就像江水從那時一直流到了眼前。人是多疑的，寧願相信傳教只是一個名義——如果他們不是來遊山玩水的話。八〇年代末，我在維西——同樣屬於迪慶州的另一個縣，那裏離茨中大橋已不太遠——聽到過一個傳教士充任間諜的故事，在那個故事裏，維西天主教堂的一對來自歐洲的傳教士夫婦，常常會到附近的山上亂跑，甚至在有了孩子後，那個習慣也沒有改變，他們帶著剛剛生下不久的孩子，冒著風雪出遊，在維西縣城附近的山上走來走去。有人問，你們在幹什麼？他們說，散步。散步這個字眼陌生得讓人吃驚。你們是在找什麼東西吧？傳教士聳聳肩：找什麼東西？哦，對了，我們在找一種心情，快樂的心情。在那個連吃飯都成問題的山區縣城，那樣的回答太抽象，抽象得根本無法觸摸——在他們的日子裏，一切都是可以看見，可以觸摸的，糧食，土地，莊稼，騾馬，扁擔，繩索，甚至女人，孩子，糌粑和酥油，神像和轉經筒。傳教士說的快樂是什麼？快樂可以吃，可以用嗎？他們怪異的舉動理所當然地被認爲是另有深意，如果不是吃飽了飯沒事幹的話。人們斷定他們是在尋找什麼，只是他們不願意告訴他們而已。

本世紀下半葉，有人終於找到了一個解釋：除了偷偷探查當地的礦脈資源，傳教士夫婦還能幹什麼好事？在一個廣爲流傳的故事裏，那對傳教士夫婦順理成章地擔當起了「經濟間諜」的角色。對這個完全符合主流意識形態的解釋，有人辯解說，傳教士爲拯救人的靈魂而來，是高尚的，可尊敬的，他們帶走了什麼？什麼也沒帶。那樣的辯詞顯得愚蠢可笑，馬上遭到嚴厲的批駁：靈魂就有那麼重要？在一個連吃飯也成問題的地方，吃飽肚子比靈魂什麼的重要得多，何況，我們的靈魂與高鼻子藍眼睛的外國人有什麼相干？走時他們的確沒帶什麼，不是他們不想，是我們不准，事實上他們還是帶了——所有的情報都藏在他們心裏……爭論沒有結束，教堂被沒收，改作它用，神聖的教堂，變成了更加神聖的宣講革命的講臺。

一場爭論結束了。沒人注意到，教堂的女傭人，那個被遣散的女信徒，在搬出教堂後不久又悄悄回來了。她在教堂附近租了間房子，住了下來，每天都要到教堂走走，看看，有人勸她回去，她不。她要等神父回來，說神父說過，他們會回來。人們斷定她一定是瘋了。若干年後，她等待的那一天終於來了——八〇年代末，當年那個傳教士的孫子突然光臨維西，遵照他爺爺的遺願，到那裏看看前人生活過的地方——無論東方西方，人類對前人的作爲都有些不可思議——當然，順便，還要拜訪拜訪爺爺離開時許諾過的那個女教徒……儘管那時，那位女教徒已離開了人世，然而許諾在相隔了大半個世紀之後，終於兌現。傳教士的孫子看到的，只是一座空空的教堂。

——一篇精緻的、虛構的懷舊小說，也不過如此。當念想中的事物行將消失，懷舊之情便油然而生。時間流逝。流逝的時間是篩，濾去了疑慮；是藥，用以療治傷痛。講故事的藏族朋友說，不，那不是小說，是真實的故事。說那話時他感情複雜。

在世紀末的德欽，朋友說起茨中教堂來時，卻眉飛色舞，兩眼放光，彷彿那是他們精心保存下來的，至今秘而不宣的一筆遺產。他們興奮，甚至驕傲。他們說，那座教堂就在離縣城一百公里的瀾滄江峽谷裏，在一個叫茨中的村子裏，它建於世紀之初，至今完好無缺，人們照樣到那裏做禮拜。那並非出於突如其來的宗教熱情，他們想證明的是，英國人詹姆斯・希爾頓的長篇小說《失去的地平線》，寫的就是德欽。按照他們的說法，「香格里拉」就在德欽，茨中教堂正是詹姆斯・希爾頓小說中的那個教堂，教堂總管張某某的後人至今還在。

此事我早有所聞，一直半信半疑。我承認我沒把那件事放在心上。作為一個作家，我知道，小說中的人和事，或許都會有生活中的原形，但那絕不會是實錄。詹姆斯・希爾頓的確寫到過一個張姓的教堂總管，就是他，把小說中幾個從南亞起飛後降落在雪山中的外國人領進了「香格里拉」。在詹姆斯筆下，張總管是個舉足輕重的人物，小說中所有的故事都靠他穿針引線。沒有他，「香格里拉」的故事就沒法兒講述。但我知道，即便這樣，也很難說茨中教堂的張總管，就是詹姆斯・希爾頓的小說中人。

現在，那座教堂就在瀾滄江對岸，離我不遠。那到底是一座自在的教堂，還是一座被詹姆斯·希爾頓描寫過的，文學作品裏的那座「香格里拉」喇嘛寺院？我的恍惚就來源於此：它是真實的，還是被虛構出來的？

在詹姆斯·希爾頓筆下，那座喇嘛寺院簡直真實得近乎抽象：

對康韋來說，初初見之，它好似一副從孤獨的韻律中顫動而出的幻想。它的確是一幅奇妙的令人難以置信的圖景：一組彩色的建築緊緊依偎在山邊，看上去沒有一絲德國萊茵蘭古堡刻意造出的可怖與不祥，反倒像幾瓣偶爾盛開在危崖上的花。它華麗、高雅，一種莊嚴的情感把眾人的注意力從淺藍色的房頂吸引上屋頂的褐色棱堡。棱堡上是一個令人眩惑的小寶塔，聳立在卡拉卡爾的雪坡前。

康韋想，這裏可能是世界上最險峻的山景。這片起防護牆作用的岩壁將要承受著積雪和冰川多麼沈重的壓力。也許有一天，這山岩崩裂，那麼卡拉卡爾山一半的冰雪將壓向山谷。往下的景色幾乎具有與上面並駕齊驅的誘惑。岩壁垂直向下，最後一裂為二，這只能是遠古洪荒神工鬼斧的巨作。自有這天然屏風的谷底，雖然在朦朦遠處，但仍可見一片宜人的綠色，看上去很像是喇嘛寺院屬下的領地。

在康韋看來。這真是得天獨厚的好地方。如果這裏有人煙，那麼他們因地勢奇高而與世隔絕，且雪山的那一邊又是不能攀越的絕地，就只有喇嘛寺院的這一條路是全部的、絕無僅有的通路了。看著看著，康韋心頭感到微微一震，馬里森的擔憂顯然不能全然漠視，他的這種感覺並沒有從心口上稍現即逝，反而很快地扎進感覺的深層。半是憑直覺，半是憑視覺，他感到抵達的這個地方是終點，是歸宿。

儘管小說中香格里拉喇嘛寺的地理位置與眼前是那麼相似，大江，雪山，峽谷，峽谷裏的道路……，詹姆斯・希爾頓似乎是用了某種浪漫的文字，對眼前的景觀作著寫生，至少，在寫作那本小說時，詹姆斯・希爾頓一定參照過有關茨中教堂的種種傳聞甚至細節，從某種管道，某種道聽塗說——即便如此，我也不能說，我的目光越過瀾滄江看到的茨中天主教堂，就是詹姆斯・希爾頓在書中寫的那座喇嘛寺院。

一座天主教堂，與一座喇嘛寺院，畢竟不是一回事。這一點我堅信不疑。揮之不去的恍惚卻那樣頑固，讓我總是把它與小說中的喇嘛寺院混在一起，難解難分。那是瀾滄江右岸的一片河谷臺地，開闊平緩，緊靠著峽谷邊陡峭的山峰，茨中村沿著臺地展開，一直延伸到我看不見的地方。雨中的峽谷，出沒著灰白的雲霧，它從河谷深處升起來，在臺地上空懶懶地遊蕩，村子飄忽不定。屋脊高高低低，樹木參差錯落，寧靜悠遠，構成了瀾滄江邊那片似乎隨處可見卻又非常獨特的景致。在人類入住之前，那片景致就已存在了成千上萬年，此刻卻因那座教堂的存在，正在被我凝望。對那片景致來說，教堂的存在作為異類的侵入，從當時直到現在，都算得上一個意外事件。

陽光偶爾退場的刹那，雲霧把那片風景遮蔽，有意無意地。凝望變得越來越曖昧——它所鍾情的到底是什麼？村子，還是教堂，目光的鴿子需要擇地而居。對它來說，我的目光是陌生的，它在茨中村所有的存在之物上滑來滑去，偶然會在某幢藏式房屋屋脊上，有稍微長久一點的停留，然後掃過那片蒼青的、水淋淋的風景，把灰白色的教堂叩問得啪啪作響。時間的塵埃驚惶地飛起，然後跌落，紛紛如雨。鐘樓的尖頂展示在視線之中，孤傲又悲愴，像一棵被攔腰斬斷的，無根的植物。教堂通常都有的權威，神聖，至高無上，以及有關它的種種神秘傳說，那一刻都蕩然無存，它在那片尋常不過的風景裏變得既世俗不堪，又難於理解。它正在被打量著，就像一個四處漂泊，已在此地定居多年的異鄉女子。雲霧和時間一起，還在繼續對那幅場景進行塗改。鐘樓時而出現時而消失，時而清晰時而模糊，如同夢境中的現實。它似乎是我記憶中某個教堂在回想中的重新顯現——以前它是模糊不清的，虛擬的，如同在暗房沖洗的照片，或是我在網路上打開的某幅圖片——圖片漸漸顯現的過程，差不多是整整五十年。

凝望在那時結束。外部的審視，開始變成內省。

車不能開過茨中大橋——那座建成僅僅十年的橋上，所有的木板都已腐爛，禁止車輛通行。時光的腐爛快得驚人。作爲見證，倒是教堂看上去還完好如初。於是我只能步行走過那座大橋。於是我只剩下凝望——那正好讓我慢慢品味那段已經變味兒的時光。

——教堂飄忽在我的凝望之中，世事飄忽在我的凝望之外。

鐘聲響起

深邃的鄉村林蔭大路，從看不見的、同樣深邃的遠方逶迤而來，沿著瀾滄江峽谷右岸的山腳，橫貫過整個茨中村，大度而又荒涼。無法探知它的源頭——也許它起自梅里雪山的緬茨姆雪峰之下？自然天成，樹冠如雲，雨聲竦竦，連著昨天和前天。狗吠聲在樹叢深處時起時停，遙遠、簡略而又含混，就像夢遊者的囈語，轉眼又重歸寂靜。我們拐彎了。從林蔭大路拐向教堂，就像從現實走進歷史，要穿過一道狹窄、泥濘而又幽暗的甬道，兩邊，土牆高築，斑斑駁駁，一邊是教堂高聳的牆壁，一邊是一段齊腰的短牆，上面有如戰時的塹壕掩體，生滿了大大小小的、光滑的豁口，既叫人想起匍匐，也讓人想起翻越；短牆那邊，一片空地悄然無聲。甬道細長，正好蜿蜒其間，是隔離，也是連結。一道朽壞的木門，把那條甬道分隔成了並無多大區別的兩段。木門只剩下門框，油漆早已脫落，對於教會當年的神聖與如今的衰落，那幾乎就是一個暗示。爛泥沒踝，卻是一條走進歷史的必經之路。

世界靜悄悄的，時間幾近停滯。落寞的泥濘小路上，灑滿了昔日的目光與腳步。越過巨大的時空，它以它的瘦弱之軀，將世紀初與世紀末綰結起來——在教徒心中，它或許正是一條通向天堂的道路。

——我從那位爲我領路的教徒的眼神中，讀出了那句話，那時他走在我的身邊。

神聖籠罩著那段行程，自始至終。我慕名而來，不過是無數拜訪者中的一個。我不知道在我前後來過這裏的人的名字，反之，他們也無從得知我姓甚名誰，走的卻是同一條路。長鏈上的鏈環互不相識，聯結它們的只是命運。後來人對前人偶爾的言說，強調的依然是自身的存在——從根本上說，人的存在是即時性的，長久與永恆，永是虛妄。人因此而悲哀。對信奉者來說，宗教的巨大魅力，在於它給出了彼岸的存在，而彼岸正與美妙聯結在一起。可真正的生活，那些生動的，有血有肉的，可觸摸的日子，從來都只存在於現在。

我抬起腳，跨進茨中教堂那道並不雄偉的大門，也就一腳跨進了昨天。

鐘聲突然響了起來——我有些吃驚，在大橋頭，當預期的鐘聲缺席之後，現在它已在我的預料之外。那陣來自教堂內部的鐘聲，當然預示著祈禱，彌撒和懺悔，預示著天主就在身邊，預示著教堂的存在。鐘聲在瀾滄江河谷的這片臺地上飄蕩，起伏回轉，讓我難辨現實與記憶。我不知道我是不是真在走進回憶。不，那不是教堂的鐘聲，並不恢宏，也缺少某種既是形而上的，又是世俗的關懷。它是日常的，只是作爲時間的刻度，作爲某種作息表的聲音提示，而不負載有教會的神聖與莊嚴。我終於想起，那只是一種替代之物——那是旁邊那所小學校的下課鈴聲。

教堂，似乎總與學校爲鄰。

回頭看去，目光越過土牆，能看見小學的操場——那片我先前看見的空地。我沒有發現那是學校的操場並非沒有緣由：沒有籃球架，沒有跑道，沒有沙坑，一切作爲一個學校操場起碼該有的設施，哪怕是象徵性的，統統沒有。唯一有的是小學生，是孩子。他們從土牆那邊的小學校出來了，完全是飛翔著，舒展而且自由。除了沒有翅膀，他們讓人想到的，是一個與天主有關的字眼：天使。他們或許看過我一眼，卻並不在意我的在場，他們徑直往教堂裏面飛去，在我面前刮起了一股小小的、鄉村的風。

他們散漫地，潮水般地漫過土牆的豁口，蜂擁而至，發出一陣陣輕鬆的喊叫與歡笑，在我所站的教堂大門口收縮成一股密實的人流，洪流般湧過窄狹的鬧門。他們過來了。放棄了他們的操場，他們似乎更喜歡到這裏來玩。是什麼吸引著他們？決非上帝，上帝已經走遠。後來，我看到教堂配房已一無遮攔，破爛的門窗洞開著，滿是神秘與幽暗；經堂的拱形大門緊閉，掛著一把大鎖。難道那就是對孩子們的誘惑？他們包圍了我，還有那些快樂的叫喊——你感到了他們叫喊的快樂，卻聽不清他們在叫喊什麼。快樂無需理由。隨後他們很快散開。我與他們的快樂無緣。

人影晃動。教堂鐘聲和學校的鈴聲，由於我的恍惚被攪和在了一起，再一次的——當世紀之初修建的那座教堂，在五十年代被改作小學校時，人們一定認爲那是個合情合理的想像。教堂鐘聲照樣每天敲響，甚至比以前更多地敲響，雖然那已與禱告、彌撒和信徒無涉，變得純粹單一，成了時間的量度。在那樣的鐘聲中回想往事，教徒們或許會心懷感念。教堂成了學校。或許教堂原本就是學校，聖經是教徒們共同的課程——那是讓人們歸依天主的必修課；學校也是教堂，教孩子們信奉科學與真理。於是，經堂奢侈地成了學校的會堂，二層樓的配房，一些改做了教室，一些改做了老師的辦公室和住房。配房與經堂之間那個長方形的院子，原來種滿了花花草草，鏟掉後改做操場，似乎也天經地義。教堂與學校從此開始了它們之間長達半個世紀的糾纏，就像一樁老式包辦婚姻，在最初的強幹、驚愕、冷漠、不解、吵鬧和幾次分手又再婚之後，竟奇蹟般地生長出了異乎尋常的愛情。

在某個早晨或是午後，小學校的第一批學生進入了教堂，他們看到的是一所不錯的學校——直到那時，教堂仍是茨中村最好的建築。他們直奔教堂北廂的一個房間，原來的藏書，都堆放在一間地下室裏，入口在教堂配房底層右側的第二間裏，後來被轉移到了那間屋子。那裏從來就沒人進去過，包括老師。老師說裏面堆的全都是書，孩子們當然不信——在他們的經驗中，書包裏有一兩本書，已是奢侈，爲什麼要那麼多書？他們從沒見過那麼多書——事後有人說，那些書足有上萬冊——當教堂像一個再婚女子開始她的新生活時，書是她唯一沒安排停當的嫁妝。神父已經遠去，茨中村成了他們歸途中的夢，真實而又虛幻；那個夢卻伸手可觸地攤開在孩子們的眼前，虛幻而又真實。門半關半掩。半推半就從來都會激起人們更大的好奇，孩子們也不例外。他們想走進去，探探虛實——關於教堂裏有金銀財寶的傳說，從教堂建成那天起，就在茨中村的每一間木屋裏飄蕩，對寶藏、富有的渴望和揭開某個秘密的焦灼，與火塘裏的火一起熊熊燃燒……

沒人能回想起是哪個膽大的孩子第一個走了進去，也沒人確知從裏面拿出的第一本書的書名。不管怎樣，書被拿出來了，不是財寶，只是一本書。踟躕於門外的孩子們，一直等待著，在屏聲斂息中，準備歡迎他們的英雄。那個孩子走了過來，把書打開，像英雄抖開了一面凱旋的戰旗，展示在峽谷燦爛的陽光下。沒有硝煙。唯塵埃伴著某種古怪的氣息，在教堂裏四處飄散。更多的孩子湧了進去，更多的書被拿了出來。然而他們發現，那上面的字，他們一個都不認識——那些精裝書，既不是漢文，也不是藏文，而是法文，英文……，它們完全不屬於他們，是另一個世界的語言。他們生動地失望了，手一揚，把書隨隨便便地扔在院子裏，像扔掉一隻死鴿子。在那以後的很長一段時間裏，教堂中間的那個院子裏，躺滿了書的屍體。

許久之後，他們才發明了一個物盡其用的辦法——有的孩子把書撿回去升火，有的用它作草稿本，有的隨手抓來一本書（不管是什麼書），把書頁撕去（不管它有多厚），只留下硬書殼（顧不得那些洋碼字），於是他們轉眼就有了一個不花錢的講義夾……

那些孩子的父母，大多都是茨中教堂的教徒。我能想像出他們那時是多麼無可奈何。但孩子們不知道，孩子們感到的是快樂——爲了他們的講義夾，也爲了點燃一本書時那藍色火苗帶來的欣喜。

痛楚來得很遲。幾十年後，當那些孩子也成了父母——眼前這些孩子的父母時，他們才爲他們當初的舉動感到了悔恨。

——爲我們講述往事的張如瑞，是不是那些孩子中的一個？不知道。現在他是茨中教堂的「寺管會」成員。我彷佛看見他正站在教堂的院子裏，喜滋滋地欣賞他的新講義夾。

——那或許是虛幻的。現在，他的話裏充滿了懊悔與歎息——這卻是真實的。

即便不久前教堂被確認爲雲南省重點文物保護單位，除了經堂以外，教堂依然還是那個設施簡陋、沒有風雨操場的小學校的必要補充。教堂與學校之間那道僅半人高的土牆滿目瘡夷，形同虛設，最無能的孩子稍一用力，也能輕而易舉地翻牆而過——只要他們願意。

站在教堂配房的二樓正中，面對經堂——鐘樓就在它的前端聳立——能看見整個教堂的中式屋檐和筒瓦屋面，雜草叢生。雨中的陽光，在屋檐下投下濕漉漉的陰影。經堂正面的牆壁斑斑駁駁，將近一個世紀的風風雨雨，都堆砌在它的屋頂和牆壁上，讓它有些不堪重負。

轉過身來，見身後那間屋子的門開著，明晃晃的陽光從窗戶裏射進來，照亮了那間屋子的每一塊木地板——木板間縫隙很大，像巨獸的牙齒，年深日久，油漆也早已脫落。張如瑞在我身邊說，那是當年羅神父的臥室。這位茨中教堂現任寺管會主任的話，應該是權威性的——他說，他見過茨中教堂當時在世的幾乎每一個神父，信教前他只讀過兩年小學，後來，是法國的古神父，教他學了漢語和拉丁文。如此說來，至少在他心中，教堂本身就是個學校——我的預想得到了證實。

屋子裏有個姑娘，年輕，矮個兒，臉色紅得像兩團胭脂。說不清她對一個陌生人的貿然造訪，是驚惶不安，還是羞澀靦腆。是我挎著的相機嚇著了她？她站了起來，拘謹地，滿臉脹紅地，等待著詢問。原來她是茨中小學的老師，叫吳冬梅，是龍巴雪卡人——那是茨中村的一個自然村。初中畢業後，到這個小學當了老師，教兩個班的一年級語文課。學校沒地方住，她獨自一人住到這裏，如同教堂的義務看守。也許她並不想在此久留：房間裏，除了臨窗有一張床，一張書桌，已別無它物。沒有聖像。也沒有聖經。書桌上，除了幾本教學用書外，還有幾本流行小說。瓊瑤？或是亦舒？甚或是張愛玲？過往的一切都在她的世界之外。應該對她充滿敬意，她讓人再次想起那些傳教士，又忘掉那些傳教士。可除了那間房子本身，屋子裏沒留下任何與當年的宗教活動，與那位羅神父有關的東西，但在我的想像中，空氣裏似乎依然飄蕩著某種宗教氣息。獻身，在很多情況下都是一種宗教。問：知道當年這是一個神父住的地方嗎？她愣看著我，說：不曉得。她很堅決。她的神情有點兒漠然，好像在說，我爲什麼要知道誰在這裏住過呢？她住在那間屋子裏，無須承擔那段古舊的往事。她沒有那個義務。

重新下樓，孩子們再次把我包圍了。他們指指點點，嘰嘰喳喳，似乎面對的是幾個外星人——對於我和我的同事們的到來，他們也許比看見幾個外國傳教士更爲稀奇。本世紀中葉，教堂的傳教士悄悄離開茨中村時，這些正在念小學的孩子和他們年輕的老師，都還沒有來到這個世界。但他們對教堂和一切與這座教堂有關的人與物的感受，肯定要比我這個只是當年在教會學校念過幾天書的人清楚得多——整個茨中村，不少人都信奉天主教，不管他們是藏族、納西族，還是漢族。教堂，教堂的鐘聲，祈禱聲，是他們生活中一個無法回避的存在，也是他們幾乎每天都要與之相處的一段歷史。他們或許沒有親眼見過教堂裏的神父，但在自己家裏，祖父祖母，父親母親，或許早就

茨中教堂

與四合院式的東方風格不一樣，茨中教堂的經堂裏，至今供奉的仍然是來自遠方的神祇。

用語言爲他們描繪了一個個神父的形象，活生生的。何況我後來得知，茨中教堂現在雖然沒有常住神父，卻有一個現已七十八歲的施克榮神父，定期到茨中教堂主持宗教儀式——施克榮神父現在住在維西，雲南迪慶的維西、德欽，怒江的貢山和四川的鹽井，都是他管轄的教區。如此說來，茨中小學的學生們，對施克榮神父自然比對我更熟悉。

上課鈴聲響了——這回我沒誤以爲那是教堂的鐘聲。後來有人告訴我，學校的鐘聲，來自教堂留下的一個小銅鐘。真僞難辨。孩子們和他們的老師，像一陣風似地離開了教堂，從教堂外的土牆豁口重新回到他們的教室。教堂再一次被無邊的空寂籠罩，那是半個世紀前的教堂的氣氛，悠遠無邊。我佇立著。幾隻小鳥歇落在院子裏，啾啾而鳴……

修女院的最後傳說

靜靜地，阿茸茨里給我們講著茨中教堂修女院的故事。在德欽縣城一家實實在在也世俗不過的小飯館裏，他講的那個故事卻虛幻飄渺。他的嗓音暗啞，澀滯，卻是本色的，彷彿是嗓音自己在講述，在流淌。有時他會稍有停歇，即使停歇，那也是那樣的講述中不可或缺的。利用短暫的停歇，阿茸茨里會抿上一小口酒。我們不再勸他喝酒，任他自由的攝取。在那之前，為了聽到他的故事，我們一直在勸他喝：阿茸茨里，你講，你再講一點，這裏還有酒，你先把這杯酒喝了，喝了再講。我親眼看見了，一場簡單的詢問，怎樣變成了被詢問者的滔滔不絕的講述。他或許早就想講了，不在今天，就在明天，不是對我們，就是對別人。一個在那樣的環境裏生活過的人，早就被那些傳說或故事浸泡得滿滿脹脹，他需要的就是傾吐，就是訴說。

就像所有的康巴漢子一樣，阿茸茨里善酒，他的臉已開始泛紅。開始時他還沒喝。在接受朋友的關照時，阿茸茨里似乎受之有愧，他靦腆不安，像個女孩。其實那只不過是兩杯酒。他說你們真客氣，講修女院的的事用不著喝酒。講著講著他還是喝了酒。酒使他沈浸到他的故事之中，沈浸在一種他所經歷過的，卻讓人難於理解的往事之中。

晚上九點多鐘，峽谷裏天已黑定。除了近處街道的幾星燈火，遠山已消遁無影。夜晚正是回想往事的時刻。阿墩子秋雨如注。氣溫驟降。酒能讓講故事的阿茸茨里暖暖身子，或許也能讓我們壯壯膽。對茨中教堂最虛幻也最神奇的記憶，就在這個年輕的康巴漢子的講述中徐徐展開。看上去他毫不浪漫，他也不是教徒，與茨中教堂沒有任何瓜葛。從來如此：任何一個嚴峻的，臉膛如同刀劈斧砍般堅毅的康巴漢子心裏，都有一片深不可測的神秘與浪漫。

與阿茸茨里的相遇，似乎出於神示與前定。注定地，這個康巴漢子將出現在我們造訪茨中教堂後的艱難歸途上。一夜大雨滂沱，瀾滄江水猛漲。峽谷貯滿雲霧，雪白，潔淨，如銀，如乳。返回阿墩子的路，在車輪下如一條不停扭動的長蛇，隨時都可能把我們掀進峽谷。從維西通向德欽的公路，至今還是一條鄉村公路，它簡直就是瀾滄江峽谷裏著名的茶馬古道的簡單擴展，年久失修，山體崩塌，泥濘難行，比當年馬幫走過的路也好不了多少。從阿墩子出發時，有人警告過我們，說那條路雨季常常滑坡斷道，有時一斷就是十天半月。幸運的是，我們運氣不錯，去時一路通行，沒想回來就碰到了泥石流，公路被攔腰截斷。那條扭動著的長蛇成了一條被攔腰斬斷的死蛇，被丟棄在瀾滄江峽谷裏。斷口上，幾百方泥漿和卵石從山上沖下來，成扇面地堆在公路上，看上去有十來米寬。兩邊停著好幾輛汽車，一籌莫展——試圖闖過去是不可能的，一旦陷進那團泥沼，後果不堪設想；想只靠幾個司機和乘客，赤手空拳地把泥石流清理乾淨，完全是妄想。弄不好，我們得在瀾滄江峽谷裏露宿一夜了。我想。

阿茸茨里就在那時出現了，如同驟降的天神。我跟阿茸茨里的相識，從一開始就顯出它非同凡響的性質，你甚至可以說那簡直就有些驚心動魄。就在幾乎所有人都一籌莫展、唉聲歎氣時，一團火球滾了過來——它來得那樣迅疾，直到它停下來時我才看見，那是一輛紅色消防車，跟我們的座車一樣，北京牌吉普，四輪驅動，開動起來每個零件都會發出刺耳的響聲。一個墩實矮胖的康巴漢子從車上走了下來，如果他穿的是紅色衣服，我恐怕就真會以爲我面對的是個火神了，幸好他穿的是一身迷彩服。我這才從神話中回過神來。

那就是阿茸茨里。

——後來我才知道，阿茸茨里是德欽縣燕門鄉林管所所長，那天他要趕到縣城辦事。我看見他跟一路陪同我們的松金扎西打了個招呼——他們是熟人，松金扎西的家，就在燕門鄉的拖拉村。昨天晚上，我們就是在松金扎西家吃的晚飯。

阿茸茨里到前面看了看，回來說，泥石流不太深嘛，怎麼不衝過去？有人不屑地指給他看那片泥石流有多厚，阿茸茨里說，不管它，我試試，我就不信衝不過去！

他把他車上的人統統趕了下來，車轉眼倒退了十來米，然後開足馬力，朝那堆扇形的泥石流猛衝過去。衝到泥石流淹沒的地方，車速猛然慢了下來。車從泥石灘上一下子沈下去，就像一艘眼看就要沈沒的破船。引擎發出怪獸般的吼叫。車輪在半輪深的泥漿裏飛旋著，黏稠的泥水飛濺起來，拋灑得滿天滿地。吉普車一寸寸地向前挪動著。希望把人們鼓動起來，他們興奮得大聲喊叫，爲阿茸茨里加油。引擎聲卻在那片吼叫聲中變得低沈暗啞，就像一個人在拼足了力氣時發出的聲音，非常可怕。可突然間，引擎聲又大了起來，車速也明顯變快——它終於衝出了那團淤泥。

阿茸茨里從車上下來時平靜如初。他對松金扎西大聲喊道，過得來過得來，你們也試試！在他的指揮下，我們的車如法炮製，終於奇蹟般地闖過了泥石流。當我們想向阿茸茨里道謝時，他早就鑽進了那輛紅色消防車，沒了蹤影。他最後留給我的，是一個絳紅的背影，儘管他沒穿紅衣服，絳紅只是他那輛紅色消防車的顏色。絳紅也是神的顏色——不知道爲什麼，我以爲神是絳紅色的，就像康巴地區隨處可見的喇嘛們身上那袈裟的顏色。如此，我或許還會遇到他，遇到那片絳紅色。

我的預感到晚上便得到了證實——在我們吃飯的那家小飯館，我們又遇到了他。我只能設想那是神的另一個精心安排。松金扎西請他過來一起喝杯酒，暖暖身子，他便過來坐下，跟我們東一句西一句地聊了起來。在那番講述中，一個普普通通的、毫不起眼的康巴漢子身上潛藏的某種神性，得到了淋漓盡致的發揮。

阿茸茨里所在的燕門鄉林管所，就在我們看過的茨中教堂的果園後面。房子是新蓋的，好幾年了。蓋那幢房子的地基，以前屬於茨中教堂的修女院。當年的修女院有二十多個修女，來自西藏鹽井、雲南貢山和附近的村子。進院時不用交錢，教堂還有補貼。每天上午，她們一起修習聖經，用藏話吟誦；然後到教堂領取聖餐。據說，剛進院的修女戴白帽子，畢業時戴的是黑帽子。那天在茨中教堂果園裏，有人指著瀾滄江方向，說那裏原來有過一個修女院，儘管多年無人居住，房屋有些破敗，但修女院的一些物品還在，直到前幾年，修女院的地才被德欽縣林業局燕門鄉林管所徵去，在原址重修了一棟房子——那番話在平靜中透露出了某種「適度」的不滿。從果園朝當年的修女院凝望，歷史已渺無蹤跡，能看見的只有那個林管所，青磚平房，與遍佈茨中全村的藏式民居相比，那同樣也是一種入侵。松金扎西喊過幾聲，沒人答應，喊聲在空空蕩蕩的果園裏慢慢飄散，像是被吸進了一個巨大的空洞，讓人隱隱有一種人去樓空的傷感。我們想進去看看的事當然就沒法實現。

此刻，屋外秋雨淅瀝。阿茸茨里的故事，就像旱地裏遇雨而開的花叢，在那陣晦暗的秋雨中伸枝展葉，蓬勃開放。他的講述完全被神秘籠罩。就像他在泥石流前沒有刻意製造神勇一樣，他也沒在秋雨中刻意製造神秘，可在康巴地區，神秘與靈性幾乎無處不在。對阿茸茨里來說，神秘就在他普通至極的講述之中，就在他平淡的，甚至是有些生硬的表情之中，也在他和許多康巴人一樣所具有的那種對神的極高的悟性之中。康巴藏區隨時都在讓人思考這樣一個問題：神是否真的存在也許並不那麼重要，重要的是人能不能悟到神性的存在，是不是有一種幾乎是與生俱來的、對神性的感悟能力。

按照阿茸茨里的講述，修那幢房子已是好幾年前的事。挖地基時挖出過好些東西，金手鐲，玉煙嘴，圖章，一個木柄已快腐爛的手搖銅鈴，和一些別的亂七八糟的玩意兒。泥土似乎也如同阿茸茨里的記憶，在他們執意的挖掘下，會變戲法似地生出許多細節。阿茸茨里說，當年修女院的一些東西，早幾年大多還保留著，林管所至今都還有神父用過的椅子，和一些普通的桌椅板凳，他都坐過。後來那些東西不曉得都到哪裡去了。我懷疑，那是被包括阿茸茨里和他的同事們在內的人們在無意中毀掉了。

對歷史驚心動魄的毀壞，往往在平靜中進行。茨中村並不缺少一塊地，以供新屋的落成。我能想像的，是茨中村的教徒，那時會懷著一種怎樣的驚懼，看著修女院在鋤钁聲中被夷為平地，變成一片殘轉碎瓦，從他們的眼前也從他們的心裏徹底清除——那些東西與許是有靈的，它們的根鬚，穿透半個多世紀的歲月，深扎進他們的血肉，與他們的骨頭緊緊纏繞。清除它們須刮骨剔肉，引起靈魂的劇痛。那疼痛讓他們驚恐。驚恐來自他們自身，來自於他們之前對它的漠然不見，來自於此刻才意識到的難以分割。世事的變化，他們無力阻止，編織傳說或故事，就成了一種隱性的心靈對抗。也許從那時起，某些傳說與預言，就已開始在茨中村裏流傳。後來的故事，不過是那些傳說與預言的印證而已。於是，關於有人在附近山縫裏找出了當時的英語地圖的故事，關於在新修的林管所常常鬧鬼的故事，便開始在茨中紛紛揚揚地流傳。

阿茸茨里在林管所已工作了八年，其中有三年是在教堂後面的那座林管所的新樓裏度過的。那段日子，阿茸茨里聽到了不少關於茨中教堂和修女院的傳說。茨中村的人說，茨中教堂有三個地下室，可一直沒有找到入口。有一年，一個人牽著一條狗去教堂，等他從經堂裏出來時，狗卻不見了。他大聲地喚他的狗，沒有應答。失去愛犬，讓他悒悒不樂。等他趕到茨中大橋邊準備過橋時，他突然聽到了狗叫，就在離大橋不遠的的地方。他的欣喜不言自明，問題是他看不見他的狗。他返回去找他的狗，儘管狗叫聲越來越近，他依然看不到他的狗。他奇怪狗叫聲似乎是來自地下。過了一會兒，他終於看見狗從瀾滄江邊的一個土洞裏鑽了出來，洞不大，看樣子人難以進入。他斷定那條狗是從教堂裏一個什麼地方鑽了進去，穿越了整個地下通道，才從瀾滄江邊茨中大橋旁的一個洞裏跑出來。

村子裏的老人早就說，茨中村下面有一條地道，誰也沒有進去過，也沒人敢進去。那條狗的神秘失蹤和再次神秘出現，證實了那個傳說。茨中村的人堅持認爲，當年茨中教堂被燒後，清政府地方官德欽「千總」賠給洋人的是二十四馱，共五萬兩銀子。那些白花花的銀子就藏在茨中教堂的地下室裏——或許還有別的財寶。是真是假沒人說得清楚。阿茸茨里對那個傳說似乎深信不疑，他說村子裏的人告訴他，地下室就在教堂的經堂下面，遺憾的是，至今也沒人去找地下室的入口——誰願意挖開那個神聖的經堂呢？

睡覺問題是阿茸茨里有關茨中教堂的講述中最玄乎的一段。他說他的睡眠一向都好，他年輕，壯實，倒上床就能睡著，可在那幢建在修女院原址的屋子裏，他無法睡得安寧。夜裏似乎總有人說話，嘀嘀咕咕，吵吵嚷嚷，那些聲音飄渺無序。夜半三更，他會覺得有好多人在院子裏出出進進，恍惚中，他們一一來到他的床前，向他問這問那，他聽不懂，也無法回答。說是做夢，他分明覺得醒著，說是醒著，他又覺得渾身無力，身子軟綿綿地飄在空中。他奇怪不已，鬧不清那是怎麼回事。

我盯著阿茸茨里的眼睛，那眼睛，被某種重新勾扯出來的眩惑的霧靄遮蔽，眸子中，原先那粒晶亮的光點消失了，它渾濁，困惑，不再透明。其實，瀾滄江邊的茨中村，夜裏除了江水的流淌聲，除了幾聲狗叫，除了偶然從某幢木屋裏傳出的含混的夢囈，從來不會有別的聲音——那是完全可以證實的，我曾在瀾滄江邊一個前挨公路後靠瀾滄江的小旅店裏住過一夜，那個小旅店叫振興飯館。天黑不久，整個峽谷都靜了下來，整整一夜，我沒聽到過任何響動，除了瀾滄江隱隱沈沈的流淌聲。

出門在外，新地方的頭一夜我通常都難以入睡，何況振興飯館的被子顯然已經別人用過，發出陣陣餿變的酥油的味道。那晚我卻睡得像頭死豬。我相信，那是世界上最適於睡眠的地方，何況燕門鄉林管所既不在江邊，也遠離公路。阿茸茨里再次抬起頭來，說他卻睡不著，他總被某種無聲之聲喚醒，然後，便長久地漂浮於現實的夢境踉蹌行遊。他苦惱，懷疑自己是不是病了，得了某種奇怪的失眠症。過了很長時間，他才稍稍習慣了些，慢慢地，才把那事給忘了。

林管所的人經常要出去幹活，有時一出去就是好多天。爲了安全，阿茸茨里他們請了一個人給他們看房子，那是個退休的藏族老漢，叫阿給。阿給到林管所沒幾天就悄悄跟阿茸茨里說，這屋子會鬧鬼，夜裏會出來一些長著翅膀的洋人，又跳舞又唱歌的，吵得我沒法睡。阿茸茨里一驚，他想起了自己的事，對阿給說，你剛來，不習慣，過幾天就好了。他說他原來也覺得吵，現在不就什麼都沒有了？阿給半信半疑地說，好吧。幾天後，阿給再次說起夜裏院子裏有人唱歌跳

卡瓦格博

而當太陽在遠方剛剛升起，卡瓦格博便以新娘般嬌美的妝奩，全身心地迎候這往君臨大地上的神祇。

舞的事，阿茸茨里說，我們怎麼都沒看見？也沒聽見？阿給說，你們年輕，瞌睡大，哪看得見？下次再有人來，我叫你們起來看！

那一天終於到來。一天早上，阿給對阿茸茨里說，昨天夜裏我拼命喊你，你就是不起來！阿茸茨里問，喊我幹哪樣？阿給說，昨天院子裏又來了好多人，找我要這要那，問這問那，我被纏得沒法子，人又多，擠都擠不下，我只好把椅子都搬出去，請他們坐。我又趕緊回來，想喊你起來，我小聲跟你說，他們又來了。你倒好，醒過來恨恨地罵了我一句，說，阿給，你是不是瘋了？深更半夜的，你就莫跟我開玩笑了！你蒙起被子又睡。我再怎麼喊，你都不起來。阿茸茨里一點兒也想不起夜裏發生過什麼事，也許頭天白天他幹活幹得太累了，睡得太死。到院子裏一看，果然擺了一大排椅子。阿給指著那些椅子說，你信不信了？阿茸茨里不說話。阿給說，你們怕要想想法子，鬧不好要出事的！不久，果然出了事。

那天，林管所的電視天線突然斷了。大家到處查，查不出個結果。阿給站在一邊幸災樂禍地說，我說要出事，你們還不信，那是夜裏那些洋人砍斷的。大家都不信，因爲檢查中，他們沒有發現任何被砍斷的跡象。他們說阿給老倌恐怕是瘋了。阿給說，我沒有瘋，是我親眼看見的。大家問他看見了什麼，阿給說，夜裏我被他們鬧的睡不著，聽見聲音起來看，就是那些長著翅膀的洋人！林管所的人還是不信，他們決定不要阿給了。走的那天，阿給老倌找到阿茸茨里說，你們怎麼不信呢？他們都以爲我瘋了，你也以爲我瘋了……我說的都是真話，實話，你們怎麼不信呢？我走了，你們要小心哪！阿給走了。大家以爲阿給走後，他們就安寧了，沒想那麼大的一幢房子，反倒越來越沒人敢在那裏住了。

——不知阿茸茨里講的這個故事，是不是茨中教堂的最後一個故事？

那已經是傳說，免不了虛構與誇張，多少帶有些荒誕的性質。判斷它的真僞已毫無意義。有人說過，傳說與故事，從來都是經由時間之手編織而成。一個人一件事，一旦進入了傳說期，預示著它已開始衰落，正在變成「過去」。茨中教堂正是這樣。初生嬰兒很少有傳說。在很多情況下，傳說與故事，是一個臨死和已死的人的生命的語言延伸，是他或它以語言方式重新獲取的存在。那個夜晚，梅里雪山下的秋雨還在下著。那場世紀末的秋雨，淋濕了瀾滄江邊茨中村那堆宗教之火，而在那堆青紅摻半的餘燼上，語言與幻覺的水汽蒸騰而起，氤氳彌漫，低徊盤旋，成爲在茨中村家家戶戶的火塘邊揮之不去的神秘與幽怨。

聽著阿茸茨里的故事，我再一次神思恍惚。我想，那是康巴漢子阿茸茨里對茨中教堂繪聲繪色的講述帶來的。那座曾與茨中人共同走過了將近一個世紀的天主教堂，差不多已走到了它的盡頭。它再也不是一座活著的教堂，它正在慢慢死去，終將成爲一段歷史的遺骸。我不知道漫溢在我內心的，是驚喜，還是惋惜，是慶幸，還是惆悵。離開那個小飯館時，阿墩子狹窄的小街上霧氣彌漫。人行其中，彷彿行走於天宮玉宇，虛無飄渺。那就像茨中教堂如今的存在，與其說那是真實的，不如說是夢幻中的，講述或許正是對記憶的復述——當人們講述他們記憶中或是傳說中的那座天主教堂時，圍繞它的種種回想與夢幻，已像雲霧一樣在茨中村裏飄蕩。雲霧是真實的，你卻永遠無法抓住……

絨贊卡瓦格博

登上太子雪山的「明永恰」冰川時，諸神的宮闕突然在眼前顯現。那是神靈的居所，冰砌玉構，金飾銀妝，雄踞在海拔五千米以上的高處，真實，卻又虛幻，就像一個晶亮透明的童話。冰川在我腳下。某個熟悉的人世悄然逝去，臉上拂過陌生的風。在一天的攀登之後我已筋疲力盡，我大口喘息，像一條被扔在沙灘的魚。凝視，凝視，凝視……早上的太陽在冰雪之上舞蹈，為它鍍上了一層金紅。

月亮尚未隱去，它一路與我同行。在剛剛過去的那個午夜，我在某個飄蕩著酥油味兒的夢中見到過它，那個夢由藏話、藏經、經幡、瑪尼堆和酥油茶交織而成，紛繁斑駁，一直做到我在清晨四點醒來，看見窗外掛著一輪月亮，瘦削，薄而透明。以至現在，當那輪月亮出現在我眼前時，我不知道它是不是真的屬於人間。藍天深邃如海，曉月如一塊浮冰，很快就會漂向遠方。

屏聲靜息是我那時的唯一選擇——不慎驚擾了神靈，幻景就會頃刻間消逝。我想。金字塔形的卡瓦格博，那諸神之尊，剛從秋夜的宿睡中醒來，小頭、寬肩，軀體龐大厚實，一身銀甲，就像一個放大了億萬倍的卡通人物，一尊在現代藝術家手下誇張變形得十分厲害的雕塑，臉上——我說的是那像銀製的錐子一樣刺向天空的鋒利的山尖——閃著初升太陽的血色紅暈，莊重而又柔和。那個氣血充盈的康巴漢子，看來昨夜沒顧得上去與緬茨姆幽會——意爲「大海神女」的緬茨姆峰，相傳是卡瓦格博的妻子或是情人。

守護是神聖的。當年，威猛強悍、倜儻風流的卡瓦格博隨千佛之子格薩爾王出征惡羅海國（今印度一帶），惡羅海國王出於緩兵之計，佯將美麗無比、豔若雲霞的緬茨姆許配給卡瓦格博，不想卻弄假成真，二人一見鍾情，天地無雙的卡瓦格博與絕世罕見的嬌容合爲一體，成了風雨與共的生死伴侶。卡瓦格博在緬茨姆的幫助下，很快就征服了惡羅海國。後來夫妻雙雙被格薩爾王派到那裏統領邊地。

按照當地藏胞的說法，他們是很好的一對兒，卻並不能夜夜相會——神靈也有俗願，有時也照樣不能如意，這會讓俗人得到安慰。雲從山肚子裏生出來，白，灰，紅，像一縷縷輕煙；紛亂的色彩與光流四處遊動，飄忽不定，猶如某部神話電視劇裏的鐳射造型燈和動不動就施放的人工煙霧，讓人眼花撩亂。風在四周吹拂，一直吹進我的胸中。諸神聚集。鐘鼓沈鬱，琴瑟悠揚，環佩叮噹，它們一起鳴奏在看不見的遠方——我想那該是上界和彼岸。沒有花。沒有草。陽光下到處亮晶晶的。空中奏響了《絨贊卡瓦格博》①的讚歌——

南摩古如。②
在光虹交接的地界，
南方察瓦絨河谷，
「厄旺」③教法之墊上，

雄踞絨贊卡瓦格博。
山體如豎立的長矛，
山尖似白色的多瑪④，
色彩如張掛的白綢。
——我向您祈禱，請悲憫。

……絨贊卡瓦格博
擁有八座同胞峰，
根本上師如雲布，
慈悲福佑似雨落。
……我向您祈禱，請悲憫。

神靈躲在肉眼看不見的地方，冷冷地打量著我們這些凡夫俗子，猜想我們的來意——事情肯定是這樣。他們雍容華貴，沈默威嚴，猶如帝王，靜候著臣民的朝拜覲見。這是個讓人頭一眼見到就想五體投地施行大禮的地方。我想喊一聲：卡瓦格博，早上好！卻啞然失語，心咚咚直跳——在人間，即使真的面對一個一統天下、至高無上的權勢人物，不管他是明主還是暴君，我也絕不會至於此。人的癡傻笨拙，在一無裝飾、純粹如斯的大自然面前，才會真正顯露出來。我把目光從卡瓦格博峰收回來，定定地從下往上慢慢移動，那由上而下的冰川，轉眼就變成了一個向雪峰斜斜翹起的、巨大的滑雪板，只要我奮力一躍，就會衝上滇西北湛藍的天空，再從那裏遠遁彼岸……

很久以來的一個宿願，就在那時變成了現實。就像以前一樣，一個已經變成現實的宿願，總會在實現的那一剎那受到尖銳的反詰：登上冰川究竟意味著什麼？高不可及的雪山，萬年不化的冰雪，那是億萬年時光的堆積、凍結和凝聚，冰雪裏包含著億萬年前的空氣、水份、塵埃，或許還有某些我們至今也無法讀懂的、來自宇宙空間的資訊。此刻它們都在我的眼前，在我的腳下。這麼說，我已跨過甚至超越了漫漫時空，進入了史前和彼岸的世界嗎？我不知道。

——在溫暖的南方談論冰川，就像在紅塵滾滾的當今談論遠古聖賢，只能憑想像去填補話語中巨大的時空。對任何一個普通人來說，冰川都是神秘的，偶有所聞所見，無非某個古代冰川的遺跡，一塊小小的冰漬石，一道必須憑藉地質學專業知識才能辨認的古冰川擦痕，隻鱗片爪，難窺全貌；跟大多數人一樣，冰川對我更是一個神秘的、雪白得像一道閃電的空洞概念……當我昨晚借宿明永村，躺在藏胞的小木屋裏，在一片濃重的酥油味裏夢想此刻時，我一直在懷疑我是不是真能有登上冰川的歡樂——誰能想到，在溫暖的南方，還能一睹現代冰川的雄姿？我因而是幸運的——在這個秋天，我憑著雙腳，登上了卡瓦格博的現代冰川「明永恰」——它深藏在滇西北那片隱密的土地，在世人嚮往的香格里拉的深處，在滇、川、藏交界、有著世界上獨一無二的「三江並流」景觀的德欽。

我的心在歌唱——旋律從踏上旅途的第一分鐘就開始奏響。

秋天的迪慶高原，草甸紅了，紅得分外招搖，大地雋永明麗，古典味十足，展示著南方高原神奇的輝煌。幾經輾轉，我們從昆明去到了迪慶首府中甸，然後，在一個秋雨淅瀝的早晨，乘車前往德欽。

在中甸，朋友一再告訴我說，到了迪慶「香格里拉」，不可不去卡瓦格博；到了卡瓦格博，不可不去明永恰冰川。迪慶「香格里拉」雪山無計其數，唯有絨贊卡瓦格博才是藏民心中的八大神山之首，頗具王者之尊。它既是藏區的一大神山，也是雲南的第一高峰。卡瓦格博，意爲白雪之峰。所謂「絨贊卡瓦格博」，在藏語中意爲「河谷地帶險峻雄偉的白雪山峰」，它既指西藏察瓦絨河谷和雲南德欽之間的太子雪山，也指雪山主峰，同時還是主峰的神靈之名，乃主峰、山神及整座太子雪山三位一體的稱呼。它地處怒山山脈中段，金沙江、瀾滄江、怒江「三江並流」地區，舉世聞名。它逶迤北來，連綿十三峰，座座晶瑩，峰峰壯麗，而卡瓦格博的主峰，海拔六七四〇米的太子雪山則雄踞其間，雍容華貴，俯視群小，莊嚴肅穆——朋友的那番描述，讓我想到一個巨大的三弦琴，彈奏它的就是卡瓦格博太子：三條大江是弦，座座雪山是品。卡瓦格博彈奏的，乃是曠古至今天下唯一的一曲自然之聲，時而如萬馬馳騁，千山搖動，時而如獨弦輕撥，音若懸絲。聆聽那樣旋律悠揚、意韻深遠的樂音，需要的，顯然是一副棄絕了俗世的靈魂。

出發前，朋友提醒我們，這種天氣去德欽，十有八九看不到太子雪山，不如等天氣好了再去，或下一次再來。可惜我們已經沒有時間，再來迪慶，誰知是哪年哪月？還是走吧！朋友們見我們去意已定，便說，心誠則靈，一定要去，到了德欽境內，第一件要緊的事，便是虔誠地向梅里雪山許下心願——祈願太子雪山雲開霧霽，哪怕能露出個三、五分鐘，也算不虛此行。心想朋友們或許是隨意說笑，並沒往心上去。

一路秋雨不住，漫山紅濕綠重，迪慶高原顯得深沈凝重，如同大師的油畫，別有一番情致。只是心中嘀咕：倘若老天一直不放晴，我們怕是真難看見梅里雪山了。進入德欽地界，在頭一處能看到梅里雪山的山丫口，我們已一再向她許下了心願——一定要設法看到太子雪山，最好能到近處去看看——比如太子雪山腳下的冰川。那是個觀景台——按照當地藏胞的說法，也許叫朝聖台更為合適，反正，不管是本地外出歸來的藏胞，還是每個第一次去德欽的旅人，都要在那裏朝拜太子雪山。我們下車時，幾個藏胞正在向他們心中的神山行匍匐長跪之禮。

放眼看去，卡瓦格博正以她的冰清玉潔之姿，向我們展露出她的端莊和秀麗；那已是傍晚，儘管西天夕陽如金，雲霞斑斕瑰麗，卻因天暮雲厚，在我們與卡瓦格博之間那巨大的空間裏，滿滿蕩蕩的全是雲彩，陰處如銀如乳，向陽處如金如緞，華貴異常。卡瓦格博主峰太子雪山的山尖，深藏在遠方的雲霧之中。我們不禁有些遺憾——那幾天，整個迪慶地區一直下雨，我們在中甸、奔子欄碰到過幾個從德欽回去的人，都說他們在德欽等了好幾天，壓根兒就沒有看見太子雪山的影子。要是我們在德欽的幾天也是下雨的話，我們大概也會是同樣的命運。

同行中有到過德欽的人說，趕快向太子雪山朝拜。聽了那話，我這個從不信神的人，也不由自主地就跪了下去，仿照藏族同胞，虔誠地向梅里雪山行了個匍匐長跪之禮——心想，這管用嗎？不料，俄爾，卡瓦格博峰竟然輕撩雲紗，讓我們一睹她的芳容：足足一分鐘裏，一抹晚霞正正地打在卡瓦格博峰的峰頂，就像舞臺上的一道美麗的追光；那時的卡瓦格博峰，如同一位金盔銀甲的武士，屹立在天際。

抵達雪山之城德欽的當天下午，我便風風火火地趕到離德欽縣城不遠的飛來寺，據說，那裏是遠眺卡瓦格博的最佳位置。一個人，如果從未領略過真正的壯麗與輝煌，只須在那裏稍站片刻，生命之杯就將於頃刻間獲得最豐盈的補給，最淋漓的澆灌。夕陽豔紅，雪山如金，崇高、崇敬之情瞬即流遍我的全身。在我眼前，卡瓦格博與北段的梅里雪山、南段的碧羅雪山一起，組成了一個龐大的雪山群，在數百公里範圍內，一座又一座雪山如巨浪拍天，冰峰雪嶺從北方接踵而至，又向南連綿而去。

晴空如洗，碧藍幽深。白雲輕拂，燦若蓮花。在寶石般潔淨的天空裏，那一座又一座雪峰恰如一道碩大無比的銀色屏風，橫亙於天際。世界上最龐大也最為充滿智慧的航船，正風帆高張，向彼岸世界全速行進。雲來了，又走了。太陽時現時隱，大地忽明忽暗。卡瓦格博雪山則忽而剛毅，忽而溫情，忽而神秘得如峨冠博帶的山林隱者，忽而又純淨得像一身赤裸的初生嬰兒。若非大自然有著巨大的神力，若非卡瓦格博自身所具的靈性，誰能營造出那樣神奇的美景？雲蒸霞蔚，變幻莫測，讓人看得目瞪口呆。我屏神斂息——我不記得，在迪慶香格里拉，那是我第幾次陷入那種欲語卻無言的癡傻與震驚。於是我閉上眼睛，側耳傾聽，聽歷史的訴說，聽自然的回聲，聽神靈的教誨……

那是一座通靈通神的山。德欽一帶民間傳說，一九八七年，十世班禪大師視察康藏地區時，曾途經太子雪山，並在飛來寺爲卡瓦格博煨桑遙慶。其時，卡瓦格博四周烏雲密布，一無雲開天霽的跡象。十世班禪身著玄黃色袈裟，在繚繞的香煙中舉起了手中的聖水，一邊口誦經咒，一邊讓聖水一滴滴地，緩緩灑向他面前的世界。就在班禪大師手中的聖水即將全部灑出的一瞬間，雲霧遠退，天光乍現，卡瓦格博峰竟奇蹟般地出現在人們眼前。

那也是一座壯美卓絕的山。一九二三年，曾到過雪山腳下的美國學者洛克，在其著述中曾感慨地說，卡瓦格博是「世界上最美麗的山」。⑤而在詹姆斯·希爾頓的長篇小說《失去的地平線》中，其中作爲「香格里拉」主體的那座金字塔形雪山卡拉卡爾，與現實中的絨贊卡瓦格博是那般相似，讓人懷疑那位英國作家，並非憑空想像出了那座雪山的山名和特徵，而是依據卡瓦格博峰的原形所作的創造。康韋——

他注視著山體，讓思緒順著峽谷和山口的路線攀援而上。……他轉頭一看，發現那位中國人一直十分認真地注意他。

「您一直在注視著這座山峰，康韋先生？」他問道。

「是，景色很美，我想它該有個名字吧？」

「它叫卡拉卡爾。」

「我想我從未聽說過。它非常高嗎？」

「在二萬八千英尺以上。」

在康韋眼裏——

這真是世界上最可愛的山峰，幾乎就是一座美妙絕倫的金字塔，些許雲霧纏繞著塔似的峰尖，給景色平添了險峰的生氣，而微微傳來的雪崩聲更證實了它並非幻景。

民間流傳的關於卡瓦格博峰的傳說就更多，比如說它是吐蕃王松贊干布迎娶文成公主進藏的路上生下的孩子的化身。比如說它是格薩爾王的戰將……

外來者一直想征服這座壯麗的雪山。早在一九〇二年，英國登山隊就試圖登上梅里雪山，結果以失敗告終。下山後，他們用酥油做成卡瓦格博峰的模型，然後在模型下面加熱讓「卡瓦格博峰」熔化，表示他們已經征服了卡瓦格博峰。留下的只是一個笑話。

中日聯合登山隊在梅里雪山的失利，更爲它增添了無盡的神話色彩。從一九八七年至一九九六年，日本、美國、中日聯合登山隊相繼三次試圖登上梅里雪山，結果都以失敗告終。一九九〇年十一月至一九九一年一月，中日聯合登山隊試圖登頂，結果全軍覆沒。那是個令世界登山界至今難忘的日子，一九九一年一月三日，神山發威了，一次驚天動地的大雪崩，伴隨著一聲震天撼地的巨響，數百萬噸冰雪從卡瓦格博峰頂傾瀉而下，如同一場自天而降的隕石雨，於頃刻間把中日聯合登山隊的十七名隊員掩埋在了千古冰雪之中，釀成了世界登山史上的第二次大慘案。在隨後的很長一段時間裏，人們甚至無法找到中日雙方的十七名登山隊員的遺體。如今，在德欽縣城附近的飛來寺外的觀景台，一方不大的暗紅色花崗岩碑石，清晨黃昏，還在裊裊的香煙中，與無數面迎風招展的經幡一起，默默祭奠著那些死去的勇士。

一九九六年十一月至十二月，中日聯合登山隊再次攀登主峰，在離主峰僅數百米的地方，發現天氣異常，在上一次登山慘案陰影籠罩下的登山隊便迅即撤離。不料，等他們下到山底，天氣卻一片晴朗——一次又一次的失敗，使卡瓦格博神山變得更加神秘莫測。

與外來者相反，據說當地藏民對懷有「征服」夢想的勇士，並無多大好感——他們視卡瓦格博爲神山，自古對卡瓦格博只有崇敬，從沒想到過「征服」二字。無論在這場尖銳的文化差異與信仰衝突中誰是誰非，卡瓦格博的神性都被表述得淋漓盡致。當我站在中日登山隊員殉難紀念碑前，看見碑上有些缺損時，德欽朋友告訴我，聽說那是一些藏民敲擊造成的——他們並不認爲，那樣的冒險值得人們紀念。

然而，後來我看到的是，在嚴酷的自然條件下生存的雪山子民，就像雪山本身一樣，對於生命——無論那生命屬於什麼國度，什麼信仰——都有著驚人的理解和巨大的同情。一方面，是登山隊員們幾乎隨時都在感到的那種神秘：只要你一開始登山，天氣就突然變壞，而當登山隊員面對惡劣的天氣剛剛撤離下山後，驀然回首，他們看到的，卻是一片燦爛的陽光。我在明永恰村和德欽縣城裏甚至聽說，在一九九六年那次登山過程中，登山隊的營地上，每天都有一個仙女般來去無蹤的藏族老阿媽去爲登山隊送菜，奇怪的是，那位據說是來自卡瓦格博峰下一個叫雨崩村的藏族老阿媽，總是來去匆匆，她的出現與離去都像是一陣風。

對於這種過於神奇的傳說，那時我顯然是不大相信的，儘管德欽縣旅遊局長茨里尼瑪給我講過雨崩村的神秘。他說，一九九三年，他作爲社教工作隊員，曾在雨崩村住過很長一段日子。那裏海拔四千米，是德欽最高的村子。村子兩邊都是原始森林，中間是草壩，兩條瀑布從天而降。沒有瀑布的地方，人只要誠心，念經，就會出現瀑布。當他提出要充分利用當地的自然條件開發旅遊時，在座的老百姓都淌出了眼淚——他們無法理解，對所謂的「開發」，懷著巨大的恐懼。但後來，在一九九八年九月號的《時尚》雜誌上，我卻看到了對此事更爲準確也更爲神秘的記載。在那篇名爲《登山，從探險到休閒》（作者：謝彌青）的文章裏，記錄了一九九六年底中日聯合登山隊再次衝擊卡瓦格博時的一則有名有姓的故事：登山隊員馬哥在撤離營地的那天，曾爲那位送菜的藏族老阿媽偷拍了一張照片，這就證明，那位爲登山隊送菜的藏族老阿媽，那位被遙傳爲仙女的藏族女人，確有其人。然而，等馬哥回到北京沖出底片後，才發現唯獨那張照片是空的。難道那個藏族老阿媽真是神仙？據說，日本登山隊死難者的親屬，曾在飛來寺外的觀景臺上，以長跪、祈禱和無盡的香燭祭奠他們的親人。他們很想看看，讓他們的親人喪命的那座雪山，究竟是什麼樣子。可惜，那天梅里雪山雲纏霧裹，中方陪同的人告訴前來祭奠的日本人，他們可能看不到梅里雪山了。可也有人告訴他們，梅里雪山是一座頗通人性的山，只要他們心誠，說不定還有機會。日本登山隊員的親屬聽了，便再一次開始祈禱。不久，雪山果然雲開霧霽，露出了它美麗的尖頂。日本登山隊員的親屬於是歡呼雀躍，爲這座神秘而又具有人性的山峰大爲感動。

一九九八年，在梅里雪山明永恰冰川的冰大阪上，兩次發現遇難中日登山隊員的遺骸、遺物的，正是明永恰村在山上採藥的藏族村民——在藏語中，梅里雪山本身就是一座「藥」山。

而關於梅里雪山是一座有神性的山的說法，甚至以我的親身經驗得到了證明。

一九九七年九月十七日下午，我初到德欽。人生地不熟，停車後我們四處打聽住處。天下著雨，德欽縣城小小的街道處處泥濘。就在我們東張西望時，一個北方打扮的中年女子走上前來，問我們是不是準備第二天或是第三天繼續前行，她說她想搭我們的車去鹽井。看樣子她大約三十多歲，不會超過四十歲，一頭短髮，顯出一種女人中少見的幹練。我說，你一個人？她說就一個人，特意來看梅里雪山，可惜運氣不好，老下雨，這次恐怕看不到了。她的話音中透出一種明顯的無奈與惋惜。我告訴她，我們的行程到德欽爲止，不再往前走了。那樣說時，我真爲我的愛莫能助感到某種慚愧。那一剎那，這個單身前來德欽朝拜神山的女人，她的勇氣，她的虔誠，實在讓我感動，但我還是愛莫能助。她聽了顯然非常失望，說，那我只好搭班車走了。她隨意地抬起手來，捋了捋飄到額前的短髮，轉身而去。後來，我就不知道她到哪裡去了。我甚至完全忘記了她這個人，一個萍水相逢的旅遊者。

可幾天後，當我們乘車準備先到瀾滄江邊，再步行去明永恰村時，前面公路坍方，數十輛車堵在了公路上。我們只好下車，耐心等待。前幾天一直下雨，那天卻陽光燦爛，站在滇藏公路邊飛來寺附近的觀景臺上，縱目遠望，連綿數百公里的怒山山脈，錯落有致，晶瑩閃爍，雪線以下，莽莽森林如綠濤洶湧，令人心情澎湃。卡瓦格博那金字塔般的太子雪峰，高聳其上，如一位將軍。借著那點時間，我請松金扎西面對著梅里雪山那一溜銀白的雪峰，爲我講解每座雪峰的名字和故事，一邊聽，一邊順手在筆記本上畫著整個梅里雪山各個山峰的位置圖。龐大的卡瓦格博雪峰，從南到北，依次排列著一座又一座晶瑩的雪峰：緬茨姆，吉娃仁安，布回松階吾學，卡瓦格博，瑪兵扎拉旺堆，奶日頂卡，粗歸臘卡……

而我一回頭，卻再次看到了那個北方女人。她大概也看見了我，正在朝我這邊走來。我很驚訝。按照她說的時間，她應該早就離開了德欽。問她怎麼還沒有走，她說，不，她走了，又回來了。我說，爲什麼?她說，前兩天因爲天氣不好，看不到梅里雪山，她只好走了——一個人自費出來旅遊，不可能在一個地方待得太久。於是她搭乘班車，前天就到了鹽井，進入了四川境內——一路上，她一直在爲沒能見到梅里雪山遺憾。一到鹽井，就發現天氣好了。她想，鹽井離德欽那麼近，德欽的天氣可能也好了吧?於是她坐上返回的汽車，再次來到了德欽。

她一直在心裏祈禱，希望她的誠意能爲神山所知，讓她能一睹它的英姿。不出所料，德欽的天氣真晴了，現在，她總算看到了梅里雪山。她是爲梅里雪山而來的，她相信她的至誠之心一定感動了神山。原來，她在西安的陝西印刷廠工作，叫金亞平，有個姐姐在《雲南日報》社工作，她是聽了她姐姐介紹，才臨時改變行程，下決心專程到德欽來看雪山的。

雪山如此，人亦如此。明永村的藏民曾告訴我，在中日登山登山隊向梅里雪山進發的那幾天，全村人停止了幾乎所有日常活動，他們憂心忡忡，唯一的工作就是轉經、祈禱，只願那些遠方的來人不要褻瀆他們心中的神山。他們希望登山隊不要貿然行事，因爲他們知道，等待登山隊的絕不會是他們所謂的勝利。他們並不希望他們死，但他們知道，危險隨時都會發生，風暴、雪崩、死亡……一切都要看神的意志；一旦發生，誰也無法挽救。他們不贊同也不理解的，是人們狂妄得對什麼都要「征服」的愚蠢念頭。沒人聽從他們的勸告，但祈禱卻異乎尋常的靈驗。登山者再也沒有歸來。而每到秋後，來自青、川、藏的朝聖活動照樣進行——它已進行了幾千年，也許還要進行幾千年——梅里雪山方圓上百平方公里的土地上，每條小路都擠滿了絡繹不絕的信徒，他們老老少少手持轉經筒，趕著犛牛，一路叩著長頭，在由人間通往天堂的路上緩緩移動，艱難跋涉。無論耗時半月的「外轉經」，還是五到七天的「內轉經」，太子雪山都是他們長途跋涉的終極之地。

迪慶藏族最初信奉的是藏族固有的萬物有靈的原始宗教——苯（BON），十一世紀以後，尼瑪派、薩迦派、噶瑪噶舉派、格魯派等佛教各派先後傳入這裏。此後，與其他藏區發生的情形一樣，這裏的神山、山神、土主等也都被納入到了佛教中，成爲佛教的神山、護法神。有學者指出：藏族由於自古以來都生活在雪山草嶺，雪山和山神在他們的現實生活及精神世界中佔據著重要的位置，雪山成了故土的象徵，山神則成了村落和個人的保護神。從古代到近代，藏族士兵作戰，就常常高呼著山神的名字衝向戰場。在各藏區一直流傳著一些講述歷史上某個傑出人物或部落酋長爲山神血裔的傳說。佛教傳入藏區，面對古老的的山神崇拜，也顯得無能爲力，只好把神山、山神一併納入佛教，不過佛教在把神山、山神接納爲佛教的聖地、神靈後，並沒有把它和佛教原有的東西相混淆，在佛教主導下的朝山禮聖歷史都是對佛教聖地和山神及其領地的兩位一體的朝拜活動。也就是說，佛教把山神視爲輪迴的「世間」神靈，與助人解脫的佛、菩薩等「出世間」神相區別，認爲崇拜山神只能對今生利樂有好處，可以求得山神的護佑和免遭其懲罰，但對宗教上的解脫沒有幫助。而作爲佛教聖地，人們將會告訴你山裏藏有佛經，山上有佛、菩薩、本尊神等出沒，石壁上有自顯的佛像以及高僧大德的聖跡，等等。卡瓦格博雪山就被認爲是「根本上師密密廂、本尊神眾舞翩翩、飛天勇士飄蕩蕩」。這時的聖地，對於信徒所起的作用，就與佛經、佛像、佛塔、寺院等佛教設施之於信徒的作用相同了。因此，朝山禮聖活動既是崇拜著山神，接觸著山神的領地，同時也在崇拜著佛，接觸著佛土的一草一木。⑥

——區別就在這裏，一個是去朝拜，一個是要征服，結局也就大相徑庭。一些老外在驚異之餘，開始設法理解藏民族對大自然的那份虔誠——在德欽縣城，縣旅遊局的茨里尼瑪告訴我說，一個年輕的美國人，連續兩次從大洋彼岸來到德欽，加入了卡瓦格博峰下那壯觀的、浩浩蕩蕩的轉經朝聖者的隊伍。不知那個並不信奉藏傳佛教的美國人，在漫漫的轉經路上，是不是多少體會到了一點藏族同胞對大自然與神明的崇敬，那澄明如水的心境？是否看到了冰川腳下的明永村那秀美的風光和淳樸祥和的民風？

——不管怎麼說，由於詹姆斯・希爾頓的長篇小說《失去的地平線》描繪香格里拉被重新發現，也由於中日登山隊在梅里雪山三次失利的驚人新聞，卡瓦格博和太子雪山下的明永村、明永恰冰川以及太子神廟，轉眼就成了前來迪慶「香格里拉」探訪的中外遊人最嚮往、最感興趣的的景點之一。

如此，我們與卡瓦格博峰應該說已有一面之交了。我相信我們會一切順利——何況，我們並沒有征服什麼的野心。

事實上，那晚我們借宿在梅里雪山的明永村，幾乎一夜都沒睡著。上午我們從滇川藏交界的德欽縣城乘車出發，踏上去梅里雪山的旅程時，曾在德欽飛來寺附近的觀景台，再次從遠處朝覲過梅里雪山。這次它開放得多，幾乎讓人一覽無遺——如果不是陽光太強，強得讓人睜不開眼的話。

半個多鐘頭後，我們沿著崎嶇的盤山公路下到谷底，到了瀾滄江東岸布稱橋頭，那裏的排沖天大樹，據說是文成公主當年路過此地時留下的種子。在光禿禿的瀾滄江河谷，那排大樹的偉岸與葳蕤，實在讓人有些無法思議。從那裏開始，我們棄車步行三個鐘頭，從深深的瀾滄江谷底爬上了海拔兩千多米的明永村。

爬上了瀾滄江邊那段陡峭的小道，沿著一條山谷延伸的路變得平坦多了。那時我想起了我每天早晚間在昆明翠湖邊悠閒的散步。拐過幾個山嘴，前面出現了一片美麗的村莊，如蓋綠樹，簇擁著一座座典型的藏式碉樓。白的牆，藍的窗，格外醒目。天空也頓時開闊起來。大朵大朵的白雲，就在我們身邊，與我們擦肩而過。一股沁人心脾的氣味，轉眼就驅散了我們的疲勞。而在離我們不遠的腳下，又是一條洶湧的溪流——後來我們得知，那就是從梅里雪山下的明永恰冰川流出來的。作爲明永恰冰川的一個變體和延伸，它一直注入了瀾滄江。

沿著那條山谷繼續前行的路變得一派明媚，一路綠樹前迎後送，不多時便到了明永村。幾聲蒼涼的狗吠，宣告了某種藏式的歡迎，也從一座座藏式土碉樓裏引出了好奇的藏胞——這個遠離城鎮的村子，平時來的外地人恐怕很少，我們的到來，幾乎驚動了整個村子。一道道探尋的目光，從站在幽暗門樓裏的藏族老大媽的眼中，從正在土碉樓寬敞的屋頂平臺上玩耍的藏族孩子的眼中，從在小河邊浣衣汲水的藏族少女眼中，與向晚的陽光一起，向我們溫暖地投來——作爲一個凡夫俗子，我爲我受到眾多虔誠聖徒如此隆重的注目禮感到羞愧。

一些村民已聚集在村長家門前，看樣子早就在迎候我們。我們原想連夜一鼓作氣登上明永恰冰川下的太子神廟，可明永恰村的村長告訴我們，以我們的體力，當晚到達太子廟當然也可以，但是，那樣你們就太辛苦，走夜路也太危險，還是住上一晚，明天一早上路的好。他很喜歡說「但是」，不管該說不該說，他總是用「但是」把那些毫不相干的話題連接起來，一個又一個「但是」造成的那種連續不斷的語氣轉折，聽上去像是他在領著我們繞著卡瓦格博轉經。後來我才知道，村長叫扎西，在昆明一個部隊醫院當過兵，依然保留著部隊作風，他的話不僅對他的同胞，對我們也同樣有著某種不可違抗的權威性，有如軍事命令——看來權威並無等級之分。陪同我們的德欽縣旅遊局副局長松金扎西說，那就在明永村住一晚吧。其實我們後來才知道，好客的藏族鄉親早已開始殺雞做飯。

村長家那間巨大的木結構的藏式房子，我估計，僅底層的客廳就有一百多平米，卻只有一扇窗戶。我們就坐在窗戶邊的一溜長凳上，一邊喝著茶，一邊看著村長的妻子庸宗忙出忙進。我們太累了。雪山下的陽光從小小的窗口射進來，讓我們能看見正在屋角忙碌的那個藏族女人。在閃爍的火光中，她顯得臉色黑紅，結實健壯，一件單薄的、早已穿成灰黑的白T恤衫，裹不住她渾圓的身子。她滿頭大汗，卻精力十足。當她發現我們在看她時，她都會憨厚地朝我們笑笑——雖然我們早已行過見面禮，但後來她對她見到的每一個客人，都彷彿是初次見面。她顯得非常興奮，我想她很少有在如此眾多的客人面前一展身手的機會。她顯然認為那是她的幸運，但我們卻為我們對她的打擾感到深深的不安。我們剛剛知道她有兩個孩子，生活根本說不上富裕。我很想跟她聊聊天，可惜她的漢話水準實在不足以應付那樣的交談。

吃飯了。宗庸爲我們忙了半天，我卻沒看見有人邀請她入座。她定定地站在一邊，看著我們，像是在饒有興味地欣賞這幫陌生人的吃相。明永村的頭頭腦腦都來了，他們頻頻敬酒，我們差點兒被好客的藏胞灌醉。吃完飯已是晚上九點，滿以爲馬上就可以休息了，但是——又是但是——村長告訴我們，他已爲遠方的客人安排了一個篝火晚會，地點就在村子裏的一塊空地上。夜色空濛。篝火熊熊。明永村的夜空明淨高遠，深邃無邊。我們進村時看到過的那些衣著簡單的年輕男女已換上了節日盛裝，我的眼前一片燦爛。村長大概多喝了一點酒，在他那段儘管不長卻熱情洋溢、至少有一千個「但是」的致詞後，歡樂的弦子、歌聲和飄飄蕩蕩的長袖唱徹了那個寒冷的秋夜。躺在滿是酥油味兒的屋子裏時已是午夜，我睡不著，我覺得我正在變成一塊酥油，我一直在心裏描摩明永恰冰川的模樣……

凌晨五點，我們從梅里雪山腳下的明永村出發，開始了向神奇的「明永恰」冰川進發的艱險旅程。

一輪曉月，萬里清輝，伴我們同行。

此刻明月如燈，天地寥寥，委婉肅穆。卡瓦格博下的一切：夏日裏蔥蘢的花草、密不透風的原始森林，悠悠小徑，路邊黑黝黝的怪石以及我們一行人自己的身影，都在迷濛的月光下閃閃爍爍，如同一個千古夢境，顯出驚人的神秘和美麗——黑暗只在陌生時才顯得可怕，而自打進入迪慶藏族自治州的德欽地界，我們對梅里雪山早已夢繞情牽，有過幾次神交，也算是熟人故知了吧。

山路沿著山谷徑直往上，由海拔二千多米的明永村一直向海拔三千多米的太子神廟攀升，走起來讓人氣喘吁吁。明永村的藏胞雖爲我們備了騾馬，但人多馬少，我一直憑雙腳前往，借此表達我對梅里雪山的虔誠敬意。

路漸行漸高，天也漸行漸亮。曦微的晨光中，黑黝黝的原始森林如龐大的軍陣，神色肅穆地簇擁著我們，讓人總以爲自己身在森林中心。林間小道旁，不時可見用就地尋來的灰色石片搭建的小房子，積木一般，以爲是來此探險遊玩的人歇息時隨手搭來好玩的，一問，卻道是每年秋冬季節，從四面八方來此「轉經」、朝拜太子雪山的藏胞特意蓋的，兩層、三層、四層不定，爲的是日後一旦聽從神的召喚離開這個世界時，能讓魂魄回到這裏，與他們敬重的卡瓦格博太子一起守護偉大的太子雪山——那或許就是他們的精神家園？靈魂需要的地盤並不大，可這世上，有多少人至今仍不在意靈魂的歸宿。放眼看去，密密麻麻的小石板房，一座座深藏在每一棵大樹腳下，綿延無盡，無聲卻讓人魂魄震攝。

路越來越陡，越來越窄，有時，路無非就是懸崖上的幾塊突起，當地藏民以木樁打進岩壁，鋪以木板，我們的腳下，才有了棧橋似的窄窄一線。快到太子神廟前，騾馬已無法載人而行。而我在那時反而增添了一些勇氣——再堅持一下，我就能靠著自己的雙腳，一直走上冰川了。

那十多公里崎嶇山路花去了我兩個多小時，比預計的至少晚了半個小時。如此，早上七點半到達太子神廟時天已大亮。抬頭看去，藍天坦蕩如海，那輪一路隨行的下弦月如碧藍海水中的一方浮冰，正好懸在太子雪山上空。透過密密麻麻、五顏六色的經幡遠眺太子雪山，聳立在我眼前的，是一座金字塔形的雪峰，冰清玉潔，沈靜端莊，恰如處子。可惜我們遲到了一步，預期中血紅的初陽將太子雪山染成赤金的瑰麗景觀已然遁逝，太子峰如一座巨大的銀雕，在陽光下熠熠閃光。雪峰腳下隱約可見一巨大冰湖，人說那就是明永恰冰川的發源地。

恰，藏語意即冰川。整個德欽，是雲南省冰川最集中的縣，也是橫斷山區冰川最活躍的地區。而現代冰川又主要集中於太子雪山北段，冰川面積約七十三點五平方公里，主要有明永恰、斯農恰、紐巴恰三個大冰川，其中的明永恰最大也最有代表性，它東西長達八公里，平均寬約五百米，是全國冰舌前端海拔最低的冰川，也是世界上罕見的低緯度、低海拔的高溫現代冰川，氣勢宏大，景色壯麗。那巨大的冰的河流，如同藏族傳說中的英雄卡瓦格博手中一把雪亮的佩劍，從海拔六七四〇米的卡瓦格博峰下，穿過秋末金子般的陽光，一直奔湧而下，直插到我們身邊。事實上，早年的明永恰冰川一直伸延到了明永村附近，只是由於全球氣候的逐漸變暖，冰舌才漸漸縮回，離明永村也越來越遠了。

冰川附近的太子神廟雖然不大，卻是歷代藏民秋冬季節到太子雪山朝聖進香的必經之地，六〇年代，太子神廟被毀，但即便那時，藏民的朝聖也沒有停止。如今的太子神廟是藏胞重建的，靠的是他們對卡瓦格博峰的一片虔誠。廟內，長年煙火不斷，附近各村的信徒，帶著食物與香燭，自願輪流到廟裏供奉。神廟的殿堂裏，供有卡瓦格博的神像，它騎著高頭大馬，彷彿正在它的領地上巡行，體察人間的疾苦，探訪著世間的不平。

太子神廟四周，從快到神廟處起，到處都是藏民壘起的巨大的瑪尼堆——那種源於藏族原始宗教中的山石崇拜和山神觀念的產物，在佛教傳入之後，因常有人將刻有佛教六字真言「唵嘛呢叭咪吽」的石塊和印有佛教經文的旗幡堆放其上，最終才與佛教的瑪尼堆合而爲一。風化得發白的牛頭骨，刻滿了藏文六字真言的石塊以及大大小小的佛像雜然相陳。信念在那裏堆積。經幡如林，亦如網——神廟四周，彩色風馬旗或垂直懸掛，或橫掛於樹木之間的繩索之上，晨風拂動，它們在麗日豔陽中飄蕩如歌，詠誦著他們對太子雪山的無邊敬意。

我沿著太子神廟外的小路緩緩而行，領略著那種神聖，內心一片浩茫。太子神廟後面的一塊柱狀青石，在低矮的叢林中巍然屹立，幽黑如夜；卻又被朝山的藏民塗滿了酥油，於是在陽光下，那塊看似尋常的岩石閃著金輝。以耳朵貼近它，似能聽到冰川下洶湧的水流發出的潺潺之聲，像是神靈的呼喚，也像是高僧在誦經。透過森林般的經幡仰望太子雪山，某種蒼茫感油然而生。

——置身於如此壯觀神奇的雪山景觀之中，自由地呼吸彌漫於雪山下濃烈的宗教氣息，我似乎被某種無以名說的神力催眠著，既覺得肉軀凡身已不復存在，又覺到那種靈魂出竅，翺翔飛騰在那片冰雪世界的輕捷與銳敏，心靈似乎在轉眼間便得到了從未有過的純淨與超度。不知道那是不是就是成千上萬的藏民每年秋冬都要到卡瓦格博轉經進香的緣由，也不知道那是不是就是一個虔誠信徒在太子神廟所能領悟的最大的愉悅？無論如何，那都是我此生所能體悟的一種超出紅塵凡俗的最佳境界。

卡瓦格博，是青藏高原上爲數不多的幾座最著名的神山之一，在東部藏區——青康藏區，卡瓦格博是與阿尼瑪卿雪山（大積石山）齊名的最大的神山，也是藏傳佛教密宗最著名的本尊之一——勝樂輪或勝樂金剛的一片刹土⑦，寧瑪巴祖師蓮花生的藏經之地。自元代藏傳佛教噶瑪噶舉派黑帽系第三世活佛讓回多傑（一二八四至一三一九）到卡瓦格博山腳爲雪山開光，卡瓦格博便正式成爲藏傳佛教噶瑪噶舉派的一個重要的修行聖地。⑧

太子雪山下的神廟，與卡瓦格博對岸的飛來寺以及太子雪山下的雨崩神瀑一起，構成了三點間固定的「內轉經」路線，順時針繞行一周，需五至六天。外轉經繞太子雪山一周，則要十三天。遠道而來的朝聖者，一生之中，通常只有一次到卡瓦格博外轉經或內轉經的機會，本地的藏民，卻有可能在內轉經中，無數次地表達他們對卡瓦格博的崇敬。每年夏秋兩季，來自西藏、青海、甘肅、四川等地的藏族香客，歷經艱險，千里迢迢前來朝山禮聖，他們先到卡瓦格博對面瀾滄江東岸的飛來寺（歸巴頂）和白轉經堂（取登貢）燒香，然後再按固定的路線繞山而轉，敬香磕頭。窄窄的轉經道上，炊煙四起，塵土飛揚，人來人往，絡繹不絕。在共同崇拜的神靈面前，任何一個陌路相逢的轉經者，都會在轉眼之間成爲朋友，他們相互問候，一起喝茶、抽煙，交換自己朝聖的經歷和感悟。若逢藏曆羊年——據說那是卡瓦格博的本命年，香客的數目更是陡增十倍。他們一路磕著貼地長頭，一路搖動著手裏的轉經筒。即便有的在朝聖途中死去，也被認爲是再生有福。而太子神廟，正是無論內轉經還是外轉經的香客的必經之路。

從太子神廟到冰川，還有半個多小時的路程。那段路的開頭讓我再一次想起了我在昆明翠湖邊悠閒的散步。不想離冰川越來越近時，面前突然出現了一個陡峭的山坡，我想它至少有六十度，比瀾滄江峽谷裏的那段路更加難行，幸好森林密布，我才得以手腳並用，拽著一棵又一棵樹枝慢慢下滑——實際上，我差不多是像小時候坐滑梯一樣地滑下了那道陡峭的山坡。

終於到了冰川的邊緣，我的心跳變得急促起來：那是興奮，也是出於對巨大冰川的無知產生的緊張。奇怪的是，我想像中的冰川，我在太子神廟那裏看到的冰川，與眼前橫亙在我面前的冰川實在出入太大——一片灰黑的冰川礫石，滿滿蕩蕩地覆蓋著冰川的邊緣部分，顯得毫無生氣。真正閃著銀光的、雪白的冰川主體，還在幾十米以外，那像是一條巨大的、生滿巨鱗的魚，一個碩大無比的鳳梨，表面佈滿了乳頭般的冰的突起，放射著刺眼的光。我們決定要到冰川的中心去。可嚮導說，那看上去只有三、四十米的路程充滿了艱險，真想上去，要做好充分的心理準備——一則在冰川上行走特別滑，它的表面堆積著一些碎礫石，碎礫石下面才是千年不化的、巨大的冰體；一些冰體看似堅固，其實並不穩，很可能一腳踏空；冰體與冰體之間，常有看不見底的巨大冰縫，人一旦掉下去絕難生還。但那正是一種誘惑。我們齊聲喊道：走，攀上冰川！絕不能留下終生遺憾。

那已是海拔四千多米的高處，呼吸困難，心情也更加緊張——那看似實實在在的冰川，隨時都可能從我們腳下滑走，路，彷彿是浮在水面上的圓木，每時每刻都在轉動，人根木就站不穩。儘管上冰川前我們每人都有了一根「拐杖」，稍稍幫了我們一點忙，但行進的速度依然很慢。翻過一道冰凌又一道冰凌，以爲已經到了冰川中心，抬頭一看，冰川真正的中心還在離我們更遠的地方。於是再度踏上征程。一道巨大的冰牆橫亙在我們面前，在當地藏胞的幫助下，我們每個人都被連推帶拽地上去了。然而我們再一次發現，真正的冰川中心還在更遠的地方，它通體透明，呈著一種美麗的淡綠色。而在我們與那更爲壯觀的冰川中心之間，一道深達五、六米的冰溝，阻斷了我們的去路。一個毫無攀爬經驗的普通旅遊者，要想穿過那道冰溝，登上更高的冰體，簡直絕無可能。

空中突然傳來隱隱的爆裂聲，我的腳下滑過了一絲儘管輕微卻能讓人感到的震顫——像是夏天在遠方滾動的沈雷，又像是巨人般的大山正在拔腿趕路——並不很響，卻讓人有一種真正的恐怖和顫慄。抬頭看去，雪山下那巨大的冰湖上空，騰起了一陣似有若無的白煙——倘若我看得不錯，那就是高山雪崩造成的雪霧在飛揚。問嚮導，說那正是雪山腳下的冰湖發出的冰裂聲——在正午強烈的陽光照射下，冰體在融化、崩裂，它們隨時都可能從山上沖下來。我那時的感覺，就像詹姆斯·希爾頓在《失去的地平線》中曾經寫道的：

這真是世界上最可愛的山峰，幾乎就是一座美妙絕倫的金字塔。輪廓簡單，像一個孩童兩筆畫出來的，然而它的高度、寬度和立體感卻又不可同日而語。它是那麼輝煌，那麼安詳，使他好一陣子辨不出究竟是真境還是虛幻。些許雲霧纏繞著塔似的峰尖，給景色平添了險峰的生氣，而微微傳來的雪崩聲更證實了它並非幻景。⑨

我們腳下的冰川，有資料說，冰舌面的冰壁儘管厚達八十餘米，下面卻佈滿了巨大的冰溶洞。來時路上我們看到的那條注入金沙江的洶湧的小河，就發源於我們的腳下。那看似一無聲響，似乎永遠也不會移動的冰川，隨時都可能發生冰體崩塌，不能久待——德欽縣旅遊局副局長松金扎西如是說。是的，隱隱的爆裂聲正是警告——大自然對人的警告。如此，我們最好還是往回走，儘管並不情願。

能手無寸鐵地攀上海拔四千多米的明永恰冰川中部，對我們說來，實在已非常幸運；即便這樣，如果沒有德欽縣旅遊局局長茨里尼瑪、副局長松金扎西，以及藏族少女布稱、阿青拉姆和那個年輕的康巴漢子茨里江初的幫助，我們很可能連這一點也難做到——此刻我才想到，一路上，我們身上所有的負重，不知什麼時候，早都「轉移」到了他們身上：毛衣、挎包甚至相機。此刻，托住我們的，除了卡瓦格博峰亙古的冰雪，或許還有他們那能扛住一切艱難困苦的肩頭。它讓我想到時間，想到人類的渺小，想到現代人類在與大自然進行的數千年較量中，充當的實在是個十分可憐的角色。人不該自悲，卻應該自重。是的，人類應該對崇高和聖潔保有一種永恆的崇拜，這崇拜應該來自人對大自然的敬畏，即便是在人類已經進入宇宙的今天——當我終於登上明永恰冰川時所想到的，當我現在回想起那天站在明永恰冰川時最想說的，都是這樣一句話——

對於大自然，我們還是少來一點「征服」，多留下一點敬畏吧！

①《絨贊卡瓦格博》，流傳在青海玉樹地區的一份木刻禱文；據說由在一二四七年以前的十多年間，曾在康區傳教的噶瑪噶舉派黑帽系第二世活佛噶瑪拔希（一二〇四～一二八三）為不能前來朝山的信徒而作。原為藏文，由和建華於青海玉樹州志辦公室丹瑪·江永次稱處收得，並譯為漢文。此處的禱文轉引自《絨贊卡瓦格博》（雲南格桑花卉有限公司編），雲南美術出版社一九九七年八月第一版。

②梵文的音譯，意為「向上師致禮」。

③梵文，代表方法與智慧。方法與智慧之教，即指佛教。

④一種圓錐形麵製供品，通常是幾個一排地供神。

⑤⑥⑧參見雲南格桑花卉有限公司編《絨贊卡瓦格博》，雲南美術出版社一九九七年八月第一版。

⑦諸佛教菩薩的清淨世界，如極樂世界。

⑨〔俄〕顧彼得《被遺忘的王國》，李茂春譯，雲南人民出版社一九九二年版。

瀾滄江記

我不知道我是不是真能用文字描述瀾滄江。瀾滄江是一條神性的河，我相信，它的方向、流程和它的真正歷史至今尚無人知曉——儘管它在地理學家的眼裏早已確定無疑。瀾滄江流淌在我們熟知的世界之外，在我們的意識之外。我相信，我們偶爾看到的瀾滄江，只是那條神性的河在某個時刻，比如清晨、黃昏，或是任何其他時刻，藉助我們熟知的物質世界的暫時顯現，從來就不是它的真身。在講述它之前，我的所有躊躇、懷疑和猶豫皆來源於此。嚴格地說，人從來就無力描寫一個夢，從來都不可能準確無誤地還原一個夢境。對於瀾滄江來說，事情尤其如此。

我擔心我的筆力，太輕，會失之浮淺，太重，又流於矯情——從根本上說，瀾滄江幾乎無法言說，它甚至不屬於我們早已習慣了的那套話語——那套被我們用熟用爛了的話語，早就變得陳腐不堪；我擔心一旦把瀾滄江幾個字寫在紙上，瀾滄江就不再是原本意義上的瀾滄江。雖然對於一個人來說，大千世界之中任何一個事物的存在於心，都已不是在原初的意義上，而只是它留給我們的一種心靈幻象，那也無法稍減我對瀾滄江具有某種神性的深刻印象。我們的言說所涉及的，只是它們給我們帶來的夢幻，就像我們從來就不可能真正地看清一團火焰。我終於決定要寫寫它，並非我在突然間把握了瀾滄江的本真，而是因爲瀾滄江作爲香格里拉的一道偉大血脈，讓我無法回避。很難設想，一塊沒有像瀾滄江那樣偉大的河流流貫滋潤的土地，會是真正的香格里拉。我只好勉力爲之，即便如此，我也只能試試看。如此一來，出現在讀者面前的，很可能不是那條真正的瀾滄江，而只是我心中的那條瀾滄江，是我借助於瀾滄江表述的對於那些偉大的江河的理解。

瀾滄江就像一棵大樹，一棵枝繁葉茂的大樹，有無數枝杈般的小江小河注入其中，包括兩岸懸崖上白練般的瀑布。雨季的瀾滄江兩岸，幾乎每隔幾百公尺，最多一、兩公里，就能看到一條那樣的瀑布。古人「飛流直下三千尺」的詩句，正是它們的真實寫照。雲霧沈沈，山影模糊。它們從千仞之上飛流而下，細得如一縷雲煙，似乎隨時都可能被風吹斷。吳昌碩、關山月那樣的山水畫家若能到那裏看看，寫寫生，回家後的第一件事必是劃一根火柴，將原先的畫作付之一炬。

那數不盡的支流和支流的支流的支流，就是那棵人樹蓬勃的樹枝和葉冠。對一棵樹來說，僅僅看到它的主幹顯然是不夠的，離開了它生長的土壤和環境，離開了它的茂密的樹枝和葉冠，樹幹就只是

中外融合

瀾滄江河谷邊，雲遊遠山，恍惚如畫。茨中天主教堂鐘樓高高的尖頂與它鄰近的瑪尼堆相比，彷彿還是矮了幾分。

一根孤零零的、死沈死沈的木頭，哪怕是一棵大樹。在德欽，當我第一次面對瀾滄江時，我的感覺就是這樣。我覺得它就像一根巨大的木頭，雖然它是躺著的，但給我的印象卻是聳立著的，正是它，支撐著迪慶藏區那座龐大而又無形的建築，就像每座藏族民居，都有一根象徵家運的神聖中柱一樣。瀾滄江就是整個迪慶藏區的中柱，至少是其中之一。一個能挺立於世的人，必有一根堅強的脊梁，迪慶卻有三根那樣的脊梁。那讓我們想起外星來客，想起超人。

即使在德欽，匯入瀾滄江的大大小小的江流到底有多少，也無以數計，儘管它的匯水面積說不上多大——橫斷山脈雪山高聳，峽谷深切，無數聳起的大山連綿而成的山嶺，把那片土地分割成了好幾個流域，每個流域中都有一條大江。瀾滄江只是其中之一。流經德欽的瀾滄江僅一百五十公里，屬於它的流域面積才三〇九〇平方公里，雖說占了全縣總面積的四十，百分之七，但那實在說不上大。那裏就是雲南的迪慶。世界上還沒有一個地方，會像迪慶那樣，同時擁有三條大江。在莽莽蒼蒼的橫斷山裏，金沙江、瀾滄江和怒江起初一直肩並著肩，手拉著手，蹦蹦跳跳地編隊而行，它們聯袂吟詠出一首名叫「三江並流」的詩篇，恢宏壯麗，而它們各自都是其中的一個篇章。它們自然，流暢，保留著原生態的粗獷與蠻野，從來無需某種病態的精雕細鑿，卻所向披靡，極具衝擊力，能在剎那間洞穿你的五臟六腑，讓你瞠目結舌，啞然失語。它們從北向南，像三把利刃，沖刷、切割著整個迪慶大地。

在德欽，當我第一次站在瀾滄江邊時，便突然想到，如果只能用一個詞對迪慶加以界定，「博大」必定是膚淺的，蹩腳的，最恰當的詞，只能是「深邃」——峽谷之深。林莽之深。雲海之深。史實之深……事實上，爲香格里拉創造著高度的是雪山，哈巴雪山，白茫雪山和太子雪山，它們探首雲天之外，俯瞰芸芸眾生，海拔都在五千米以上，正是它們，連接著人界與神界，俗世與仙境；而切割著迪慶高原的三條大江和數不盡的溪澗泉流，則爲這片高原創造著深度，那種努力是世世代代地，不遺餘力地。沒有雪山，迪慶香格里拉會失去它的精神指向，失去那藍得讓人心疼的浩瀚天宇，和那讓人變得舒展與浪漫的雲蒸霞蔚；而如果沒有金沙江、瀾滄江、怒江，迪慶香格里拉則會失去它內心的闊大與深邃，失去那讓人永遠不敢輕浮狂躁的厚重與沈實，以及那讓人變得樸素與平凡的田野與牧地。而雪山與峽谷一起，才構成了香格里拉的深邃。

如是，迪慶香格里拉的千年史籍，不管是書頁發黃的野史舊志，還是剛剛編就的新版史書，從古至今，都既永遠飛揚著飄蕩的雲霧、漫天的風雪，也彌漫著一派氤氳的水霧，回蕩著陣陣浩蕩的濤聲。甚至可以說，一個牧人內心世界的起伏跌宕，他情感天地中的悲歡離合，浮沈升遷，都與那些雪山與江河息息相關，在某種意義上，那正是它們留在人的靈魂裏的精神幻象。那是一個大起大落的世界，也是一個驟熱驟寒的所在。就那樣，一個民族的歷史、宗教與藝術，便與地理上的雄起與跌落、開闊與狹窄相偶合，變得神秘詭譎，多姿多彩；即使一個個體生命的人生、命運與思考，也與氣候上的炎夏與隆冬、豔陽與飛雪相呼應，變得深不可測。

然而，世上沒有不散的宴席，江河的友誼也極其有限。除了金沙江最終流成了橫貫整個中國的長江大河，怒江和瀾滄江都以某種不安分的姿態一直向南，向南，它們方向明確，毫不猶豫地沖出國境，讓自己在最後一刻變成了一條國際性河流——在東南亞，瀾滄江搖身一變，改名叫湄公河，怒江也換了一個名字，叫薩爾溫江。金沙江卻要忠誠得多，儘管它在那片大山裏東尋西闖，似乎要效仿它的江湖弟兄，去做一個國際公民，但最後，它卻在麗江的石鼓鎮幡然悔悟，在一陣沈思之後，突然掉頭向北，在沖過著名的虎跳峽後，便從此一直向東流去。

金沙江是多情的，她對中甸一直戀戀不捨，她一直在中甸的邊界上迂迴曲折，繞來繞去，像一隻溫暖的胳膊，緊緊地挽著中甸那片土地。我稱金沙江爲「她」不是沒有緣由的，她的確給人一種女性的感覺，在中國老百姓心中，她也千真萬確的是個女人，要不，我們幹嘛要叫她「母親河」呢？世界上只有母親，才會那麼依戀她的家。瀾滄江和怒江卻是男性的，他們野氣十足，難以馴服。儘管如此，三條大江在橫斷山裏的聯袂表演，至今仍然讓人稱道。它們曾經那樣地難捨難分——在迪慶境內，金沙江與瀾滄江之間的最近距離僅七十公里，而瀾滄江與怒江相距最遠之處，也才五十公里。那就是著名的「三江並流」的壯觀景象，雖然那樣的壯麗只能從高空航拍照片上才能看見，但無論站在金沙江邊，還是瀾滄江邊，人都能感覺到三江並流的浩大與壯美。

瀾滄江是一條沒有源頭的河流——至少在我的印象裏就是這樣。多少年來，我一直在尋找它的源頭，卻始終沒有找到——我的意思是說，我從來就沒有看見過它的全貌。企圖像在平原上觀看一條大江那樣，親眼目睹它如何從天邊奔湧而來，又如何向天邊奔流而去，那樣的機會，在雲南的山裏是從來沒有的，哪怕你眼力再好，也不要指望你會站在某個地方，清楚地看見它從哪裡流來，又向哪裡流去。瀾滄江從來就不會給你那樣的機會，它吝嗇，而且狡獪，似乎總是東掩西藏的，山巒阻擋著它，雲霧遮蔽著它，雨雪籠罩著它，樹木覆蓋著它……所有這些，在某種意義上，似乎已經成了瀾滄江的一部分，同時，它們又一起把瀾滄江變成了一條神秘兮兮的高原河流，時而暴戾，時而溫馴，時而蠻野，時而清澈，時而渾濁。

它變幻莫測，就像一個喜怒無常、擁有無數種面具的多面人。在一百個不同的地方，你會看到一百條不同的瀾滄江。即使是同一個江段，不同的季節，也有著完全不同的景觀。不管你信不信，那至少是我的經驗——不管在哪裡，瀾滄江在我面前出現時，總跟我想像中的、經驗過的不一樣，有時甚至大大出乎我的意料——無論我想像過多少次，哪怕剛剛在不遠的地方我還打量過它思索過它揣度過它，滿以爲自己對它的基本特徵有十足的把握，一旦我真正站在它面前，在咫尺之間面對它時，它還是會讓我驚訝萬分。我由此推斷，要麼瀾滄江永遠是狡黠的，它似乎永遠都存心要讓那些自以為是的人出出洋相，就像一頭流淌著的斯芬克斯；要麼它就真是一條神性十足的河流，一條經過億萬年修煉，早已得道的河流，只是偶然到人間來考察考察，從來就不會顯露它的真身。

許多年前，爲了對瀾滄江做一次水電資源考察——就像一個真正的藏族男人一樣，瀾滄江蘊藏的水能大得驚人——我曾沿著瀾滄江，從雲南保山附近的永平橋順流而下，像一片樹葉那樣，一直漂到西雙版納的景洪。在橫跨瀾滄江的永平橋上，我看到的瀾滄江是湍急的，甚至是陰險的，江面很窄，它看似平靜，其內裏顯然不像它的表面那樣安分。人說那裏將來將要建一座巨大的水電站。從那裏往下，瀾滄江一直在深深的峽谷裏奔行，江面收縮成窄窄的一線，兩岸峭壁怒聳，荒無人跡。水電專家們說，瀾滄江的那一段，幾乎每一處都是建造大型電站的理想之地。

而後來我在景洪看到的瀾滄江，簡直就是另一條江——它似乎從男性變成了女性，溫柔而又富於情調，在那裏，你能經常看到在電影、電視和那些花花綠綠的畫報上看到的情景：一群傣族少女赤足走進瀾滄江，江水寬闊、平緩，就像詩人們說的，如同一匹綢緞。每天傍晚時分，當夕陽西下之際，落日溶金之時，婀娜窈窕的傣家少女，就從沿江的傣族竹樓裏出來了，她們蹣跚而行，婀婀娜娜，成群結隊地走進瀾滄江，用那來自高原雪山的神性之水，洗浴她們的身子。她們一邊走一邊挽起自己的筒裙，紅色的，綠色的，彷彿一群蝴蝶正在揚起牠們鮮豔的翅膀。筒裙漸挽漸高，直至將她們美麗的身體完全隱入江水。歡聲笑語，像天邊斑斕紅紫的晚霞一樣，變幻莫測，讓人眼花撩亂。那是個令人想入非非的時刻——一個年輕男人面對那樣的情景，回去後總會做些美麗而又荒唐的夢。

一九八九年初夏，我們就在燠熱之中來到了景洪。那年天旱，堂堂的景洪賓館既沒有電也沒有水，悶熱難當，熬到臨近午夜時分，我們只好驅車前往瀾滄江邊，希圖用瀾滄江水洗去我們一天的疲乏。江流無聲，四野悄寂。瀾滄江流淌著夢幻。江邊的卵石灘上，那些千里而來的石頭還沒散盡白天的熱氣，江水卻有一種讓人透心的涼爽。在歷經白天的燠熱和汗流浹背之後，那樣的洗浴有一種讓人的靈魂都得到安靜的功效。在目睹過那種彷彿是詩人在詩篇裏描寫的浪漫情景之後，我當然已無法想像還會有另外一條瀾滄江。但事實卻並非如此。

在另外一些地方，在另外一些河段，我看到的完全是一條我不認識的大江，洶湧湍急，荒涼險峻，面目全非。

一九九七年那個陰雨連綿的秋季，我在抵達德欽後的第二天，沿著瀾滄江一直往南。在從阿墩子出發後的一百多公里山路上，我從車窗裏看到的，只是一道深不可測的峽谷，其間只有滿滿蕩蕩的雲霧，雪白，純淨，酷似天國，讓人真想縱身一跳，投入那看上去柔軟無比的所在。不見江水的蹤影，當然更聽不到想像中的瀾滄江奔湧流淌的水聲。瀾滄江似乎已從世界上消失。偶爾雲霧散開，我會突然發現那條大江就在我的腳下，在比公路至少低一千米的深深的谷底。大山如陣，因而我看到的是一條斷斷續續的大江。過了與著名的卡瓦格博峰爲鄰的緬茨姆峰，瀾滄江在短短幾公里之內拐了八道大彎，看上去就像一條隨時都會被風扯斷的細線。再往下去，對面江邊有一條從山裏奔湧而出的溪流。松金扎西告訴我，那是瀾滄江的支流永芝河，裏面有幾處非常漂亮的風景，眼下正在修電站，過些時候，就看不到那片風景了。他建議我們渡過瀾滄江，到那裏看看。而唯一能讓我們過江的，是一道晃晃悠悠的溜索，它從江的對岸一直拉到我們所在的此岸。同行的幾個朋友悄然無語，駐足不前。面對溜索，你很難想像它會幫助人實現對瀾滄江的跨越——與瀾滄江相比，那種早先用竹篾，後來用鋼纜製成的繩索，看上去是那樣細弱，似乎只要有一陣風，就會把它吹斷，何況還要掛上一個人？

差不多十年前，在同樣屬於迪慶的維西縣中和村，我和幾個朋友曾在一道溜索邊，站了足足一個鐘頭，思索是不是能把自己掛在小小的溜梆上，飛身過江。那是一條正在使用中的，用鋼纜做成的溜索，兩端固定在兩堵厚實的山崖上，細細的鋼纜，在與瀾滄江垂直的方向上，成為一條優美的弧線。溜梆是一個滑輪，那與早期用堅硬的栗木做成的溜梆相比，已堅實得多。即便如此，在那一個鐘頭裏，我們也不再是男人，除了對敢於借助溜索飛身過江的人發出嘖嘖讚歎之外，簡直無所作為。

一個山裏的女人背著她的娃娃走來了，準備過江。問她怕不怕，她說，怕哪樣？她邊說邊用粗大的繩索把自己結結實實地綁好，動作熟練，神色鎮定，就像在捆綁一個沒有生命的物體。然後，她把自己掛在了溜索上——那種簡單而又牢靠的綁縛，完全稱得上是一門藝術——一個縱身，便開始了她跨越瀾滄江的飛行。她的高超技藝讓我們看得既目瞪口呆，又嘖嘖讚歎，輕鬆、自如得直讓我們躍躍欲試。

我倒真想親自試試，一嘗凌空飛行的樂趣，可我終於沒敢上去——看上去一切是那麼簡單，也許我們唯一缺少的只是勇氣。我的朋友、藏族作家查拉獨幾在一邊拚命鼓動，說怕什麼嘛湯大哥，男子漢大丈夫，過一趟溜索還不容易？你剛才不是看見了？容易得很！他說，在那樣的溜索上，一個真正的男人，不僅可以帶著他心愛的情人一起溜過去，甚至可以帶著一頭牛從溜索呼嘯而過。一切當地人日常生活需要的所有必需品，糧食，鹽巴，箱箱櫃櫃，巨大的、遠遠超出人自身體積的大背簍，都可以從溜索上過去。我當然相信那是真的，我說，這樣吧，你先給我們表演一下。查拉獨幾，這個滿臉鬍子的藏族漢子，話雖然說得擲地有聲，卻死活不肯為我們做一次貨真價實的示範表演。這個在維西長大的藏族漢子，看來未必真地過過溜索，我想。

可惜我想錯了。他說，溜索有兩種，一種是單向的，一頭高一頭低，過溜索者只能從高的一邊溜向低的一邊；另有一種雙向的，溜索兩頭的位置在一個水平線上，可來回過江，但人憑衝力溜到一半或更遠的位置後，須憑藉體力，沿著溜索攀到對岸。那天我們在瀾滄江邊看到的溜索，即屬單向。過了一會兒查拉獨幾又說，危險當然也會發生——如果衝力太大，過江者會一頭撞在對岸的擋牆上，頭破血流——看見了嗎，那邊，溜索是固定在那堵崖壁上的，用力太大，人就會撞上去。用力太小，衝力不夠，人又會在半中央停下來，掛在溜索中間，那時你就得完全靠自己的體力，手腳並用，一步一步地爬向對岸。技巧就在這裏。

如此說來，溜索對像瀾滄江那樣位於深山峽谷的大江大河來說，畢竟只是一種原始的跨越，是人們在沒有辦法時想出的辦法。它需要的是某種勇敢，更需要某種生活的壓力——如果今天你不能從溜索上過去就無法回家，就不能為你的親人帶回去度日活命的糧食和鹽，你就會冒死而行。從根本上說，溜索只屬於男性的瀾滄江，當然也只屬於真正的男人，更屬於那些在嚴峻的生活面前每天都必須面對生死的人。

詹姆斯·希爾頓在《失去的地平線》裏，曾幾次寫到了溜索，一次是在康韋一行從雪山上下來時，一次是在他們離開香格里拉時。而我依據我有限的知識判定，除了雲南的瀾滄江和怒江，別的江河上至今沒聽說有溜索。而在藏區，溜索只屬於德欽，只屬於瀾滄江，屬於那條神性的河。對認為香格里拉就在德欽的人來說，這似乎是個有力的證據。其實，真正可以作為證據的，是瀾滄江的名字。

從進入德欽開始，我一直在想，為什麼會叫瀾滄江？「瀾滄」是什麼意思？看樣子那是那條江的漢名，那麼它的藏名叫什麼？滇西北高原上的三條大江，金沙江、怒江同樣都是漢名，卻都清楚明白，前者取其出產金沙之意，後者極言它的險峻、湍急與天怨人怒。唯獨「瀾滄江」讓人費解。在從阿墩子到茨中的路上，松金扎西對我進行了一次現場教學。他告訴我，在德欽一帶的藏語方言中，瀾滄江的名字是「拉曲」，或是「達曲」；甚至「拉曲」在被說出來時，其音也近似「達曲」。在上游四川甘孜一帶，瀾滄江的當地名字是「昂曲」和「扎曲」，而在地名詞典裏，它又成了「昂曲」和「吉曲」。「昂曲」和「扎曲」在四川昌都匯合後，叫瀾滄江。而在德欽一帶的藏語方言中，「拉曲」與「達曲」中的「曲」，即江、河之意，與漢語相通；「達」，意爲月亮。於是，在德欽藏語中，「達曲」便成了「月亮河」。

讓我吃驚的是，松金扎西告訴我，字面上的那個「曲」字，在德欽藏語方言中，實際上應讀成「qia」，如此一來，「拉曲」的讀音就變成了「拉恰」，與「瀾滄」的發音非常接近。這是不是只是一種巧合，純屬偶然？不然。在我看來，「瀾滄」很可能既是「拉曲」的漢話音譯，也是「拉曲」的意譯，只不過借用了頗富漢字古意的「瀾滄」這兩個字罷了。中國古文獻中，對地域性的或少數民族地區的地名，常用的有兩種方法，一爲意譯，一爲純粹的音譯，雲南邊境小鎮「琬町」，乃當地傣族地名的音譯，傣話原意爲「太陽當頂的地方」，即屬此例，「琬町」兩個漢字的意思，基本上與原意無關。另一種同爲音譯，但寫成漢字時，會盡可能借用既在讀音上與原音相近，又在字面上與原名屬性相符的字眼，此法幾爲古文人的古雅傳統。在漢語中，「瀾」爲大波，《孟子‧盡心上》：「觀水有術，必觀其瀾」。李賀《巫山高》有句云：「大江翻瀾神曳煙」。「滄」通「蒼」，青綠色，如滄江、滄海。曹操有「觀滄海」。「瀾」、「滄」二字連在一起，有「波浪青綠的大江」之意，那與「月亮河」既有異曲同工之妙，又更具古意。更奇妙的是，詹姆斯·希爾頓在《失去的地平線》中，也曾懷著深深的讚歎，一次又一次地寫到香格里拉的「藍月峽谷」——

在康韋一行剛剛進入香格里拉不久，康韋想到，現在，他生活的天地中，地平線會像簾布一樣被拉起，時間得以延伸，空間得以限制。「藍月」的名字具有象徵意義，似乎這微妙而有可能的事一旦發生，只可能發生在藍色的月亮之中。而香格里拉的那位張總管告訴康韋：「藍月峽谷只有一個，指望找到另一個顯然是對大自然的苛求。」如此，從地理條件（「**地平線會像簾布一樣被拉起**」，「**空間得以限制**」）、時間概念（「**時間得以延伸**」）來看，所謂的「藍月峽谷」，與現實中的瀾滄江峽谷，也有許多相似之處。茨中天主教堂的外國神父都精通藏話，他們向國外或他們的朋友介紹瀾滄江時，完全可能將「瀾滄江」這個名字在地方語言上的深層含意，一併介紹給他們的同胞。

現在，在瀾滄江邊，對岸的一個男人正在準備過溜索。果然，人到半中間，就再也溜不動了。他開始手腳並用，一步一挪地向我們這邊移動。我們這些看似無所畏懼的城裏人，到底沒敢去冒那個險。

當我們終於趕到茨中瀾滄江大橋時，天已近晚。現在，那條著名的大江，此刻就平攤在我的眼前，如同一條被抖動著的帶子。它毫不起眼地流動在一片很日常的峽谷裏，彷彿刻意要把自己變得非常世俗。當我剛才還在那條溜索那裏目睹了它的凶險，此刻我當然無法想像，瀾滄江會在茨中大橋下，在我的眼皮子底下如此平靜地流淌——我滿以爲，我正是跟江水一起，從海拔三、四千米的雲端高處狂瀉而下——如果在那種驚險萬分的旅程中我們沒有葬身江底，變成瀾滄江裏的一團無名無姓的泥沙，大概只是萬幸。可現在，我看不到想像中野牛奔突般的狂野，也看不到太空星雲般神秘的漩渦。江水流得毫無聲息，雖然那毫無聲息中也不乏狡詐與陰險。南去的江水呈棕紅色，濃得像血，峽谷裏的風，送來一股淡淡的腥澀，我想那是峽谷裏山野叢林的氣息，與江水無涉，可江面上那一團團灰黃骯髒的泡沫，依然不屈不撓地讓我想起從失血者身上淌出來的鮮血……那就是瀾滄江，滇西北山地的一脈精血。走過茨中瀾滄江大橋時，我的雙腿突然有些發軟。我以爲我已認識真正的瀾滄江了，其實不然。

就在那個秋天，我沿著滇藏公路，出德欽縣城，經過著名的飛來寺，離開二一四國道拐到去明永恰冰川的鄉村公路。沿崎嶇的盤山路下到谷底，到了瀾滄江東岸布稱橋頭。當地人說，江邊那排沖天大樹，據說還是遠嫁吐蕃的文成公主當年路過此地時，親手留下的種子。傳說也許虛妄，願望卻令人感動。那段瀾滄江兩岸，是一片光禿禿的河谷，幾乎寸草不生。唯有那排大樹，以它們的偉岸與葳蕤，證實著生命的執著。陽光在樹梢上閃爍，我在那裏久久凝望，心裏升起某種說不清的崇敬。從那裏開始，我們須棄車步行三個鐘頭，從深深的瀾滄江谷底，爬上海拔兩千多米的瀾滄江河谷臺地，再從那裏前往太子雪山下的明永村。

那段河谷，海拔大約只有一千米，沒有風，悶熱難耐，那是一段驚險的小道，也是一段邊走邊脫衣服的過程——峽谷裏太熱了，路幾乎也沒有，住在瀾滄江西邊大山裏的藏胞爲了生存，才在風化剝蝕得非常厲害的懸崖峭壁上踏出了一條路。它隨時都可能消失，也隨時都在誕生，也許你今天走了，明天，礫石流沙就會把走過的路衝擊得再也找不到一點痕跡。雙腳踩在那樣的路上，常常會一步滑得老遠，一不小心就可能滾下萬丈深谷——作爲一種生存方式的寫照，它既飽含著艱辛，也顯示著堅韌。在江邊陡峭的山路上俯視下界，萬丈深谷，雲霧冉冉，赤紅如血的瀾滄江只若沈沈一線。目光停留片刻，便一陣頭暈目眩，只得小心地把目光收回來，實實在在地面對腳下的小路，讓它在我腳下一寸寸地縮短。

——那與我在西雙版納看到的，甚至與我在茨中看到的寬闊的瀾滄江相比，都已大相逕庭，前者是陡峭的，窄狹、湍急的，後者卻是寬闊的，散漫、舒緩的。但不管在哪裡，我在滇西北高原上看到的瀾滄江，都既看不到源頭，也看不到去向，它呈現給我的，永遠只是局部——全長四千五百公里的瀾滄江，在中國境內僅一六一二公里，只是它大約三分之一的局部；而我能看到的，又是局部的局部。至於它的「來」龍「去」脈，我只能面對地圖加以想像：它發源於中國唐古喇山脈，沿東南方向流經雲南西部，穿行於橫斷山脈的高山深谷之間，到西雙版納南部出境，進入東南亞，經緬甸、老撾、泰國、柬埔寨，最後在越南南部流入南海。在那裏，它叫湄公河，流長二八八八公里，成爲整個東南亞最大的河流，堪與流經整個歐洲的多瑙河媲美。對於湄公河流貫的整個崇尚佛教的東南亞來說，能以神性的瀾滄江作爲它的源頭顯然屬於天意。它們非常般配。在瀾滄江把豐沛的江水注入東南亞的同時，難道就沒有把它的神性注入東南亞？那是完全可能的。

在一次與泰國作家代表團見面，主客之間相互朗誦詩作時，毫無準備的我突然想起了瀾滄江，想起了瀾滄江的這種國際性。我即興寫下了一首詩，送給泰國作家朋友——

我在上游看到的瀾滄江，很瘦，
流到下游，就叫湄公河，很胖。
我在北邊聽到的瀾滄江，很響，
流到南方，不知是不是還在歌唱？
——生活總是這樣，流得匆匆忙忙，
流出了富饒，也流出了寺廟的輝煌。
有空寫封信吧，遠方的朋友——
回答我，用你的歌，用你的詩行……

解讀康韋

故事已進入了尾聲——無論是《失去的地平線》那本小說，還是我們對迪慶香格里拉的文化探訪。

按照詹姆斯·希爾頓的描寫，香格里拉的發現，完全出於偶然，出於一次「事故」。在科學研究甚至世界歷史進程上，一個事故導致一個重大發現的事例層出不窮。然而詹姆斯·希爾頓對於此書的寫作，以及他對書中人物、事件的種種安排，卻絕非隨意爲之，那完全出自精心的思考與精心的安排。

細讀《失去的地平線》，我吃驚地發現，在那個「事故」中，與康韋同行的三個人，並不是作家隨意拈來的擺設。他們幾乎各自代表著一個世界：羅波達·布琳克森，一位東方傳教團的傳教士，查爾斯·馬里森，康韋的助手，英國駐南亞某國領事館的副領事。而在書中的前半段，那個叫亨利·巴納德的傢伙卻一直有些神秘，最後我們才知道，亨利·巴納德來自美國，是個被通緝的、在逃的經濟犯罪分子，牽涉到一起重大的金融詐騙案。

在深究他們三個人各自的經歷以及他們的表現之前，我們已經看到，羅波達·布琳克洛小姐代表著宗教，查爾斯·馬里森代表著當時的政治，而亨利·巴納德卻代表著經濟。或者說，羅波達・布琳克洛代表著對神明的崇拜，查爾斯・馬里森代表著政治家的欲望，而美國人亨利・巴納德代表的，便是人們對於財富的渴求。

在這三個人之外，或者說處於這三個人包圍之中，作爲全書主角的康韋，卻是一個多少有些奇特的人物。他是英國駐南亞某國的領事。可作者一開始就直截了當地指出：他所幹的領事工作，是由他的一種固執的錯誤選擇造成的。當他的生活要迎來新的轉機時，再有幾周的時間，或者再拖幾個月離開英國，就會被派往某個大使館去——東京、德黑蘭、馬尼拉、或阿曼首都馬斯喀特。但是幹他那一行的人前程難卜。他在南亞的那個領事館一幹就是十年。事實早就證明，憑著康韋的博學多才和精明強幹，他完全能夠勝任更爲重要的工作。作者透過書中人物之口告訴我們，康韋的精明強幹至少有以下這樣幾點：

他身材魁梧，體力強健，長得很帥。即使從一個男人的角度來看，他也相當英俊。他是牛津划船隊的一員勇將，得過獎。在戰爭中（當然是第一次世界大戰），他甚至還在法國獲得過一枚金十字勳章。

他頭腦敏銳，非常聰明。一位相當多愁善感的校長曾稱讚他的成績是「榮耀的」，從此他就有了一個雅稱「榮耀的康韋」。戰爭結束後，他曾回牛津大學教了一段時間的書。一九二一年他去了東方，掌握了數門東方語言，因此無需任何初試便謀得一職，他有好幾個學銜。

他多才多藝，英俊瀟灑，熱愛藝術，頗有一些「伊利莎白時代的氣息」；他不僅是一個優秀的業餘鋼琴家，還是一個天才的演說家，在學校「演講日」用希臘語的講演是首屈一指的。

作者最後得出了這樣的結論：他是那種「看他一眼，識他一生」的人，出類拔萃，多才多藝，英俊瀟灑，生機勃發地把智慧與體魄融為一體。作者甚至斷言，當今我們的文明已不大可能哺育出這樣的才俊。

對於一個人來說，這已是相當高的評價。作品中的「我」直截了當地說，「至於我，是在一個崇拜英雄的年齡上認識他的，因而對他的記憶相當浪漫」。作品中的另一個人物拉瑟福德甚至說，康韋是傑出的，他有那麼多的天賦，應該大有作為。在女王陛下當差，可算不得什麼大事業。康韋本來是，而且也應該是一個偉人。不幸的是，康韋身上也有一些當時的人們並不讚賞也並不理解的東西，這些東西歸結為一點，就是他相當「懶散」。在為女王當差的那十年中，他實際上幹的是一件在別的人看來是相當低下的工作：一個小小的領事。於是，在他的同事眼中，康韋既是英雄，也是異端和另類。

他知道蘋果不是為自己準備的，但值得安慰的是，這十年中並不僅僅只有酸葡萄，事實上，他只是嘗不出蘋果的甜味而已。他更喜歡一些比較不那麼拘泥於形式，更田園化，也更詩情畫意一點的工作，而這往往不被人們認為是好工作。在別人眼中，那是出自他的「懶散」，認為「毫無疑義他打出的都是一些臭牌」。他喜歡安靜，耽於沈思，而沈思總與孤單連在一起。實際上，他自我感覺頗佳，度過的是一個多變化的、適度愉快的十年——

他從自身的經歷中清楚地知道，自己並非什麼喜好冒險的好漢。一方面，他有時也會在險境中享受到一種興奮，這是一種在感覺遲鈍上產生出的淨化效果。但這談不上是愛冒險。

他在十二年前於法國時就開始厭倦那戰壕中的冒險，多次拒絕冒險，以保求生命。甚至他獲得那枚金十字勳章，主要靠的並非生理上的勇氣，而是心理上艱難發展起來的忍耐術。大戰打響後，只要一有危險出現，他就感到茶飯不香，除非有大筆賞金在刺激。

顯然，作者極力想賦予給康韋的，是某種融合了東、西方兩種文化的複雜、矛盾的背景。康韋似乎是站在十字路口，面臨著最終何去何從的選擇。在這個意義上，康韋似乎成了東、西方兩種文化與兩種不同的生活方式的仲介。詹姆斯・希爾頓想讓康韋站在某種「公正」的、不偏不倚的位置上，對發生在香格里拉的一切，作出「公允」的判斷。在康韋的一邊，是迷人的香格里拉以及它所代表的大自然和東方文化，另一邊，則是由他的三位同行者組成的整個西方世界，是西方的政治、宗教與金融。於是對於康韋，外交官查爾斯・馬里森，女傳教士羅波達・布琳克洛小姐和美國人亨利・巴納德，既成了他的香格里拉之行的夥伴，又成了他的「環境」。要解讀康韋，不能不先解讀這三個人。

查爾斯・馬里森顯然是個典型的個人英雄主義者。他自控能力差，學生味兒濃，既好衝動，又容易聽從上級的簡單命令。他曾宣稱，我寧願選擇一個短暫卻是快活的人生。有關未來戰爭的說教對我來說相當空洞。現在誰會知道下一次大戰是什麼時候爆發？爆發後又如何？關於上一次大戰的預言不是都錯了嗎？在查爾斯・馬里森身上，我們甚至聞到了戰後美國「垮掉的一代」的氣味。正是他，在見過幾次在香格里拉演奏的滿族女子羅珍後，竟然愛上了她。正是他，在發覺爲他們駕駛飛機的不是原來的那個飛行員時，提出砸爛擋風板，把那個飛行員「扔出窗外」，然後由康韋駕駛飛機，回到原來的航線。康韋對這種性格十分熟悉：英國人無所畏懼，從不投降，戰無不勝。但康韋也清醒地認識到，在這樣的時候，發起一場沒有絲毫獲勝機會的格鬥，只能是一場災難，我可不想成為那樣一種英雄。

這時，那個美國人亨利・巴納德說，他只能「認命了事」，他說，我打算有生之年要好好活著，天天抽支煙，像個活神仙。希望你別在我們頭上再添哪怕是一絲風險。這個在股票市場上不怕任何風險的人，這時奉行的卻是道道地地的活命哲學。

當他們聽到劫機者嗒盧告訴他們，附近有一個香格里拉寺廟時，圍繞到底去不去，又一次展開了爭論。查爾斯・馬里森發問了：「我們能保證自己不會被人謀殺掉嗎？」對這個問題，康韋的回答簡直是針鋒相對的：「在佛教喇嘛寺裏最不可能發生的事莫過於謀殺了。在那裏被殺的可能性比起在英國的天主教堂還要小得多」！

當康韋一行人在那位張姓的老人帶領下，艱難地走向香格里拉時，查爾斯・馬里森再次發難，他認爲那簡直是一種瘋狂。康韋馬上說道：

我回顧了這兩天的一切，也覺得它們看上去活像一場惡夢。但**除此之外，世界上的發狂之處**並非只有此地。再說，如果你念念不忘巴斯庫，那麼你一定記得，在我們離去的時刻，暴動者為了逼供，是如何地對他們的俘虜用刑的！還有在我們被切斷與外界聯繫時收到的那封信，那封從曼徹斯特一家紡織公司寄來的信函，詢問我們在巴斯庫有什麼商業的管道可以出售女人的胸衣。**你說這些不是更瘋狂**嗎！

在這裏，康韋的話，幾乎成了對整個西方「文明世界」的批判。

詹姆斯・希爾頓的巧妙，在於他沒有把他所描寫的生活簡單化。書中四個來自西方的人物，其表面身份與他們的內心世界卻相去甚遠。有時我們甚至發覺，詹姆斯・希爾頓通過種種暗示，十分準確地剖析著在現代世界，尤其是西方世界中人們的精神世界的分裂。

按照通常的理解，作為一個女傳教士，布琳克洛小姐不僅應該是聖潔的，溫文爾雅的，也應是高貴的，她的外表給人留下的，正是那樣一種印象。她極力維護的，正是西方宗教以及她本人的尊嚴。進入香格里拉後，這個不苟言笑的西方女人，時時都大睜著雙眼，到處搜尋著「異教的衰敗跡象」，卻難於逃離世俗的誘惑。在飛機上，當巴納德提議大家一起打打撲克以消磨時光時，康韋說，「我想布琳克洛小姐是不會打撲克的」。但是，這位女傳教士一下就轉過頭來，反駁說：「我會打牌，本人從來不覺得撲克牌有什麼不好的。撲克與聖經根本沒有衝突。」當康韋的助手巴納德想在飛機上吸煙時，布琳克洛小姐說，「我自己雖不吸煙，可我就是喜歡煙草的香味」。

美國人巴納德對香格里拉似乎頗有好感。就連康韋，也曾對他隨遇而安的言行舉止感到奇怪，他一直把巴納德的毫不慌亂看成是大家的幸運。一個偶然的機會，馬里森卻發現巴納德使用的是一本假護照，他說，這個巴納德就是在美國犯下大罪的大詐騙犯查爾默斯・布賴恩特。原來，喇嘛寺院的張總管那天早上撿到一個皮夾子，張總管以為那是馬里森的，就交給了他。不幸的是，馬里森在那個皮夾子裏看到了一些剪報，都是有關查爾默斯・布賴恩特以及要搜捕他的消息。其中甚至還有一張通緝照片，照片上的人除了一小撮鬍子外，正是巴納德。布賴恩特已經犯了法，儘管康韋對這個案件沒有多大的興趣，但在他的印象中，那是一個相當嚴重的大案。他粗略的印象是在紐約的龐大的布賴恩特集團破產了，造成了好幾億美元的損失——一個創紀錄的的金額，甚至在世界上也是破紀錄的。在某種程度上，布賴恩特一直在耍弄華爾街的金融中心，結果是當局下令要逮捕他。他逃到了歐洲，有五六個國家表示，一旦捉到了他，就立即引渡給美國。

當康韋和他的夥伴們告訴巴納德他們已經知道了事情的真相後，「巴納德」依然顯得若無其事。康韋抱著濃厚的興趣凝視著巴納德，而且甚至帶有些許發自內心的賞識（儘管在這時刻那很可能是古怪的）。想起來真是難以理解，怎麼眼前這位又笨又胖、性情良好、一臉慈父相的人竟是世界頭號詐騙犯，他只要再多讀一點書，看上去可以成為一位受人歡迎的校長。在他愉快的笑臉後面，潛藏著近來極度緊張和憂心忡忡的跡象？但這並不意味著他在強顏做笑，他顯然就是看上去的那種人——一個廣義上的『好夥計』，性格上的綿羊，職業上的豺狼。

在事實面前，巴納德對他的詐騙行爲幾乎供認不諱。他說，問題是這樣的，一個傢伙幹他所幹的事有好幾年了，可突然市場對他不利，他回天乏術，但仍打著精神，等待轉機。但是轉機就是遲遲不來，他損失了一千萬美元。他在報紙上看到，有個瑞典教授驚呼，這是世界的末日。現在我問你，那種事情有助於市場嗎？當然，這對他是一個衝擊，但他仍欲罷不能，這是警察找上門來了，他不得不跑。我就是這樣逃之夭夭的。這就是說，對於金錢的渴望，一直支撐著巴納德堅持到最後一刻，直到「警察找上門來」。在金錢的驅使下，世界那時已經變得瘋狂，到處都氾濫著欲望的黑浪。每一個人都在算計著吞噬另一個人，因而每一個人都是另一個人的陷阱與墳墓。

正如巴納德所說，這個世界上根本就沒有安全島。那些認為安全的人都是一群傻瓜，像打著雨傘想躲避颱風的傻瓜。箇中原因何在？巴納德指出，因爲那種瘋狂的金錢遊戲已無規矩可言，當整個交易崩潰的時候，要想守規矩是非常困難的。再者，世界上沒有人說得清規矩是個什麼玩意兒。哈佛大學和耶魯大學所有教授都說不清！

事後，對於這個美國人，康韋決定依舊稱他為巴納德。有關他的作為和身分問題隨即暫時消失在幕後了，只有他的一句話——「整個遊戲將變得粉碎」，令康韋久留腦海。其意義**完全適用於美國的金融和保險公司的經營，也適合巴司庫、德里和倫敦；它適合戰爭的製造、帝國的建立，以及領事館、商業租界和總督官邸的聚餐會。在這個世界上有一股消亡的臭氣，巴納德的慘敗只不過比慘敗本身更富戲劇性了。整個遊戲變得粉碎，幸運的遊戲者卻不會因為他們無法挽救遊戲的粉碎而按規矩被押去受審，不走運的只有金融家們。**

顯而易見，作爲康韋置身的環境象徵，作家詹姆斯・希爾頓正是要通過這樣三個不同身分的人物，表達他對他身處的那個世界的看法：外強中乾的西方政治，表裏不一的西方宗教，以及處在嚴重經濟危機之中的西方金融。那個世界已無可救藥——至少在當時如此。我們因而可以說，這三個人物的設置，並不僅僅出自作家編織一個離奇的故事，刻劃他書中的主角康韋的需要，他的「野心」或許要大得多。

兩個英國外交官，一個來自美國的金融詐騙犯，一個來自東方傳教團的女傳教士——我們在《失去的地平線》一書中看到的，正是一個完整的西方世界。他們在香格里拉的衝突、矛盾和各行其是，暗示的正是西方世界的代表人物在香格里拉的風雲際會。這樣一些人的精神世界，與香格里拉精神形成了強烈的反差。香格里拉的出現，爲他們提供了一個選擇的機會，也爲整個世界提供了一個認識未來，選擇未來的大好機會。由此看來，他們最終的、純屬個人喜好的選擇，就不再僅僅屬於他們個人，而是西方世界對未來的選擇了。

對於康韋來說，結論是明確不過的——

如果計劃有變，外界的腳夫突然抵達，他決不會因高興而跳起來的，持同樣態度的還有巴納德。

他當然設想過離開香格里拉重返他熟悉的西方世界之後的種種情景——

那個時刻令人狂喜，但可能也不無遺憾。接著，便是初次的握手和自我介紹；在俱樂部的陽臺上飲下第一杯美酒；一張張被太陽曬成古銅色的臉孔目視著他，一個個幾乎毫不掩飾那驚訝之情；在德里，無疑將會見總督，纏頭巾的穆斯林僕人右手撫額鞠躬；無數場的報告需要準備和講演……返回英國倫敦後，政務次官那鬆弛的手掌；報紙的採訪，女性那強烈、虛假而又充滿性饑渴的聲音——「康韋先生，您在西藏的那一段經歷真有其事嗎？」但康韋也反問自己，「這樣他會愉快嗎？」他想到戈登總督最後幾天在蘇丹喀士穆寫下的一句話——「我寧可像一個托缽僧隨著救世主瑪蒂去乞討，也不願在倫敦每晚外出去用餐」。於是康韋向他的三個夥伴公開承認「我就是相當喜歡這裏」。因爲在這裏，他感到生理和心理上一種奇特的解脫之感。這是真真切切的，他就是相當喜歡留在香格里拉。它的空氣撫慰著人，它的神秘刺激著人，而它的總體感覺愉悅著人的整個身心。幾天來，他一直在摸索著香格里拉喇嘛寺院及其屬民神奇的底細。他的大腦一直在苦苦思索，而他的心靈深處卻是一片不受攪擾的平靜。而在之前，香格里拉的最高喇嘛佩勞爾特已鄭重地告訴康韋：

「我的孩子，我要把香格里拉的領導繼承權和整個命運交到你的手裏。」

意味深長的是，作出那種選擇的，不只是康韋一人——布琳克洛和巴納德都決定留在香格里拉——儘管導致那個結果的動機各自不同。正如香格里拉最高喇嘛佩勞爾特所說，「布琳克洛小姐希望改變我們的信仰，而巴納德也想改變我們——把我們變成一個股份有限公司」。具體地說，巴納德「決定暫時不走，再在這裏小住一段時間」。他直截了當地告訴康韋他們，「我和你們不一樣，你們回家時有樂隊高奏歡迎曲，而迎接我的將是一隊警察，這使我越想越沮喪」。當有人說他的決定不過是因爲「害怕法律的制裁」時，巴納德說，「不管怎麼樣，我從來就不曾喜歡法律制裁」。其實，懼怕法律的制裁並不是巴納德決定留下的根本原因，他迷戀的，是香格里拉裏藏量異常豐富的黃金——

巴納德一下壓低了聲音，沙沙啞啞心醉神迷地說道：「金子，我的好小子，不是別的，就是黃金！我毫不誇張地說，在山谷裏有好幾噸啊！我年輕的時候，是地礦工程師，我並沒有忘記礦脈的模樣。相信我，這裏的金礦富得和南非的約翰尼斯堡附近的黃金高地一樣高，而且開採起來還容易十倍。你以為我每次到山谷裏去總是尋歡作樂吧。不，一點兒也沒有，我清楚自己的作為。」

經過周密的活動，巴納德甚至得到了當局完全的許可，同意讓他隨意勘察整個山谷。他對康韋說，「也許英國人美國人一旦知道我能告訴他們一條淘金之路時，他們就不會那麼迫不及待地要把我投入監獄」。爲了讓香格里拉以外的人相信他即將提供的那份有關香格里拉盛產黃金的報告，他懇求康韋說，「全部要幹的只有一件事，就是把你的名字簽在我的報告上」——他已充分地考慮到他的金融詐騙犯的身分不容易讓人相信。為此，他許諾為他們倆人的「珠聯璧合」，將「我們得到的一切東西都二一添作五，各得一半」。

在那場討論中，布琳克洛小姐堅決地表示「說老實話，我也想在這裏待下去」。對包括康韋在內的另外三個人異口同聲的驚異，布琳克洛小姐說，「你們聽著，我一直在考慮我們怎麼會來到此地的。得出的結論只有一個，在這所有的一切後面，有一種神秘的力量在起作用」，而那種神秘作用在她看來，除了上帝的旨意，還可能是別的嗎？我是被上帝派來的，我要留下來。當馬里森問她是不是「希望在此地傳教」時，她說，「不僅僅是希望，而且是實實在在的打算，我知道該如何與這裏的人們相處。我自有良策，他們當中沒有人會成為攔路虎的。」

唯一不願留在香格里拉的只有馬里森。馬里森儘管迷戀上了香格里拉寺廟裏唯一一個女性，滿州女人羅珍，卻並不準備留下，他的全部心思，是要和羅珍一起逃出「香格里拉」。他認定羅珍是香格里拉的受難者，懷著解救她於水深火熱之中的西方式的英雄主義，他要讓她與他一起逃離香格里拉，演出一場英雄救美女的古老戲劇。但事實上，那依然不是他的真實動機。他宣稱，「有關未來戰爭的說教對我來說相當空洞」，而「選擇一個短暫卻是快活的人生」才是最最重要的。正像康韋事前預料的那樣，「巴納德和布琳克洛小姐做出留下來的決定，這在康韋看來是有益無害的。但這顯然一下把馬里森與他本人置於對峙之中」。

果然，直到最後，當得知馬幫與腳夫已經到達香格里拉，馬里森與羅珍決定一起離開時，康韋依然表示，「我根本沒有絲毫回到那種生活的欲望」。急切的馬里森那時開始大喊大叫，「你簡直沒有頭腦！」「你瘋了，康韋，這就因為你瘋了！你向來沈著而我老愛激動，但是不管怎麼說，至少我神志清楚，而你卻瘋瘋顛顛！在我去巴司庫之前，他們警告過我，當時我認為他們錯了，但現在我看他們並不見得錯……」他說，人們普遍認為，「你在戰爭中被爆炸震傷了，從此變得古里古怪。」說完他們握了握手，馬里森就轉身離去。但很快，馬里森又回來了，這個極其「現代」的英國小夥子，居然沒有膽量依靠繩索從陡峭的山崖上溜下去——作者就這樣一筆勾銷了馬里森式的英雄主義。面對馬里森，康韋生命中的西方英雄主義與東方儒學情結同時啓動了，他「感到的只是對馬里森的惜愛，他必須幫助馬里森，他注定要像千百萬人那樣，不顧一切地躍然而成爲一個助人爲樂的英雄」。他們一起出發了。

而在小說的結尾，正如我們一開始就知道的那樣，康韋重新踏上了尋找香格里拉的旅程——作者不僅借此完成了對他心目中真正的英雄康韋的最後塑造，也向讀者傳達了他借康韋表達出來的價值取向。

——四個被劫持到香格里拉的人，就那樣結束了他們在香格里拉的表演：不同的來歷，不同的性格，不同的人生，以及不管最終是走還是留的不同的動機。即便是在留下來的三個人中，真正準備獻身香格里拉的，也只有康韋一人。詹姆斯・希爾頓就這樣，讓整個世界在香格里拉經受了一次嚴峻的考驗。儘管巴納德與布琳克洛小姐的留下，對所有的西方人多少有一種「誘惑」之嫌，初讀之，作者似乎是在鼓動西方到香格里拉來淘金與傳教，然而我既不相信巴納德會完成他的淘金計劃，也不相信布琳克洛小姐會實現她的傳教夢想——從根本上說，巴納德的黃金開採計劃，與香格里拉對金礦的「適度開採」原則是完全相悖的；至於後者，儘管看起來布琳克洛小姐的那一夢想似乎與香格里拉的宗教原則並不相違，但作者已經非常明確地表達了他的價值取向：即使像佩勞爾特那樣堅定的基督教徒，最終也皈依了佛門。何況，答應讓他們二人留下來的佩勞爾特喇嘛，已在與康韋的最後一次談話後溘然去世。佩勞爾特喇嘛所作的所謂「這樣的計劃是無害的，他們將會爲之非常愉快地度過時間」那一允諾，已經成了一張無法兌現的空頭支票。

我們曾說，在書中，馬里森代表的是政治，是那時盛行於西方的享樂主義，實際上，他也代表著某種非理性；同樣，女傳教士布琳克洛代表的是西方宗教，她同時也代表西方宗教即將開始的對「香格里拉」的宗教改造。同樣，巴納德代表的是西方金融，是發財，也是貪婪與狡詐，是巴納德即西方經濟試圖通過開採黃金對香格里拉即大自然實行的索取，甚至掠奪。那麼，詹姆斯·希爾頓事實上是在暗示，這樣的「改造」和「索取」都將歸於失敗。這就是說，詹姆斯·希爾頓真正欣賞的，只有那個康韋——他代表的，正是人類的理智，是人對作爲大自然化身的香格里拉的認同和皈依。他既堅定，又富有靈活性。爲了他鍾愛的馬里森，還有那個他也在悄悄愛著的羅珍，在關鍵時刻，他不惜陪同馬里森與羅珍走了一趟。在小說的開頭，我們已經看到，爲了那次十分冒險的出走，康韋付出的代價是慘重的——他被人救到一家教會醫院時，穿著當地的衣服，而且破得不能再破。當他被修女攙扶進來時，已經病得只剩一口氣；小說中的拉瑟福德見到康韋時，康韋已「滿臉鬍鬚，面容大改」，甚至完全失去了記憶。而一旦清醒過來，康韋便再一次踏上了尋訪香格里拉的旅程。而這，或許正是詹姆斯・希爾頓最想傳達給他的讀者的東西：人們啊，去吧，到香格里拉去吧，那裏才是每一個像康韋那樣性格堅定、知識淵博、外表英俊、富於獻身精神並對這個世界真正具有責任感的人的最後的、也是真正的歸宿。

這就是結論——既是詹姆斯・希爾頓在《失去的地平線》中的結論，也是二十世紀末，我們在尋訪了整個迪慶香格里拉後的唯一結論。到此爲止，我們終於發現，詹姆斯・希爾頓的《失去的地平線》，以及他在書中描繪的「香格里拉」，只是一個巨大的隱喻，一個忠告，一個懸念。作爲一個隱喻，在西方的享樂主義、宗教、金融和大自然的較量中，詹姆斯・希爾頓顯然站在「香格里拉」即大自然一邊。作爲一個忠告，香格里拉奉行的「適度」哲學，則是《失去的地平線》對整個人類的一個並非多餘的勸戒——愛護大自然，與大自然和睦相處，是人類的唯一出路。而作爲一個懸念，充斥於整個香格里拉的大自然的神秘與靈性將是永恆的，因爲它就是自然、歷史、生命與人生。

與當年的康韋不同，如今要進入迪慶香格里拉，已非常容易，可以乘車，也可以乘飛機——只要你願意。問題是，每個人進入香格里拉時，或許都會想到，我們到底要去幹什麼？我們能給它帶去什麼，又能從它那裏得到什麼？「師傅領進門，修行在個人」。事實上，不同的人在進入香格里拉後究竟能尋找到什麼，體悟到什麼，永遠是因人而異的——寧靜，悠遠，美麗，荒涼，富足，貧瘠，充實，無聊，神奇，荒誕，樸實，奢華，理想，宗教，空洞，輕鬆，勞累，踐踏，索取，保護，獻身……在本書的開頭，我曾說過，一百個人，會找到一百個不同的香格里拉。真正的香格里拉只在你的心裏——現在，我願意再說一遍。

國家圖書館出版品預行編目資料

靈息吹拂 ／湯世傑著. — 初版.—
臺北市：風雲時代，2007.12
面； 公分

ISBN 978-986-146-422-0 (平裝)
1.人文 2.雲南省

673.54 96021943

湯世傑「雲南行吟」系列之二

靈息吹拂

作　　者：湯世傑
出 版 者：風雲時代出版股份有限公司
出 版 所：風雲時代出版股份有限公司
地　　址：105台北市民生東路五段178號7樓之3
網　　址：http：//www.books.com.tw
信　　箱：h7560949@ms15.hinet.net
服務專線：(02)27560949
郵撥帳號：12043291
執行主編：朱墨菲
美術設計：許芳瑜

法律顧問：永然法律事務所　李永然律師
北辰著作權事務所　蕭雄淋律師
版權授權：湯世傑
攝　　影：湯世傑、何祥慶
初版日期：2008年1月

ISBN：978-986-146-422-0

總經銷：成信文化事業股份有限公司
地址：台北縣新店市中正路四維巷二弄2號4樓
電話：(02)2219-2080

行政院新聞局局版台業字第3595號
營利事業統一編號22759935